LEARNING CENTER IN CHINA

THE IMAGINATION OF
FUTURE SCHOOL

朱永新 著

走向学习中心

未来学校构想

中国人民大学出版社
· 北京 ·

序　言

——未来教育的预见、畅想之书

梁晓声*

此书是朱永新教授关于教育的最新著作。

几个月前，他在中信出版集团出版了一本普及版的《未来学校》，首印一万本六天即售完，可见他的书受欢迎的程度。

他在《未来学校》的自序中说："这本书最初是按照学术著作的定位写的，而且写了很久，写得很长。"倘读者和我一样真的将此书读完，那么文后所列之参考文献，就足以证明以上一点。

他告诉我，他的朋友一再提醒他："这本书需要影响的最重要群体，是普罗大众，而不是专家学者。"

我赞同他的朋友的建议。因为，教育之改革，说到底要获得中国大部分学生和家长的支持、拥护；比之于学生的态度，家长们的态度更为关键。一个显然的事实是——在中国，学生们的学习方向及方法往往是由家长们所主导的，而大多数家长是普罗大众。在我看来，他们对于应试教育的迷信程度甚于学生。并且，越是普罗大众，迷信越深。但我对于朱永新教授完成此书毫无影响，我只不过比读者先读到了校样。

永新当然也认为他的朋友的建议有道理。于是，重新构思、删繁就简，压缩成一本普及版的《未来学校》。

问题是，他满腔热忱地为影响普罗大众而完成此书，普罗大众对他又

---

* 梁晓声，著名作家、茅盾文学奖得主。

了解多少呢？我想，比之于教育界人士、比之于专家学者，普罗大众中了解他的人肯定相当有限。那么，我又想，我太应该向人介绍一下我所了解的朱永新教授了。

所以，在他的学术版《未来学校》——《走向学习中心——未来学校构想》即将出版之际，我通过这篇序言，介绍一下我眼里的朱永新教授。

一、关于朱永新教授

苏州大学是朱永新的母校。

1986年，28岁的朱永新用近5年的时间写作80万字的《中华教育思想研究：中国教育科学的成就与贡献》；这是一部考证有据、分析严谨、分量不容置疑的学术著作。甫一成书，年轻的他便成为中国教育史研究学界的新星，从而奠定了他在中国教育界的学术地位。当年，从事该领域研究的人寥寥无几，可用荒芜未垦来形容。一个28岁的年轻人，何以会对自己国家的教育史产生如此赤诚的研究热情，这一点于我至今是个谜。我解惑很容易，再见面时问他就是，但大多数读此书的人若想了解，便只能从网上查查与他的名字相关的资料罢了。我认为，学生的家长——不管你的儿女是小学生、中学生、高中生还是大学生，了解朱永新其人，直接体现为对自己儿女的学习理念、方向和方法的关心，并且体现为对自己儿女将来是怎样的人的超前关心。是的，我真的认为，关心自己下一代的教育问题，而不了解一些朱永新的教育思想，甚至根本不知道朱永新，从长远看，是有遗憾的。

1988年，30岁的朱永新又出版了《困境与超越：当代中国教育述评》一书，同样是一部学术著作。尽管1988年是中国教育之拨乱反正，重新自信地走上正轨的年代，但是30岁的朱永新却深刻洞察到了积弊所在，并为此感到焦虑。

朱永新当年的焦虑是极有预见性的焦虑。可以这么说，如今许许多多家长和学生对教育产生的焦虑，1988年，30岁的苏州大学的年轻教师朱永新几乎都预见到了。可以说，朱永新掌握了大量历史性的教育资料，将中国教育史认真梳理了一遍。

1990年，他应邀去日本访学，用一年时间深入考察日本教育。回国后，主编了一套十余卷的“当代日本教育”丛书，系统介绍了日本学前教育、基础教育、高等教育、职业教育的发展状况。从此，他将文学研究的“比较”方法游刃有余地引入对中国教育方向的探赜之中。世界上许多国家的教育模式成为他思考和分析中国教育问题所在的参照系。

1993年，35岁的朱永新出任苏州大学教务长，成为全国综合性大学最年轻的教务长。此后5年，他为苏州大学的教改做出了公认的贡献——苏州大学成为当年率先实行激励性主副修制、设在校生“必读书目”的大学。此时，他对人文教育在大学中的重要作用已了然于心，后来在他关于教育的理论中阐述了这样两句话——“一个人的精神发育史就是他的阅读史”，“一个没有阅读的学校永远不可能有真正的教育”。

1997年，朱永新出任苏州市人民政府副市长，分管教育文化工作。在此期间，他大力倡导读书习惯，不遗余力地宣传读书的益处，推行各种形式的校内校外读书活动。

后来，他几乎每隔两三年便有新书，大抵是他不断进行教育思考的总结。他一再更新自己的教育理念——从“理想教育”到“新教育”，再到“未来教育”，实行着从思考到实践，立于当下、面向未来的“知行合一”。

他不但是新教育理念的首倡者，而且是新教育实验的发起人，他被评为改革开放30周年“中国教育十大风云人物”，其16卷的《朱永新教育作品》亦被译为英、法、日、韩、蒙古、哈萨克斯坦、尼泊尔等国家的文字在全球发行。

二、我所认识的朱永新

我初识朱永新，是在他任苏州市副市长时——记得那是在“两会”期间，我们民盟召开了一次关于教育改革的研讨会，邀请的唯一一位民盟以外人士，便是朱永新。这一点亦可以证明，他对中国教育改革深度的、具有预见性的思考，在我们民盟是普获认同的，他本人也普获我们民盟教育界人士的尊敬。须知，中国民主同盟的教育界人士皆属资深之人，有十几位院士，一百几十位大学正副校长、院长、博导。主席、副主席，也多是担任过重点大学校长的人。但当时我对他的了解并不全面，仅以为他是一位倡导文化校园、书香社会的政府官员。他当年一如现在一样低调，并未谈及他的思考，仅介绍了他在苏州市倡导阅读、推广读书活动的种种方法。当时他对读书与人的综合素质的关系的阐述，给我留下了极深的印象。他关于打造“书香社会”的提法在当时属超前的理念。

后来，他调到北京，我们的接触多了，互相了解得全面了，渐成好友。在我心目中，他更是一位学者、教授，或首先是学者、教授。

他每每戏言自己是“白天为政府打工，晚上为理想伏案”。

戏言不过是戏言。其实，他“为政府打工”时，许多工作，也还是与“教育”二字密切相关。

这期间，他又有“两书一文”在中国教育界掀起了“理想旋风”，即《我的教育理想》《中国教育缺什么?》《新教育之梦》，并且又结集出版了十几部书，都是关于教育的思考成果。

永新如今已年过 60 岁了。他这个人，从 28 岁开始研究中国教育史，以后便将自己的人生与中国教育紧紧联系在了一起。他曾为“新教育实验”提出一个口号——“过一种幸福完整的教育生活”，在我看来，此语正是他自己人生方向的写照。他因能为促进中国之教育尽力倍感幸福，他希望可以将自己的人生完整地奉献给这一理想。

我在 2000 年曾写过一篇《论教育的诗性》的短文，我觉得，朱永新对教育事业的热爱，绝不亚于某些为诗而生、为诗而热切地存在的诗人。

“教育”二字，在他那里简直不啻为一种“宗教”——一种提升人生高度、造福世人的儿女，特别是造福于普罗大众之儿女的“宗教”。

中国不乏优秀的、值得我们尊敬和铭记的教育工作者，但缺少教育思想家。我认为，朱永新称得上是一位当代中国的教育思想家。

值得欣慰的是，他的“新教育”理念已硕果累累——目前，全国有 160 多个实验区、5 200 多所学校、570 万师生参与了“新教育实验”，并从中体验到了更多、更新的教和学之间的互动。

这是多么令人兴奋的事啊！

我之高兴，不唯为朱永新，也为中国之教育，更为普罗大众的儿女。

三、“未来学习中心”与《理想国》

《理想国》是柏拉图的思想成果——身为古代哲学家，柏拉图思考了种种关于人以及关于世界和宇宙的问题，许多问题特形而上。但哲学若不服务于人类社会，哲学家之所以为“家”的前提便要大打折扣；这是所有哲学家的心结。柏拉图也难以摆脱此种困扰，故他索性接地气了一把，极务实地为当时的希腊帝国的顶层设计，开出了一剂“包治百病”的“药方”，即《理想国》。

《理想国》的“建言”核心是精英治国。问题在于，精英如何产生？芸芸众生又将在精英治国的蓝图中处于何种位置？在此两点上，柏拉图给出的设想是对芸芸众生不利的：他将芸芸众生视为《理想国》中的“蚁人”，只须由精英们实行有效的统治就是。

朱永新犹如中国当代教育思想者中的柏拉图——他对中国当代教育思考了这么多、这么久，自然而然地也找到了一个核心问题——学校是什么？

朱永新对当代学校这一实体概念的解构和颠覆，是站在芸芸众生和他们的下一代、下几代的立场上满怀激情也满怀深情地进行的。

朱永新的《走向学习中心——未来学校构想》，是对柏拉图《理想国》的彻底否定——我们从书中可以看出，他认为只有改变了学校，芸芸众生的下一代才有最大的可能产生最多的精英；这些精英不是这方面的，便是那方面的。即使成不了精英，也会在因材施教和遂愿而学的过程中受益匪浅，从而成为未来社会不可或缺的优秀人才。

我们读《走向学习中心——未来学校构想》，每每会从阐述形式、方法和途径的字里行间，看到或感到“公平”二字时隐时现；他的这一种情怀，是此书最打动我的元素。如果说此前朱永新对教育的批评可用“为什么”三字来概括，那么《走向学习中心——未来学校构想》则可用“怎么办”三字予以归纳；如果说此前的朱永新是一位四处奔走、八方呼吁的教育改良主义者，那么简直可以认为，《走向学习中心——未来学校构想》是他关于教育的彻底的“革命宣言”。朱先生已是60多岁的人了，致力于教育改良30余年，初心非但从未泯灭，而且越发急切，这委实是令我肃然起敬的。

“人皆可为尧舜”。朱永新相信，只要教育方向对头，教育方式科学，教育方法最大限度地因材施教，那么，绝大多数人在不同的行业“皆可为才俊”。

这一点我也是比较认同的。

我承认所谓“天才”是由基因决定的，但我从来不是一个基因决定论者。纵使具有天才之资，如果保障其天分得以充分发挥的条件不具备，甚至相反，那么也难以成为天才。

即便是在普遍的平常人与平常人之间，由于从小学到大学所进入的学校不同，人生往往会发生极大差别。

这种差别是后天教育造成的。

从小学到大学受到良好教育的人，其天分得以被及时发现、启蒙和充分激活，进而获得充分发展；相反，如果一个人无此幸运，那么他的天分很可能在做学生时连自己都浑然不知，老师也从未发现，甚至可能终生不知。

怎么办?

朱永新给出的方法是“革学校的命”，以未来学习中心取代学校。

我欣赏他这种充满激情的预想，但这将是极其复杂的过程。

未来是多久以后?

实际上，“未来教育”之畅想，在西方已是较热的话题，并且，改变的确也在明显或悄然地发生。这当然也是永新所关注的，故他给出的时间表相当短，期待的心情也相当乐观。而我的看法却保守得多，预见的时间表也长得多，甚至可以说，我认为是一个漫长的过程，即在漫长的时间内，学校实体不会消亡，但学习中心肯定会成为人接受知识和能力教育的另一途径。或者，不但与学校对应存在，也许在学校内，就存在学生凭学习兴趣和志向广泛选择专业的校内学习中心。

总而言之，相对于永新的热切期望，我的看法虽然保守，但我对本书的价值予以极高的评估——它是关于“教育将来会怎样”的预见之书、畅想之书，它在“如何将因材施教做得更好、更有效”方面阐述的种种方法，必将会对当下从小学到大学的教与学两个方向产生旨在改变思维模式的深远影响!

2019 年 8 月

北京

前　言

——站在教育结构性变革的门口

关于教育，全世界几乎没有一个国家的人对自己国家的教育是完全满意的。

几十年来，世界上许多国家发布了无数报告，呼唤变革教育；许多政府出台了大量政策，希望改变教育。

在互联网改变一切的时代，人们更是期盼互联网能够成为变革教育的神器，正像互联网颠覆了商业模式，颠覆了金融体系一样，来彻底改变我们的教育。

的确，互联网已经在改变世界。据统计，截至2018年6月，我国网民规模达8.02亿，互联网普及率为57.7%；2018年上半年新增网民2 968万人，较2017年末增长3.8%；我国手机网民规模达7.88亿，网民通过手机接入互联网的比例高达98.3%，较2017年末提升了0.8个百分点，其中，2018年上半年新增手机网民3 509万人，较2017年末增加4.7%（中国互联网络信息中心第42次《中国互联网络发展状况统计报告》）。2018年全年，移动互联网用户接入流量711亿GB，比上年增长189.1%（国家统计局《2018年国民经济和社会发展统计公报》）。2003年建立的淘宝网，已经成为全球最大、中国最受欢迎的网购零售平台，拥有近6亿的注册用户数、每天超过6 000万的固定访客，每天的在线商品数已经超过了8亿件，平均每分钟售出5万件左右的商品。

而教育和互联网的结合，远远早于商业。20世纪60年代，计算机开始出现的时候，人们就提出机器教学，提出“学校消亡论”。互联网出现以后，利用网络改变教育的努力与投入也远远大于商业。但是，一直到今天，教育的变化也非常小。美国科罗拉多大学博尔德分校教育学院发布的报告《理解和改进全日制网上学校》表示，美国有25万名中小学生在全日制网络学校上学。美国各州网络学校总共提供53.6万门课程（每门课程都为一学期），有180万名中小学生至少选一门网上课程。网上课程的增长也在一定程度上满足了不同群体和不同地区学生的教育需求，特别是满足了学生在家上学的需求。据统计，全美共有240万名学生在家上学。无疑，这也只占了全部学生人数的很少一部分。

据说，苹果公司创始人乔布斯生前曾经提出了一个著名的“乔布斯之问”：“为什么计算机改变了几乎所有领域，却唯独对学校教育的影响小得令人吃惊?”2011年9月，美国联邦教育部长邓肯给出了一种答案：原因在于技术没有使教育发生结构性的改变。

一般认为，信息技术在教育领域的应用可分为三个阶段：工具与技术的改变、教学模式的改变和学校形态的改变。电化教育、PPT课件等都是工具与技术层面的变革，慕课、翻转课堂等是教学模式的变革，如果学校形态不发生深刻的变革，教育结构不发生相应的变化，教育的变革是非常困难的。

100年前，杜威曾经说过，坐在影院观看影片中播放的内容与坐在课堂里听老师讲课，两者其实并没有什么本质的不同，因为真正的学习是一个需要积极主动的社会性参与的互动过程，而不是被动观察。将无聊的教育内容从一种媒介转移到另一种媒介，并不会让它变得生动有趣，也不会对学习有任何改善。除非技术能够整合已有的学习方法，能够使老师们以更好的方式传授学习之道，否则，就教育改革而言，技术即使拥有再大的潜力，也注定逃脱不了失败的下场①。

教育变革的困难，还有另外一个重要原因，那就是教育的科学基础发育不成熟。教育有两个重要的学科基础：心理学与社会学。人是世界上最复杂的动物。人类认识世界的历程是由远及近的，天文学是科学家族的老

① 库奇，汤，栗浩洋．学习的升级．杭州：浙江人民出版社，2019：4-5.

大哥，从人类早期的摩崖石刻上我们就看到了祖先对于天文星象的观察记录。伽利略的天文学之后，是牛顿的物理学，人类开始探索物理现象与规律。现在，我们刚刚进入生物学的世纪，开始关注生命现象。但是，总的来说，人脑对我们来说还是一个黑匣子，人类要真正认识自己，还有很长的路要走。所以，教育远远不像商品买卖那样容易。教育作为一种国家行为，还有政治、文化和意识形态方面的问题，变革受到的制约就更加多一些。这就是教育变革步履艰难的原因所在。

总之，教育要想解决人的问题，还有漫长的一段路要走。不要指望我们通过信息技术的革命就能把教育问题解决了。这是不可能的、不切实际的。

那么，如何才能变革教育的结构呢？这就需要对学校进行重构。其实，学校并不是人类一开始就有的。任何一个事物总是有它产生、发展、兴盛、衰落和消亡的周期，我相信学校也不例外。我们知道，现代学校制度是伴随着大工业时代产生的，它的毛病随着社会的发展和科学技术的进步已经日益彰显，从20世纪60年代开始，就有人开始“唱衰”学校，认为学校该“死”了。其中一个代表人物叫伊利奇。他说：“多少代以来，我们企图通过提供越来越多的教育，使这个世界变得更美好，可是迄今为止，这种努力失败了。”他呼吁，应该使教育者享有选择教育的权利，成为积极的消费者，应该为每一个人创造一种将生活的时间转变成学习、分享和养育的机会。

严格来说，学校永远不会真正地“消亡”，但是学校的转型以及学校作为教育资源提供者的唯一地位将受到挑战，这是必然的。现在，众多的课外补习机构——从“新东方”到“好未来”，众多的网络教育机构——从沪江网到“跟谁学”，都在快速崛起。未来，这些机构可能就是现代学校的“掘墓人”。当然，严格地说，或者我们用更为理性的目光来审视，它们是与现代学校交织一起，正在创造一套新的教育生态系统，创造一种面向未来的教育模式。

在世界各国，各种创新型的学校也悄然出现。探访了世界上50所全球最具创新性的“21世纪学校”的西班牙教育心理学家埃尔南多描写了一些他看到的画面：美国圣迭戈的高中生们已经习惯于在课堂上动手完成一些与高科技相关的项目，例如制作机械手臂、简易机器人，或设计一座桥；在澳大利亚悉尼的学习创新中心，教师和学生们一起决定上课的时间表，并在可容纳近百名学生的“超级教室”席地而坐探讨问题；在瑞典的创新型教育机构维特拉学校，不再有封闭的教室、黑板，学生们可以在学校中自由流动，楼梯上、沙发上、靠垫上……任何角落都可以成为学习的理想场所；丹麦的奥雷斯塔学院拥有一座设计前卫的8层教学大楼，它是玻璃、木材等建材与高科技的结合，让所有教学空间都简约透明、一目了然，该学院不进行传统授课，而是让师生们一起协作，在80～100分钟内完成指定的项目①。不仅在国外，在中国也有许多新型的学校和教育模式在悄然出现。位于北京大学附中的探月学院，学生在线上平台按照自己的进度学习学科知识，在圆桌对话中和老师共同探讨一个哲学问题，或是在项目中开发一款能够解决真实社会问题的产品。在苏州有一群博士父母，采取自助式教育方式，用自己最擅长的学科与技能轮流教自己的孩子。

“未来不是我们要去的地方，而是我们正在创造的地方”。其实，那么多学校体制之外教育机构的出现，那么多“网红”教师的出现，那么多小规模创新学校的出现，已经在向我们预示教育变革的流向。未来并不遥远，关键是要有创新思维。许多过去不敢想象的事情，在互联网时代是做得到的。在世界各国，在中国的许多地方，已经有很多人悄悄进行这样或那样的变革与创造。

极有可能，在某一天早晨，我们推开教育的窗户，就会突然发现——新的教育世界图景已然展现在我们面前。

---

① 创新性“21世纪学校”悄然出现．参考消息，2017-03-04.

目 录

第一章 未来已来

——学校的过去、现在与未来

现在学校的孩子们，每天早晨走路或者乘车去学校上学，每天固定的时间开始上课，每节课的时间也是相对固定的45分钟左右，每天上午、下午排着不同的课程，结束课程以后回家；每年有寒假、暑假等假期。

但有没有可能，这样的学校生活节奏，会被突然打乱？到那时，学生们再也不需要按部就班、整齐划一地出现在同一间教室，学习的时间完全由学生自己决定，学习内容完全由学生自己选择。

我相信，这一天终将到来。当然，这并不意味着学校的消亡，而是学校的教学方式出现了新的变化，甚至是革命性变革。未来的学校会是什么模样呢？

一、学校的发展历程

人类不是一开始就有学校的，学校是人类发展到一定阶段的产物。人类的学校，大概可以分为四个重要的历史发展时期。一是前学校阶段（pre-school period）——原始部落耳提面命的教育就是属于这个阶段。二是学校阶段（school period）——以公元前3500年左右两河流域苏美尔人的“泥版书屋”、公元前2500年的古埃及的宫廷学校和我国父系氏族末期的“成均”和“庠”为代表。三是现代学校阶段（modern school period）——随着工业革命应运而生的现代学校，按照夸美纽斯的班级授课制构建，具有统一的教材、教学大纲、上课时间、教学内容、课程设置。四是后学校阶段（post-school period）——未来的学校，严格意义上可以不称为学校，而是所谓的“学习中心”。

我们不妨看看这个历史的演变过程。大家知道，原始社会教育的特点是没有固定的教育场所和专门从事教育的专职人员，最初是渔猎和农耕等劳动技术的传授，即传说中的“燧人氏教民钻木取火”“伏羲氏教民结网捕鱼”“神农氏教民制耒耕作”，这个时候虽然有教育活动，但是没有学校这种形态。到了原始社会的末期，随着生产力的发展，原本存在于社会生活中的教育逐渐分化出来，出现了学校的萌芽。

1. 世界上最早的学校

关于世界上最早的学校，学界有不同的说法，有的教育史教材中采用苏联教育史学家米丁斯基的说法，即建于公元前2500年的古埃及的宫廷学校是人类有史可考的最古老的学校。但最新的研究认为，世界上最早的学校诞生在古巴比伦，法国考古学家在两河流域发现的苏美尔人的“泥版书屋”存在于公元前3500年左右，应该是世界上最早的学校。①

中国是世界上最早出现学校的国家之一。有人根据传说认为父系氏族末期的“成均”和“庠”是我国学校的萌芽。“成均”是乐师日常演奏唱歌的地方，贵族子弟都要在这里学习音乐。“庠”是储存公共粮食的地方，由于生产力的进步，氏族中的老者可以不必参加繁重的生产劳动，而是转为看管粮食或者饲养家畜，所以“庠”也是养老之所。老年人有丰富的生产生活经验，在养老的同时还可以承担起传授经验的任务，所以“庠”也就同时成为教育场所。但是，“成均”和“庠”还不能称为正式的学校，只能说它们是学校的雏形。这表明，随着生产力的发展和社会分工的扩大，教育与生产劳动走向分离，所以，学校教育成为一种专门的活动，需要在专门的场所进行。

到了奴隶社会，才出现了真正意义上的学校。我国的第一个奴隶社会夏代的学校叫“序”和“校”。“序”是设在王都的学校，“校”是设在地方的学校，即“乡学”。最初的“序”和“校”与军事目的的教育内容相关。“序者，射也。”“序”就是教射箭的地方，是奴隶主贵族子弟习射的场所。“校者，教也。”“校”就是进行军事训练的场所，是习武之地。到

---

① 董为奋．“埃杜巴”：世界历史上最早的学校．苏州大学学报，1987 (3).

了商代，学校的形式有所发展，出现了针对不同年龄阶段的学校，有了大学、小学的区别，教育内容上也逐渐丰富，具备了“六艺”的雏形。

2. 现代意义上的学校

西方现代学校教育制度是伴随着工业革命的兴起而出现的。17 世纪中叶以后，随着农业社会向工业社会的转变，资本主义生产力的发展和生产方式的变革，要求劳动者接受更多的、系统的、实用的学校教育，以满足大生产的需要。与之相适应的义务教育制度和现代学校制度也应运而生。

捷克教育家夸美纽斯提出的班级授课制和学科课程制为新学校的建立奠定了坚实的理论基础。他从普及教育出发，提出了建立统一学校系统的主张。他根据儿童成长的年龄特征，把教育过程分为四个时期，每期六年，各设相应的学校：幼儿期（从出生至 6 岁），母育学校；少年期（6～12 岁），国语学校；青年期（12～18 岁），拉丁语学校（或文科中学）；成年期（18～24 岁），大学。这种统一的学校系统，使儿童从出生开始，循序渐进，不设任何障碍，直到成年。夸美纽斯第一次提供了整齐划一、任务明确、相互衔接的完整的学制系统，这是学制史上的一次创举，也成为后来西方学制的雏形。到 19 世纪初，一套与工业社会相匹配的学校制度已经初步形成。

夸美纽斯

1862 年在北京创办的同文馆是中国最早的外语学堂，是中国第一所具有现代意义的新式学校。中国第一个现代学校制度是在 1902 年（清光绪二十八年）管学大臣张百熙拟订的《钦定学堂章程》（《壬寅学制》）中提出的，但未及实行。

1903 年 7 月，清政府命张百熙、荣庆、张之洞以日本学制为蓝本，重新拟订学堂章程，于 1904 年 1 月公布了《奏定学堂章程》（是年为旧历癸卯年，故称《癸卯学制》）。该学制包括《初等小学堂章程》、《高等小学堂章程》、《中学堂章程》、《高等学堂章程》、《大学堂章程》（附《通儒院章程》）、《蒙养院章程及家庭教育法》、《初级师范学堂章程》、《优级师范学堂章程》、《初等农工商实业学堂章程》（附《实业补习普通学堂及艺徒学堂各章程》)、《中等农工商实业学堂章程》、《高等农工商实业学堂章程》、《实业教员讲习所章程》、《译学馆章程》、《进士馆章程》，还有《学务纲要》《各学堂管理通则》《各学堂奖励章程》等，形成了从幼儿教育到高等教育、从普通教育到职业教育的完整系统。

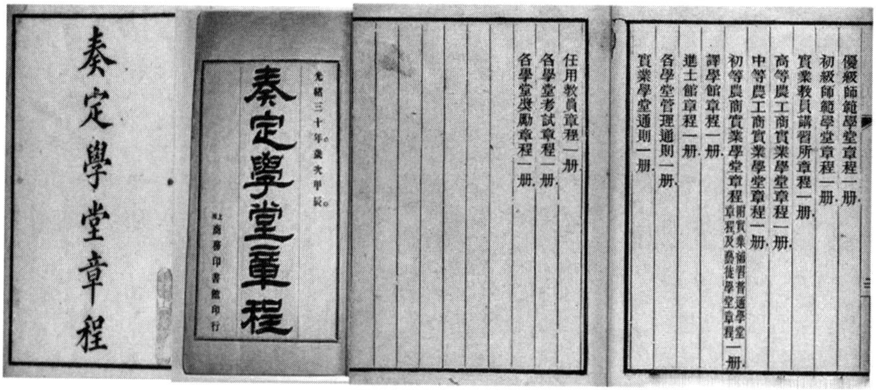

《奏定学堂章程》

现代学校教育制度虽然一开始是为提高劳动生产率而设计的，因为现代化的大工业生产需要工人能够具备基本的读写算能力。但是它客观上为普及教育，把教育从少数人的特权变成全体人的权利与义务做出了重要的贡献。现代学校的出现，是人类历史上重要的革命性事件。

二、变革学校的诸种努力

从 20 世纪 60 年代开始，世界教育发生了一个革命性的转折。一方面，随着苏联人造卫星的上天，美国人感到国家处于危险之中，科技落后的根源在于教育的落后。全社会对于教育现状的不满情绪空前高涨，各国学生运动的风潮进一步打破了人们对学校的美好期待。人们逐渐认识到，学校并没有像预期的那样带来经济的繁荣和社会的进步，相反是许多社会问题产生的根源。

1. 伊利奇：《去学校化社会》

主张去学校化的学者认为，学校不再是一个有价值的机构。正如非学校运动的代表人物伊利奇所说：“多少代以来，我们企图通过提供越来越多的教育，使这个世界变得更加美好。可是迄今为止，这种努力失败了。”在他看来，现代学校不仅阻碍了真正的教育，而且造就了无能力、无个性的人，还造成了社会的两极化和新的不平等。他具体分析了学校存在的问题。

第一，设立学校的假设其实是荒谬的。“我们所知道的大部分东西都是在学校之外学到的。学生的大部分学习都是教师不在场时自己进行的；即使教师在场，学生也经常是自己进行学习的。”也就是说，学校并不是天经地义的学习的场所。

第二，学校使大部分人成为失败者。他认为，学校教育最合适的人只是那些：按照社会控制既定要求的那样去亦步亦趋学习的人，学校只对那些需要不断获得更高层次文凭的人有用，其他大多数人都是“中了学校圈套”的人。

第三，学校剥夺了学生自主学习的权利、欲望和能力。他认为，学校教育对于所有学生兴趣的摧残是非常严重的，学生们总是靠死记硬背来应付各种考试，学校对人的伤害要远远超过战争，因为“即便是战争制造者，所杀害的也只是人的躯体；而学校则通过使人放弃对于自己成长的责任，而导致许多人走向一种精神自杀”。

《去学校化社会》

因此，他得出结论：“学校教育既不可能推动学习，也不可能促进正义”，应将学校连同课程学习及其观念一起废除。他呼吁废除学校对于教育的垄断，应该使受教育者享有选择教育的权利，成为积极的消费者，应该为每个人创造一种将生活的时间转变成学习、分享和养育的机会①。

要实现这一理想，就要建立一个教育网络。要“借助于真正的沟通互联网”形成“通体透明的世界”。在这个网络中，任何人

① 伊利奇．去学校化社会（汉英双语版）．北京：中国轻工业出版社，2017：5－7.

都可通过社会生活和日常生活学习知识和技能，并且直接应用于社会。各种教育资源置于学习者的主动的控制之下，学习成为自我创造式的教育。教育的网络确定了新的学习方式，为学生提供了新的与世界联系的方式，而非仅仅通过教师、课程和计划的准备而进入世界。这里，我们已经看到了现在互联网教育的雏形。

2. 斯金纳：程序教学

与非学校运动和学校消亡论遥相呼应的是斯金纳的程序教学理论。作为新行为主义的重要代表人物，斯金纳发明了一种教学机器，这个机器的构造包括输入、输出、贮存和控制四个部分。他把教学材料分解成由按循序渐进原则有机地相互联系的几百甚至几千个问题框面组成的程序。每一个步子就是一个框面，学生正确回答了一个框面的问题，才能开始下一个框面的学习。如果答错了，用正确答案纠正后再过渡到下一个框面。框面的左侧标出前一框面的答案，成为对该框面问题的提示。一个程序学完了，再学下一个程序。

斯金纳还提出了程序教学的四条原则：（1）积极反应原则，即必须使学生始终处于一种积极学习的状态。（2）小步子原则，即把教学内容分解成一个个的小步骤，前一步的学习为后一步的学习做铺垫，后一步学习在前一步学习后进行。由于两个步子之间的难度相差很小，所以学习者的学习很容易得到成功，并建立起自信心。（3）即时反馈原则，即让学生立即知道自己的答案正确，这是树立信心、保持行为的有效措施。（4）自定步调原则，即允许学习者按自己的情况来确定掌握材料的速度。

我们可以看到，斯金纳的程序教学思想与现在的慕课已经非常接近，可惜当时还没有互联网，他的思想虽然对世界的教学理论与实践产生了很大的启发，但并没有颠覆现代学校。但是，从 20 世纪 60 年代末开始，新学校运动和非学校化运动就一直没有停止，各种学校改造的努力也在世界范围内风起云涌。

3. 慕课运动

进入 21 世纪以来，随着互联网的出现和现代教育技术的不断发展，对于学校变革的激情再一次被激发，其中最重要的标志就是慕课的出现。所谓“慕课”，是大规模在线开放课程“MOOC”的汉语音译，其中，第一个字母“M”代表大规模（Massive），一门课的听课者可以有万人甚至几十万人；第二个字母“O”代表开放（Open），在线课程不分国籍和区域，只需邮箱注册即可参与，对所有人开放；第三个字母“O”代表在线（Online），即网上学习；第四个字母“C”代表课程（Course）。与名校视频公开课只提供课程资源不同，“慕课”实现了教学课程的全程参与。在这个平台上，学习者可以完成上课、分享观点、做作业、参加考试、得到分数、拿到证书的全过程。

2011年秋季，来自190多个国家的16万人同时注册了斯坦福大学的一门“人工智能导论”课程，不久后，斯坦福大学两位教授创立了Coursera在线免费课程，2012年4月上线，4个月后学生人数便突破100万。后来，普林斯顿大学、斯坦福大学、加州理工学院、密歇根大学和宾夕法尼亚大学等全球80多所成员高校或机构加盟，共享386门课程，一年以后的注册学生人数就超过400万。同时，多门课程进入了美国教育理事会学分推荐计划，学生选修的学分可获大学承认，“慕课”获得进入正规高等教育体系的通道。而一些公司也开始考虑在招聘时承认“慕课”的课程证书，这就意味着未来的学生可以凭借在线教育平台拿到的课程证书择业，而不一定非要拥有名牌大学的学位和学历证书。

慕课虽方兴未艾，但遇到了新的挑战。各种慕课的改进修订版也纷纷推出。例如，所谓的“SPOC”（私播课）：“SPOC”是“Small”“Private”“Online”“Courses”四个英文单词的首字母缩写。私播课对入读人数和入读条件都有限制，但它仍然是开放和免费的。从本质上说，私播课与慕课属于同一类，在教学设计、教学理念上并没有多大突破，只不过更加小众而已。还有所谓的“Meta-MOOC”（超级公播课）：2014年1月，美国杜克大学的凯西·戴维森教授在Coursera上开设了“高等教育史与未来”课程。该课程注册学生约两万人，它的授课时间与戴维森教授在杜克大学面对面教学的课堂同步进行，并且在加州大学圣巴巴拉分校和斯坦福大学也有同步进行的分课堂。三个学校的老师同时教授这门课，共享阅读材料，让学生互评作品，来自不同学校的学生和教师组成了一个学习共同体。正如凯西·戴维森教授所说，这不仅仅是一门慕课，而且是一个运动，所以把它称为“Meta-MOOC”（超慕课）。

还有所谓的“DLMOOC”（Deep Learning MOOC，深度学习公播课）、“MobiMOOC”（Mobile MOOC，移动公播课，指通过移动设备学习慕课，致力于慕课与移动学习的有效整合）、“MOOL”（Massive Open Online Labs，大众开放在线实验室。MOOL 较于实体实验室有两大优点，一是没有时间限制，平台一年 365 天、一天 24 小时都是开放的，学习者可以随时做实验；二是实验过程可重复、可回放，方便找出实验失败的原因）、“DOCC”（Distributed Open Collaborative Course，分布式开放协作课，不局限于单一专家授课，专家背景多样化，分布在各大高校，强调在数字时代的协作学习，避免学生被动学习）、PMOOC（Personalized MOOC，个性化公播课，学生自定学习步调，自我选择开始与结束时间；系统可以自动跟踪学生的学习进程，并给予每个学生恰当的学习建议）、“MOOR”（Massive Open Online Research，大众开放在线研究课，为学生从学习到研究的过渡提供渠道，使得教学重心由知识的复制传播转向问题的提出和解决）等等①。

在中小学，在线学习也成为一种不可抗拒的潮流。美国科罗拉多大学博尔德分校教育学院发布的报告《理解和改进全日制网上学校》表示，美国已有 25 万名中小学生在全日制网络学校上学。美国各州网上学校总共提供 53.6 万门课程（每门课程都为一学期），有 180 万名中小学生至少选一门网上课程。网上课程的增长也在一定程度上满足了不同群体和不同地区学生的教育需求，特别是满足了学生在家上学的需求。从一定意义上可以说，这些学习方式不仅是对现代学校教育的补充，更是对现代学校教育的变革。

硅谷创业教父保罗·格雷厄姆（Paul Graham）在《为什么书呆子不受欢迎》（Why nerds are unpopular）一文中提出，“学校并不是真实的世界”，“学校是一个很奇怪的、人为设计出来的体系，一半像是无菌室，一半像是野蛮洪荒之地。它就像人生一样，里面无所不包，但又不是事物的真实样子。它只是一个暂时的过程，只要你向前看，你就能超越它，哪怕

---

① 陈玉琨．中小学慕课与翻转课堂教学模式研究．课程教材教法，2014（10）．

现在你还是身处其中”。既然学校只是一个暂时的过程，既然学校终究会被超越，那么，未来的学校会是什么模样呢?

三、未来学校的模样

从“学校消亡”论提出以来的半个多世纪，人们从来没有放弃改造学校的梦想。这个梦想，在很大程度上将彻底改变我们的学校，改变我们的教育，改变我们的学习。

风靡世界的教育纪录片《为孩子重塑教育》的制片人泰德·丁特史密斯在《未来的学校》一书中指出：“传统学校以有着百年历史的工厂模式为基础，非常善于培养适合工业社会的劳动力，而工业社会所塑造的世界早已不复存在。传统学校挣扎于两类大环境背景之中，一类是拘泥于过去不肯自拔的传统教育体系，另一类是正在不断塑造未来走向的创新世界。”①因此，现在摆在我们面前的两个选择，一个是继续走传统教育模式这条老路，继续给自己不断寻找借口，把孩子们批量送进教育机器之中，“等着这些机器产出大批毫无技能和目标感的年轻人，然后眼看着他们往投票箱里扔手榴弹，却束手无策”。另外一个是打破这一切，发动一场真正的教育变革，这样的话，“我们的孩子就能够唤醒自身潜藏的天赋与力量，开拓出充实而精彩的人生之路，去想办法解决我们这代人遗留给他们的诸多难题”。

其实，在这两个选择面前，我们没有选择。在丁特史密斯看来，传统学校不过是僵化的教育体制打造出来的“纸老虎”，是“创新时代的博物馆文物”。而发动变革打破这一僵化的体制的力量，一定是来自民间的草根行动。

他的预言不是空穴来风。因为这本书与其说是写出来的，不如说是走出来的。为了完成这部著作，他走遍了美国的50个州，访问了200多所学校。这本书的英文书名“What School Could Be?”，直译为中文应该是

---

① 丁特史密斯．未来的学校．杭州：浙江人民出版社，2018：11.

“学校能够成为什么样子?”。在他走访的诸多学校中，他看到了未来的方向和趋势。这个方向和趋势，也是我在这本书中将要为大家介绍的。

我认为，未来学校会有这样一些新的变化：

第一，现在的学校（school）将演变成为学习中心（learning center），传统的学校概念将被新的学习中心取代，人们不必每天按时去学校，不必按部就班地学习各门课程。

第二，现在的教学（teaching）概念将变为学习（learning）的概念。传统的教师教、学生学的教学活动将变为学习。学生的学习活动成为学习中心的主旋律。

第三，现在的教师（teacher）将成为成长伙伴（partner）。传统的教师角色将变为助教或者成长伙伴。

第四，现在的教室（classroom）将成为学习室（learning-room）。传统的教室将变成学生学习的场所。

第五，现在的标准化（standardization）教育将变为定制化和个性化（customization and personalization）的。传统学校按照统一的标准教学和评价的模式，将变为定制化和个性化。

未来的学生，完全能够做到一人一张课表，而且随时调节学习内容，他们的大部分时间是在家里或者在学校的图书馆、学习室等，通过网络学习、团队学习，自己解决学习过程中的大部分问题，而且网络通过大数据的方式自动记录他们的学习过程，作为评价的依据。

未来学生的学习，“是新建构主义所倡导的零存整取式的学习，是基于个人兴趣和问题解决需要的自发学习，是大规模的网络协作学习”。学生可能不再需要专家学者为他们提供完整的知识结构，而是通过自主的学习建构能满足自己需要的个性化的知识结构。在这样的学习和建构中，课程、学分、学历、学校等不是最重要的，唯一重要的是“我学到了什么、我分享了什么、我建构了什么、我创造了什么”。

眺望未来学校，我们会发现：传统意义的学校可能不存在了，但是教育是永恒的，学习是永恒的。教师的职业也许换了一个名字，但是作为学生学习的伙伴，对于未来教师的素质要求会更高。

我无法预测这一天在哪个时刻到来，但是，我可以肯定地说，这一天正在逼近。从现在开始，传统的教学方式与新兴的学习方式之间会有相当长的一段共存阶段。在这一过程中，有人会大胆探索，从而成为时代的弄潮儿；有人会跟上步伐，从而成为跟进者；有人无动于衷，只能成为落伍者，最终被时代所抛弃。只有看清这个趋势的人，才能真正站立潮头，才能执未来教育之牛耳。

第二章 走向学习共同体

——未来学习中心的构架

任何一个事物总要经历产生、发展、兴盛、衰落和消亡的周期，学校也不例外。所以，学校的“消亡”是必然的。如前所述，现代学校制度是伴随着大工业时代产生的，它的弊端随着社会的发展和科学技术的进步日益彰显，变革学校的呼声，甚至是唱衰学校的论断几十年来不绝于耳。虽然严格来说，学校永远不会真正地“消亡”，但是传统的学校制度需要颠覆性的革命、结构性的变化，将是不争的事实。学校走向何方？我们的结论是走向学习共同体。集群式的学习中心构成了未来的泛在学校。为了区别传统的学校名称，我们称为“未来学习中心”。时时可学、处处能学，能者为师、自主学习，将成为未来学习中心的基本特征。

一、未来学习中心设计的原则

未来学习中心的建立，必须遵循教育变革的趋势与方向，必须遵循教育发展的规律和原则。我认为未来学习中心设计的原则主要表现在五个方面：人性化、自由化、多样化、个性化和终身化。

1. 人性化

简单说，教育的人性化就是以人为本的教育。这似乎是一个简单的常识，其实远远没有那么简单。在现实教育生活中，我们或者是以分数为本，或者是以知识为本，或者是以技术为本，或者是以其他的外在目标为本，很少站在人的立场，站在孩子的立场思考问题。我们的教育离这个目标还有很远的距离。

首先，从学校规模来说，我们的学校都是大规模办学，五六千人甚至万人以上的学校比比皆是。我们的行政管理部门倾向于主张“规模出效率”。我们知道，这种思维是现代学校制度“胎里带来的”毛病。最早的西方义务教育制度，就是伴随着工业革命规模化生产的要求而出现的，它强调的是效率，强调的是规模，要用最少的投入去实现教育效率的最大化，自然对人性重视不够。我一直主张，不应该办大规模学校，因为大规模学校是把人当作机器来制造的。

前些年我到俄罗斯考察的时候发现，俄罗斯的学校，从幼儿园到高中，平均规模只有600人左右。校长、老师、学生彼此宛如家人，学校气氛宽松而亲密。学生在家门口上学，无须择校，无须校车。我认为只有小规模才能实现人性化，大规模是无法实现人性化的。

其次，从学业标准来看，我们的教育学业标准定得太高。现在我们学校对学生的学业要求太高了，学生的学习内容太深太难，广度不够而深度有余，生活常识不够而学术知识有余。造成了学校大部分学生都是“失败者”，大部分人是陪着少数人去读书的，他们在学校没有成就感，在学校中被摧毁了自信心。

我一直主张，对于大部分学生而言，学业标准的难度要大幅降低。因为大部分的人没有必要学得那么难。有人会担心：降低难度以后，我们国家的竞争力从何而来？我们的科技发展从何而来？其实根本不用担心，因为按照正态分布曲线，总会有一些人是对科学抱有崇敬的心理，总有一些学生有学术的追求，对于这样一些人，我们可给他更高的标准、更高的学术要求，没有必要让大部分的人都达到那样的标准。现在教育里很大的失误就是对所有人都提出了去清华、北大读书的要求。所以，不妨把标准降下来，让大部分学生学那些对他将来发展真正有用的课程，帮他养成良好行为习惯，形成良好的人格。一句话，让我们的教育更有人性的光辉。

2. 自由化

自由化，是和人性化是相辅相成的一个关系，也就是说，是主张教育应该更多地尊重教师和学生的自由选择。现在我们的教育有太多的“强制性”，从上什么学校到学什么内容，从何时上学到何时放假休学，学生和教师基本上是没有话语权的。我认为，未来的教育，应该更多让人们自由地选择学习的时间、学习的地点、学习的内容、学习的方法以及向谁学习。这是未来教育改革的一个非常重要的方向。例如，我们现在规定所有学生都必须八点钟上学，很多学生六点钟就要从家里出发进学校，这本身不符合人体作息的特性。有些人就是猫头鹰型，有些人就是百灵鸟型，每个人个性不一样，习惯不一样，为什么硬要在同一个时间让人去做同样的事情呢？正如可汗曾经评论的那样，有些人在早上头脑最为清醒，有些人则在晚上学习效率更高；有些人认为在安静的房间里更能集中注意力，有些人则更喜欢边听音乐边学习，甚至愿意在咖啡馆这种嘈杂的环境中学习。既然每个人的学习习惯各不相同，为什么要坚持只有传统的学校和课堂才是教学的主要场所，为什么要统一每个人的学习节奏和进度呢?

现在的教育政策是限制择校的。教育行政部门规定就近入学，有些地方还搞起了“多校划片”入学。这其实是优质教育资源短缺情况下一个无奈的办法。真正理想的教育是不应该限制选择的。因为选择是人的自由，选择是竞争的方法，有竞争才能有进步。限制选择在本质上是不符合教育规律的，限制选择就意味着降低质量。品质是在竞争中才能提升的，选择才能引起竞争，竞争才能提升品质，这是一个良性的循环。

所以，未来的教育一定是充满着选择可能性的，一定会创造越来越多的选择机会和可能，让所有人都能选择最适合自己的教育，这是一个方向。在保证基本品质的前提下，把选择的自由还给消费者、还给学习者，是未来教育变革的趋势。

3. 多样化

与自由化相适应的就是多样化，因为没有多样化就没有选择，更谈不上自由。多样化应该是未来教育一个非常重要的特征。现在的学校千人一面，统一的标准、统一的考试、统一的课程、统一的评价、统一的服装、统一的教材，把本来千姿百态的教育变成了一种颜色，把本来具有无限发展可能性的学生变成了“单向度的人”。

特色就是卓越。能不能把每一所学校办出特色，能不能把每一间教室都布置得与众不同，能不能把每个孩子的个性充分张扬，能不能不以分数多少论英雄，这是每个教育工作者需要认真思考的问题。今后，我们现在所有的学校，都应该变成一个个各具特色的学习中心。学生可以今天在这个学习中心学这门课程，明天到另外一个学习中心去学习另外一门课程，所有学习中心都是充满个性的，有着自己的“绝招”。许多地方现在搞“多校划片”，让许多买了学区房的人叫苦不迭。那么，在同一个大学区里，有没有可能把每一所学校（学习中心）办得更有特色？这个学校（学习中心）的这门课程特别棒，那个学校（学习中心）另外的课程特别棒，这样学生可以今天在这儿学习这门课程，明天在那儿学习另外一门课程。学生的文凭也不再是某个学校的文凭，而是整个学区的文凭。

不要以为这是天方夜谭，我相信这是有可能的。2016 年，我考察了位于美国旧金山的密涅瓦大学，这所大学就是一所具有多样化价值的学校。学校办在一个写字楼的第 9 层，第一年课程在旧金山的这座写字楼里完成，四门课程分别是理论分析、实证分析、综合系统分析和多元模式交流，主要是方法论，不学习具体学科内容。后面的三年，每学期由学生自由选择一个城市学习，让学生自己去挑选学习的主题。

密涅瓦大学

4. 个性化

人性化、自由化、多样化的结果必然指向个性化。教育的个性化是幸福完整的教育生活的重要路径，让每个人成为自己，把每个人的潜能充分挖掘出来，把每个人的个性充分张扬出来，让每个人真正享受日常的教育生活，真正喜欢日常的学习过程，应该是教育的重要目标。

未来的教育应该体现这样的追求。以我考察过的位于硅谷的 ALTSchool 为例。这所学校不像中国的学校有很大的校园，就是一栋小小的楼房，四五间房子，一百多个孩子，分龄分段教学：幼儿园和一年级，二年级和三年级，四年级、五年级和六年级分别在一起学习。他们认为混龄教育符合儿童的心理特征和互相学习的规律。同样是 7 岁的孩子，智力的发展有的可能远远超过 7 岁，有的可能没有达到 7 岁，社会本来就是不同的人组成的群体。混龄框架本身就意味着尊重人本身的差异性。

ALTSchool

为了尊重学生的个体差异，在混龄过程中允许学生“走班”，基础性的学科在同一个时间，比如数学课，学生在这个班听不懂可以到别的班去。

为了更好地了解学生，学校用大数据观察记录每个学生的学习过程，有针对性地每个月向父母提出教育建议，改进教育方法。学校的每个角落都安装了醒目的监控设备，并且写着“ALTSchool 学习实验项目采集视频和音频，以为更好地理解儿童学习过程”。

5. 终身化

终身化的学习要求将教育与学习贯穿于人生从摇篮到坟墓的全过程，打破简单地把学习与职业分隔的传统，使学习成为人生活与生命的重要组成部分。

人类学家玛格丽特・米德曾经说过：“把所有游戏和学习放在童年，所有工作塞进中年，所有遗憾留给老年，这是极端错误和非常武断的做法。”可汗在他的著作中也这样发问：为什么教育一定要在某一个时刻停止？为什么教育不能贯穿人的一生，让人们活到老学到老？他认为，“我们把 12 年、16 年甚至 20 年的时间花费在了学习上，却在成年后完全将学习抛在了一边”，这样的做法的确是一场悲剧。其实，每个人的一生都需要学习，绝大多数人的学习曲线都不可能完全变成一条直线，根据大脑“用进废退”的原理，我们一生都需要探索新的知识。

自保罗・朗格朗提出终身教育的概念以来，社会知识急剧更新，人们闲暇时间急剧增加，促使终身教育进程加快。20 世纪 70 年代初，联合国教科文组织的报告《学会生存：教育世界的今天和明天》明确要求“把终身教育作为发达国家和发展中国家在今后若干年内制定教育发展方针的主导思想”。紧接着先是美国，然后许多发达国家都制定了终身教育法。

终身化的学习，将淘汰把人的一生分为上学、工作、退休的观念，学校（学习中心）不再是为学生一生准备一切的场所，学习中心将为不同学历背景的提供多样化的科目，教学时间灵活，学分实行终身累计制。学校（学习中心）会向社区开放运动场地、体育馆、图书馆、教室，并为市民举办各种公开讲座等，为社区的终身学习服务。也就是说，学校（学习中心）不只是青少年学生学习的场所，也应成为每个人终身可以利用的学习场所。

二、未来学习中心的基本构架

未来学习中心的基本构架是一个集群式的学习共同体。这个共同体有十个基本特点。从未来学习中心的外在形式来说，它会走向丰富化。从未来学习中心的内在本质来说，它会走向自主化。从未来学习中心的时间来说，它会走向弹性化。从未来学习中心的学习内容来说，它会走向定制化。从未来学习中心的学习方式来说，它会走向混合化。从未来学习中心的教师来说，它会走向多元化。从未来学习中心的付费方式来说，它会走向双轨化。从未来学习中心的考试评价来说，它会走向过程化。从未来学习中心的参与机构来说，它会走向开放化。从未来学习中心的教育理想来说，它会走向幸福化。

1. 未来学习中心的外在形式

未来的学校会成为一个学习共同体。也就是说，它会由一个一个的网络学习中心和一个一个实体的学习中心，共同构成一个学习社区。

在未来，学校的概念会被学习社区的概念所取代。每个学习中心不再是一个孤岛。现在每一所学校都是一个相对封闭的王国，学校之间的联系和交往是偶然发生的。但是，未来的学习中心将会是一个环岛，彼此之间是互通的。

比如，现在我们在全国有 5 200 多所新教育实验学校，未来都可能建成一个个各具特色的学习中心。我们可以在北京或者其他的城市建设一个学习中心总部。这个学习中心总部相当于一个大型教务部，可以选择不同的学习中心进行合作，一个学生在不同的时间可以在不同的实体学习中心或者网络学习中心进行学习，比如这个月在温州一所中学学灯谜，下个月到北京一所中学学北京文化，再下个月去苏州学评弹与昆曲，甚至可以去纽约的学习中心去学英语，这样就共同构成一个学习社区。学生可以在不同的学习中心选择课程，也可以相互选择课程、相互承认学分，教师也可以跨越学习中心进行指导。这样一种开放的、互联的学习中心将成为趋势。

2. 未来学习中心的内在本质

过去，整个教育是以教师为中心的，是以教为中心的。整个学校是以知识为中心，而不是以学生为中心的。教师控制着整个教育的流程，控制着整个学习的过程。但是未来学习中心绝对不是如此，教师不可能再控制学习过程。谁来控制？由学生自我控制。所以，由“教”走向“学”，由学生自主掌控学习活动的过程与节奏、内容与方法，将是未来教育的基本特点。从教到学，有人认为是教育的哥白尼式的革命。在哥白尼之前，人们认为地球是宇宙中心，包括太阳在内的万物围绕地球旋转，就像教育以教师为中心转一样。哥白尼的贡献在于发现了太阳是中心，地球围绕太阳旋转，就像教育以学生为中心一样。这是一种颠覆性的革命。

未来学习中心毫无疑问会打破过去传统的统一的教材等框框的束缚，去标准化、个性化、定制化将会成为未来的学习方向。每个学生制定自己的课程、学习计划。教育评价也是针对个人的，而不是把他与其他人进行比较排名次。国家仍然会有基本课程与教育标准，但是未来的国家标准会进一步人性化，整体的学习难度会进一步降低，但是每个个体可能会完全不一样，会选择适合他自己的东西。

3. 未来学习中心的学习时间

未来学习中心的学习时间是弹性化的。学习中心全天候开放，没有暑假和寒假，没有双休日，学生可以根据自己的需要安排学习时间和休息时间。学校的设施和校舍将会得到最大限度的利用。现在学校的利用率大概不到1/2，甚至只有1/3。未来暑假、寒假、周末、夜晚等时间都可以充分地使用，不仅仅中小学生可以使用，任何需要学习的人都可以使用，所以整个教育资源会进一步集约化。

未来学习中心的学习周期也会弹性化。这两年以莫言先生为代表的政协委员呼吁：“要缩短学制。”我认为只有突破学制，思考中国未来的学制，才是解决中国学制问题未来的方向。现在学生入学七周岁，少一天都不行。每天早上八点上课，晚一分钟就是迟到，迟到就要受罚。现在规定七岁入学或者八岁入学，这个实际上也是很不合理的，为了赶 9 月 1 日上学，很多母亲甚至剖宫产提前生小孩。其实，同样是八岁的孩子或者同样是七岁的孩子，他们的个性发展、心理特征、认知水平是完全不一样的，为什么有的学生不可以五岁入学，另外一些学生晚一些入学呢?

未来学习中心完全可以根据人们不同的作息特点和个性化需要安排，甚至可以不用到学校学习，为什么一定要到学校去学习呢? 学生可以预约，可以跟老师预约，只要解决某个课程里面的一部分难点问题就够了，其他的问题自己回去掌握。把 50 个人、45 个人，或者更多的人集中在一个教室里，一部分学生完全已经懂了，另外一部分人却听不懂，不知所云。所以，未来学习中心会更加弹性化，我们可以采取预约的方式进行学习，可以采取团队合作的方式进行学习。

我的这个设想在可汗先生的著作中得到了佐证和支持。他也对寒暑假这个"在教育的长期发展中诞生的神圣产物"进行了尖锐的批评。

可汗认为，寒暑假制度其实是农耕社会的残留物。在那个时候，比起送孩子去上学，每个家庭面临的更大问题是吃饱肚子。所以不管是哪个年纪的孩子，家里人都希望每年有一段时间帮忙种地。这是几百年前的农耕社会状态。

可汗也认为，寒暑假是对金钱和时间的大量浪费。"在全世界范围内，教学楼、实验室以及体育馆等价值上百亿元甚至上千亿元的教育设施都被闲置，至少没有得到充分利用。"更为糟糕的是，学生在寒暑假停止了学习，"学习进度中途搁置，知识的连贯性被打破，阶段性的学习成果付诸东流"。他举了一个例子加以说明：我们骑自行车的时候，一直蹬车比停下来重新起步容易得多。他建议学生的学习可以像公司员工的休假制度一样，在需要的时候申请休假，也无须人为规定学生进入下一个年级的时间，学生可以申请与家人一起旅行，也可以申请自己创业，按照自己的愿望随时进行学习①。

未来的学习中心，不仅每天的学习时间因人而异，取消寒暑假，而且会

① 可汗．翻转课堂的可汗学院：互联网时代的教育革命．杭州：浙江人民出版社，2014：156 - 158.

形成一个更加灵活开放的学习制度设计。据报道，2018 年，美国斯坦福大学的学生们提出了《斯坦福大学 2025 计划》，其中有一个开环大学（Open Loop University）方案。这个计划废除了入学年龄的限制，对任何年龄的人开放；延长了学习时间和年限，由以往连续 4 年延长到一生中任意加起来的 6 年，使学生之间更容易建立起友好的、亲密的、持久的合作学习型社会网络。

开环大学的学习模式将更注重人作为一个终身学习者的职业生涯的养成和发展，具有四个重要的特征：一是“自定节奏的教育”（paced education），旨在促进学术探索，提升学科的内在严谨性。学生根据他们的个人意愿按照自己的节奏来完成各阶段的学习。打破四个年级的划分，代之以“CEA”学习模式，即调整（calibrate）、提升（elevate）和启动（activate）三阶段认知反馈学习模式。

二是“轴翻转”（axis flip），即将原有的“先知识后能力”反转为“先能力后知识”，改变传统大学中按照知识来划分不同院系归属的方法，“能力构建”成为学习的基础和院系设计的前提。其中提出到 2024 年，斯坦福大学商学院将推出 10 个建立在本科生能力之上的教学中心，这 10 个中心包括科学分析、定量推理、社会调查、道德推理、审美解读、沟通有效性等。

三是“有使命的学习”（purpose learning），即培养具有全球领导力的学生。在全球化日益加速的新形势下，斯坦福大学特别关注对学生进行“改造”，把他们培养成具有行动力的全球领袖。

为了使学生带有使命感地学习，斯坦福大学计划在世界六大洲 25 个国家建立一系列“影响实验室”，在这些实验室里，师生们一起通过浸润式学习和讨论，应对全球性的问题和挑战。

四是“设计你的未来”（design the future），即培养学生的创业精神，拓展和延伸斯坦福大学大胆探索、无疆界创新的历史传统①。虽然这只是一个关于学生项目的构想，并未付诸实践，但其中的创意是值得关注的。

4. 未来学习中心的学习内容

未来学习中心的学习内容会进一步定制化。教育是文化的选编。教育

① 美国斯坦福大学 2025 计划官方网站（http//www.stanford2025.com/open-loop-university）。

是一个意识形态的领域，国家必须有一个基本的教育标准，必须也应该传播国家的价值观。义务教育的出现就是和大工业时代国家对于整个劳动者素质的基本要求有关的。到底怎么把最有用的东西给我们的孩子？这是一个很值得研究的问题。

要根据学生的天赋、潜能和个性、兴趣来设计个性化的课程。2015 年世界教育创新峰会（WISE）的调查表明，专家们认为未来由政府机构提供的一致的标准化的内容只占 17%左右，而更加个性化的内容则高达 83%。

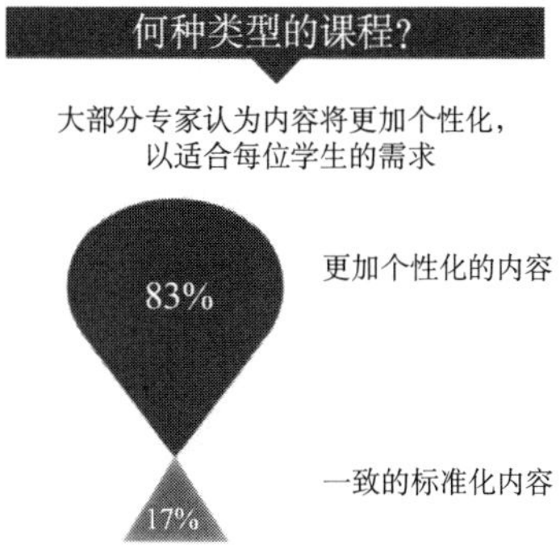

未来学习的内容

这个调查很有冲击力，表明专家们对于我们现在的学习内容的合理性是有所怀疑的。未来学习中心的学习内容将从补短教育走向扬长教育。现在的教育很大程度上是补短的，用一个最高的标准要求所有的人，让每个人把所有的时间和空间用来补短，因此根本没有时间建构自己的知识体系。扬长教育则会让一个人不断地挖掘自己的潜能，让自己变得更有自信。围绕自己的兴趣不断积累、丰富和完善知识与能力体系，成为真正的自己。教育应该让人变得更幸福，更幸福的前提应该是更有学习的自信。

所以，我们建议未来要大幅度降低学习内容的整体难度，尤其是数理化学习的难度。有人担心降低学习难度会影响国民素质，其实完全不必担心。美国人的平均数学水平比中国学生差许多，但是尖端的数学家数量一点也不比我们少。这样做，才能腾出最大的空间让学生学习与他们的生活与生命更加密切相关的知识与技能，而那些天才学生也可以通过个性化学习，定制自己的课程。因为降低了学习的难度，就会有更大的选择性，为每个人的自由发展提供了更大的空间。

5. 未来学习中心的学习方式

混合学习与合作学习将成为未来学习中心的主要学习方式。现在，我们已经进入借助于智能设备生存与发展的时代，人机结合的学习方式会发挥更大作用，“认知外包”的现象会让个人更加注重方法论的学习。未来社会，除了做科学研究，可能还需要学习认识创造性的一些领域。很多东西电脑可以帮助人学，由人工智能帮你学，由机器帮你学。纯粹记忆的东西不必须学。现在还有多少“百度搜索”即可得的东西我们课堂里还在教呢？其实没有必要，因为更重要的是方法论的学习。

未来学习中心要重新界定我们的学习模式与学习方法。人和机器一起学习，会帮助人变得更强大。机器不可能取代人的思考，但是机器人可以帮助我们思考得更好。这就是未来的混合式学习。当然，还有一个很重要的特点，就是未来的学习方式。过去我们是知识的消费者，但是未来每个学习者同时是知识的创造者，通过学习来进行创造。所以，研究型的学习，将成为未来学习的主要方式。

利用网络，将会成为未来学习中心一个非常重要的学习方式。国家应该建立一个最高水平的“国家网络教育资源平台”，采购全世界最优秀的课程资源，免费为所有的学习者提供多重标准的教育资源，同时提供考试和评价的基本公共服务。未来学习中心将会研发自己独立的具有个性的课程资源，和国家的课程资源有机结合起来，通过网络来指导学生。

6. 未来学习中心的师资队伍

未来学习中心的师资队伍将更加开放多元。温伯格曾经说过，在知识网络化以后，房间里最聪明的绝对不是站在讲台前给你上课的老师，而是所有人加起来的智慧。也就是说，未来的学习中心不再仅仅依靠传统教师。学习中心会拥有一部分自己的自聘教师，他们拥有这个学习中心的优势课程资源与方法。但是大部分的课程资源可以购买，可以通过课程外包的方式派遣，可以跨学习中心来调用教育资源。现在体制内的一部分教师会成为“独立教师”或“自由教师”，组建自己的教学工作室或者课程公司，为学校提供课程。也有不少社会的优秀人才，通过自己的“绝活”和一技之长为学校提供特色课程资源。所以，脸谱的创始人提出“教师将成为自由职业者”，而这将不再是神话。“能者为师”的格局将会形成。

未来的各种培训机构也将转型为新的学习中心或者课程公司，类似今天的新东方、好未来等教育机构将会成为新型的学习中心，成为政府购买公共服务的学习中心。现在的学生非常痛苦：白天在学校学习，晚上进补习班学习；平时在学校学习，节假日进补习机构学习。北京 90%以上的学生都要进行课外培训，应试教育造成了普遍的学习焦虑。但是未来可能就不一样了，正规的学校与社会教育机构打通了，甚至没有必要再把教育机构分成培训机构、学校、网络机构，所有的机构都变成学习中心，凡是政府认定合格的学习中心，政府都可以买单。学生没有必要疲于奔命，一放学就到补习机构去，可以根据数学在哪里学最合适、艺术在哪里学最方便、体育训练在哪里做最有效等，来确定自己的教育需求。

但是不管怎么样，教师这个职业、这个行业是不会消失的，只不过他的角色可能会从过去的中心地位，变成一个陪伴者、指导者、学习伙伴。所以，未来教师的主要作用不再是传授知识。

世界教育创新峰会的调查也证实了这一点。教师传授知识的时间只占 19%左右，检查学生的在线作业等占 8%，其余 73%的时间都是学生自主学习的指导者。

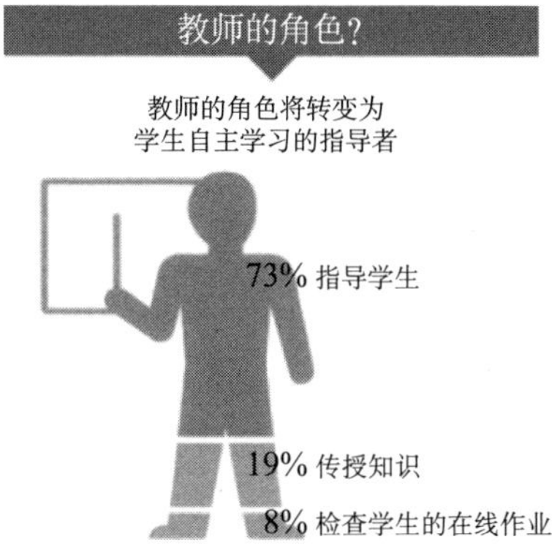

未来教师的角色

7. 未来学习中心的付费方式

未来学习中心将采取政府发放学习券与个人付费相结合的方式。未来学习中心可以由政府举办也可以由社会力量举办。政府为基本的学习内容买单，个性化的内容则需要学习者自己付费。政府直接举办的学习中心提供最基本的教育公共服务，并且鼓励不同的学习中心办出各自的特色，为学习者提供尽可能多样化的选择。

现在政府的教育投入比较大。数据显示，2016 年，全国财政性教育经费（主要包括一般公共预算和政府性基金预算安排的教育经费等）达到 31 396 亿元，是 2012 年的 1.36 倍，年均增长 7.9%，占全国教育经费总投入的 80.7%。全国一般公共预算安排的教育支出达到 28 073 亿元，是全国财政性教育经费的主渠道，是一般公共预算的第一大支出，占比达到 15%。2017 年全国教育经费总投入为 42 562.01 亿元。2017 年国家财政性教育经费为 34 207.75 亿元，占 GDP 比例为 4.16%，且连续 6 年保持在 4%以上。据教育部介绍，2019 年全国教育经费总投入 50 175 亿元，比上一年增长 8.74%，其中国家财政性教育经费为 40 049 亿元，比上年增长 8.25%。现在，政府不仅包揽了义务教育经费，对于职业教育和高等教育的投入也在不断增加。

与此同时，应该对政府教育经费投入的绩效进行评估。如何让投入更有效率又更加公平？这是一个值得研究的问题。前几年，世界教育创新峰会做过一次调查，发现未来私人为教育买单的经费会大大增长，达到教育总经费的 43%，也将远远超过政府的 30%和企业的 27%。

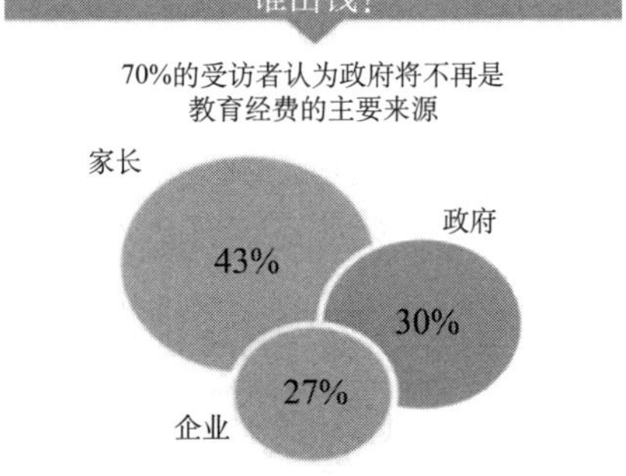

未来教育经费的来源

一开始很难理解，但是仔细想一想还是有道理的，为什么？因为政府永远不可能满足所有的教育需求，政府只能提供基本的公共产品服务，只能保证最基本的教育内容的提供；大部分的人在未来更需要个性化的教育服务。未来政府仍然会继续买单，但是买单的方式可能会发生很大的变化，政府会满足最基本的学习需求，更关注弱势人群的学习，更精准地提供教育经费。例如，未来的非义务教育可能采取按照家庭收入付费的方式。所以，未来学习中心提供的学习资源会极大地丰富，其中有一部分是政府和公益组织免费提供，但是也有相当的部分是需要学习者自己付费的。正如现在的知乎、喜马拉雅等网络信息平台的付费方式一样，未来的学习中心将是一种政府买单和学习者买单相结合的共同买单的付费方式。

8. 未来学习中心的考试评价

未来学习中心的考试评价将会走向描述、诊断、咨询。现在的考试和评价是以选拔为特征的，是通过考试选拔出谁是第一、谁是第二，谁是优秀生、谁是中等生、谁是差生。这样的考试评价只给出一个简单的分数，而看不见分数背后的东西。这样的考试评价往往只有一个成功者，其他人都是失败者。

未来学习中心的考试评价将不是为了选拔，而是为了诊断，是告诉你在学习过程中发生了什么，用大数据的课程记录和作业观察跟踪你的学习过程，帮助你分析在哪些方面有差距，在哪些方面有提升的空间，指导每个人不断调整自己的学习过程、修正自己的学习方法，以取得更好的学习成果。整体的考试评价方式会发生很大的变化，所以未来的评价不是看我们到底考了多少分，而是看你真正学到了什么，分享了什么，建构了什么，创造了什么。

未来的学习中心，课程证书的意义和价值会远远大于文凭的意义和价值。世界教育创新峰会的调研表明，未来学校文凭的价值将与职业认证基本相同，工作中同行的评价与认可将占到24%左右。也就是说，未来学校文凭的重要性会大大下降，真才实学才是衡量一个人最主要的标准。

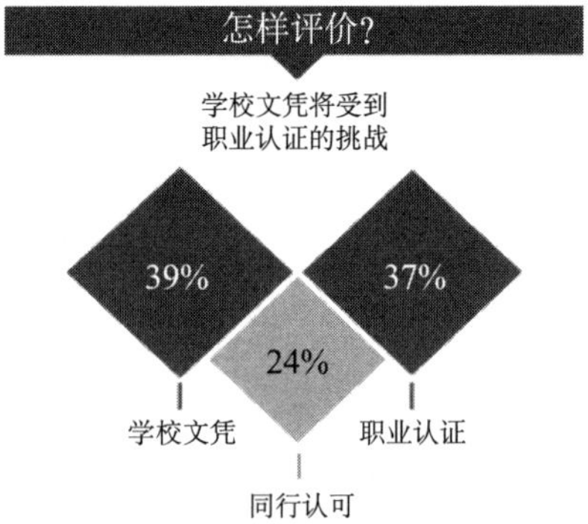

未来学校的评价

未来你在什么地方修的什么课程可能更重要，因为不同学习中心、不同学校的课程它的含金量是不一样的。一个大学不可能所有的课程都很棒，不同大学里面最优秀的课程，它的组合将会使一个人变得更卓越和更优秀。未来的用人单位，可能会像美国一家世界 500 强企业一样，根本不看你的文凭，而是看你的学习能力与创造能力。

关于这个问题，可汗曾经做了一个简单的思维实验：假设我们将大学授课和颁发证书这两项职责分离，那么教育会发生怎样的变化呢？假设不限制上学的地点，甚至不管是否上过大学，只要学生能够通过严谨的评估证明自己对某一领域的理解和精通就能够到社会上找到工作，那么教育又会发生怎样的改变呢？他的结论是，未来用人单位完全可以不依靠文凭，而利用可靠的评估系统招收某种特殊技能的人才。这些评估系统比大学的考试要周密而详细得多①。

9. 未来学习中心的参与机构

未来学习中心将是一个从摇篮到坟墓的终身教育机构。打破学校教育与社会教育、普通教育与职业教育的壁垒，整合网络学习、传统学习、技

① 可汗．翻转课堂的可汗学院：互联网时代的教育革命．杭州：浙江人民出版社，2014：173 - 174.

能学习、社会学习等各种学习途径，为学生的终身学习提供服务。

从世界教育创新峰会的调查来看，未来社会中网络提供的知识将独占鳌头，传统学校、社交与个人环境、职场、文化机构等都将分别承担知识提供者的角色。

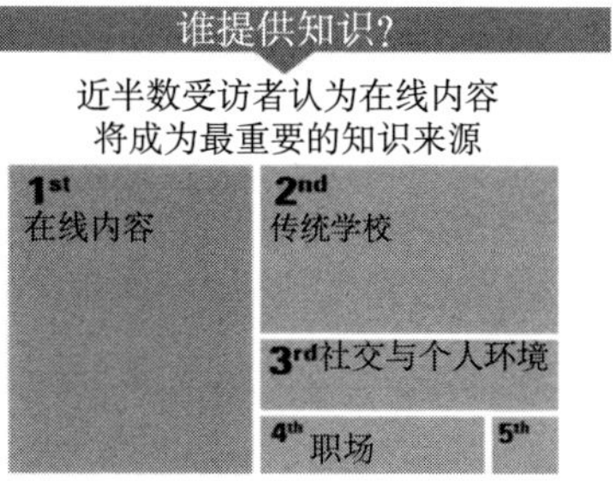

未来的知识提供者

未来学习中心甚至有可能不存在为老年人办老年大学，为幼儿办幼儿园这样的纯粹的机构，学习中心可能为所有人提供服务，混龄学习将成为重要的特点。这样，所有的训练机构都可能转成以它自己为特色的学习中心，不同的人可以寻找适合自己的学习内容和学习机构。在未来社会，政府将不仅为义务教育、高中教育、高等教育、职业教育提供支持，也会为所有人的学习创造良好的环境，政府不仅购买基础教育的公共服务，也通过发放教育券的方式鼓励终身学习。

2017 年 12 月，我陪同全国人大常委会副委员长严隽琪会见新加坡文化、社区及青年部部长傅海燕，她在介绍新加坡教育发展时谈道，为了鼓励终身学习，政府为 25 岁以上的人每人发放 500 新元的学习券，供成人选择学习适合他们自己的职业技能，且 23 大类职业均有相应的培训机构。这些培训机构其实就是特殊的技能学习中心。

学生无论在任何学习中心学习，都能够被及时、准确地记录下来。未来的学分银行将为学习中心提供管理和服务。学分银行模拟银行的组织结构体系，个人在所有学习中心的学习情况及时存储在“个人账户”中，并且由储蓄所认定后转为相应的学分。学分银行通过为各种学习成果赋予不同学分的方式建立流通工具，课程直接转化为学分，文凭自然就不再重要。

学分银行制度跨越了目前教育中存在的鸿沟。第一，它跨越了各个教育阶段之间存在的鸿沟，使得现有的学前教育、基础教育、高等教育、终身教育等各个阶段的教育相互贯通。第二，它跨越了学历教育和非学历教育之间存在的鸿沟。第三，它跨越了公办教育和民办教育之间存在的鸿沟，通过市场机制推动了不同性质的机构之间的学习成果互认和转换。第四，学分银行通过吸纳国外知名高校、教育培训等机构的加入，融合国外高新科技创新内容、先进课程等学习资源，为国民学习和文化素养提升提供丰富的学习和教育资源，跨越了国内教育和国外教育之间存在的鸿沟。最后，它打通了能力测评、知识推荐、知识学习、职业推荐、能力培养的整个过程，跨越了知识学习和能力培养之间存在的鸿沟。

10. 未来学习中心的教育理想

教育在不断变化，但总有一些不变的东西。如果没有把握住“不变”的东西，我们永远把握不了教育真正的本性，也永远跟不上变化的步伐。什么才是教育不变的东西？就是过一种幸福完整的教育生活。

过一种幸福完整的教育生活，是新教育实验的宗旨，其实也是人类教育的最高理想。因为“幸福”不仅仅是教育的目标，更是人类最终极的目标。发展经济也好，生态建设也好，最重要的是为了让人获得幸福感，让人能够真正享受他的生活。幸福教育是幸福人生的基础，是让每个人能够真正快乐地、自主地学习，让每一个人能够真正地享受学习生活、享受教育生活，让每个人能够发现自己的潜能与天赋，让每个人在和伟大事物相遇的过程中发现自我、成就自我，成为最好的自己。教育本来就是增进幸福的重要途径。挑战未知，合作学习，本来应该就是非常幸福的。

教育还有一个很重要的使命，就是帮助人成为他自己。现在教育的很大的问题，就是用统一的考试、统一的大纲、统一的评价，把所有人变成一样的了，而不是扬每个人所长。人什么时候最幸福？当一个人实现属于自己梦想的时候，当一个人发现自己才华的时候，当一个人找到自己愿意为之付出一生努力的东西时候，当一个人能够非常痴迷地做一件事情的时候，才是最幸福和快乐的。这就是新教育所说的“完整”。所以，教育应该让我们的学习中心成为汇聚美好事物的中心，让所有的人在学习中心找到自己、发现自己、成就自己。可见，只有完整，才能达成幸福。完整的幸福，才是真正的幸福。

三、正在创造和探索的未来学习中心雏形

以上描述的未来学习中心，是我们对未来学校描绘的一张蓝图，也是一种期待。在相当长的一段时间里，它可能不会成为现实。但是，它也有可能在一夜之间成为现实。

1915 年，教育家杜威推出了《明日之学校》一书，著名教育家悉尼·胡克在为这本书写的导言中说：“这本著作也可叫作《今日之学校》，是关于正在实验中的一些学校的描述，特别是关于这些学校用实例说明的观念以及杜威对于初等、中等教育改革的建议。”[①] 所以，杜威的这本书是受到了卢梭、福禄培尔、裴斯泰洛齐、蒙台梭利和其他教育改革家影响的对新型学校的分析，杜威结合自己的哲学、心理学和教育学思想的分析完成此书。

其实，正如杜威在《明日之学校》所分析的，现实教育早已经酝酿了未来学习中心的雏形，有一些甚至经受住了时间的考验，只是由于教育自身的惰性和滞后性，由于担心剧烈变革会引起社会震荡而裹足不前。

以下我们试图分析基础教育、职业教育、高等教育和网络教育四种类型的学校的案例，研究探讨未来学校发展的可能性。其实，在分析过程中我们已经发现了许多未来学习中心的要素，如瑟谷学校，就是名副其实的未来学习中心。

1. 瑟谷学校[②]

瑟谷学校（Sudbury Valley School）成立于 1968 年。学校招收 4 岁到

---

① 吕达，刘立德，邹海燕．杜威教育文集：第 1 卷．北京：人民教育出版社，2008：368.

② 参见《瑟谷学校传奇》（含《童年的王国》、《瑟谷学校毕业生》和《教育的意义》3 册）。

19岁的学生，采用完全不同于传统学校的教学方法，是美国第一家正式立案的自主学习学校。

学校的环境非常优美，主体建筑是一幢有100多年历史的石材楼房，周围有十亩的花草树木。校园一端是马厩，后改为教室。另一端是小湖、磨坊、土石坝、木桥。校区外是森林和山丘，以及一望无际的州立公园和自然保护区。

学校筹建小组成员的背景多样，是来自学术界、公立学校、私立学校，及贸易、艺术、家政等领域的人士。在开办这个项目之前，他们彼此并不熟悉。与我们现在的一些民办学校一样，是父母不愿意孩子在传统的学校学习而采取的“教育自救”。他们都有着相同的教育主张，坚信同样的一些基本原则，如：认为学习不依赖于施教，而依赖于学习者自我激励的好奇心和自动开始的行动；儿童是世界上最勤奋最高效的学习者；等等。这些共同的主张经过反复讨论和完善，逐步形成了瑟谷学校的基本理念：

（1）所有的人都天生好奇。

（2）独立造就领袖。

（3）所有年龄的学生决定他们将做什么，以及何时、如何去做。

（4）自由是学校的核心，它是学生的权利，不容侵犯。

（5）最有效、最持久、最深刻的学习是在学习者主动追求的时候发生的。

（6）所有的人都有创造力，如果他们被允许发展他们独特的才能。

（7）学生之间的年龄融合促进了团体中所有成员的成长。

（8）自由对个人责任感的形成至关重要。

（9）学生主动开展自己的活动，创造自己的环境。

（10）学校提供了一个环境，让学生独立，被信任，被视为有责任感的人。

（11）学校提供一个社区，让学生在参与式民主的框架下接触生活的复杂性。

瑟谷学校实行民主管理，最高权力机关是“校务会议”，学校所有事务，从财务到人事，一切由“校务会议”全权处理。“校务会议”中，老师和学生每人一票，票票等值。瑟谷学校没有终身教职，教授每年由全体师生投票决定是否继续聘任。瑟谷自始即决定，学校里没有一个人需要怕任何人，包括老师、学生和访客在内。这使得每个人都有勇气与任何人四目相对，不管对方是什么性别、年龄、地位、学识和背景。

瑟谷学校的公共事务由民主管理，个人事务则全部由个人自主管理。不论年纪大小，每个学生一进入瑟谷学校就得为自己负全责，为自己的未来做种种决定。学校里的教室、工作室、设备仪器和图书馆等都归学生自由使用，教师和员工也随时等待学生请教，但是他们不会主动控制学生的学习。这里没有传统学校的班级制度，根据共同兴趣随时成立小组，也随时可以解散，完全以兴趣为核心。学习也没有明确的时间表，没有统一的进度要求，没有上下课的钟声，活动要维持多少由成员决定。非常有趣的是，结果每个学生都学会了基本学科——但他们是以自己的速度、自己的时间表、自己的方式学到的。有的孩子 5 岁就会阅读，有的到了 10 岁才会，有的向老师学习，有的向同学学习，有的自己学习。团队学习是他们的主要方式，各种年龄的学生都在一起学习——一起玩耍、一起谈话、一起成长。瑟谷的一位毕业生说：“在瑟谷学校，每个人内心十分清楚的是，做你想做的事情最重要！我们没有课程设置，不会认为这种探索比那种探索重要。”他这样栩栩如生地描写学校里学生自主学习和探索的景象：

学校里活动很多。房间有大有小，许多是具备特殊功能的房间，比如商店和实验室，但大部分装饰得像家里的客厅或餐厅，摆放许多沙发、安乐椅和桌子。许多人围坐在一起谈话、阅读、玩游戏。也有些人在摄影实验室里冲洗或打印自己拍摄的照片。还可能有空手道课，可能只不过有些人在舞蹈室的毯子上玩儿。有人可能一边在做书架或做链子盔甲，一边在讨论中世纪史。几乎肯定的是有几个人在单独或一起制作某种音乐，还有些人在听音乐。你会发现一组一组的成年人里还有孩子，也许他们只是在跟一个学生交谈。要是没有人在某个地方玩电脑游戏或下棋，那真是怪了。有些人在办公室里做学校的行政管理工作，有些人则围在旁边，只是享受一下办公室里有趣之人总是弄出点什么事儿的那种氛围。有人在玩角色互换游戏，还有人可能在彩排话剧，可能是原创的，也可能是经典话剧。他们可能打算排演出来，也可能只是为了一时的好玩。有人在买卖贴画或午餐。可能有人在兜售东西。要是幸运的话，有人会把自己在家烤制的饼干拿过来卖挣点钱。有时候，一群孩子做了饭菜拿来卖，凑点儿资金好举办活动，也许他们需要买一个新火炉，或是想去旅行。在抽烟区，也许一场激烈的谈话正热火朝天，其他地方也有类似的交谈。厨房里有一组人可能在做饭——也许在做比萨饼或苹果派。在艺术室里，他们可能在缝纫、绘画，有些人极有可能在做泥工，要么使用机器，要么是手工制作。总是有些小组在谈论事情，到处可以看到有人在安静地读书。

自由是与责任密切联系的。瑟谷的学生们都非常清晰地意识到：要为自己的教育负责。他们获得的最大馈赠就是信任，心里明白这种礼物是极大的快乐，同样也是极大的责任。“他们强烈地意识到，几乎在世界上任何其他地方，年轻人都没有这么多的自由或责任。”

瑟谷学校的文凭发放也颇具特点。因为没有成绩、修课、学分、年级等制度，决定是否给予文凭是很大的难题，且文凭有价值判断，违反立校精神。所以，学生获得文凭的方式是：先由学生提出申请，在全校面前证明自己能够在社会中成为负责任的一分子，然后由全校答辩，根据答辩情况由全校师生投票决定是否颁发文凭。

瑟谷学校的很多学生没有拿到文凭就离开了学校，但不影响他们升读大学。也有些学生直接就业，担任管理者、修车技工、音乐家、艺术家、推销员、技术员、设计师等。无论担任什么工作，他们普遍都很独立，自我意识清晰，有人生目标。

根据《瑟谷学校毕业生》的调查，瑟谷学校的毕业生中企业家和艺术家的比重非常之高，做管理工作，从事计算机、数学相关工作，在教育领域以及社会服务、社区活动和医疗保健领域工作的比例都远远高于社会整体比例。有一位瑟谷毕业生在解释为什么瑟谷学生成为艺术家的概率更高时曾经说：“口头和艺术表达存在于每一个社会；创造性表达是人性中的一个基本动力，也是人们享受闲暇的一种方式。因此，那些对生活具备掌控感的人能在这些领域取得巨大成就就一点都不让人意外了。”这本书的作者也写道：“作为瑟谷的老师，我们有幸看到孩子们在童年时代就将这一点完全激活出来，并带入成年后的生活。”①

“玩中学”、把学习视为乐趣，是瑟谷学校的一大特色。这里，人们经常看到 5 岁的孩子专注地堆沙堡，7 岁的孩子专注地画画，9 岁的孩子专注地下棋，11 岁的孩子专注地搭姜饼屋，15 岁的孩子专注地写故事，17 岁的孩子专注地做盔甲，18 岁的孩子专注地准备毕业，等等。“尽管从一开始学生都在自由玩耍，但玩耍在成人和儿童学习的各个方面的重要性几乎不被人重视。随着时间的流逝，玩耍的丰富性、深度、对创造性过程的重要性、与快乐及意义追求之间的关系，所有这些都逐一显露出来。发展心理学只是在最近才开始更为深入地探索玩耍，但是即使到了现在，像瑟谷这类学校仍然是我们看得到的能够给予儿童充分自由去尽情玩耍的唯一现有的实验机构”。

有人这样写道：“瑟谷完全不像是一间学校。一般学校的特色在这里全看不到。瑟谷看起来更像是一个家，许多家庭成员进进出出的，全在忙着做自己的事。人们的态度轻松但不懒散。这里的布置、气氛绝非访客所能想象。访客往往感到很迷失，他们不断寻找学校的种种特质，却毫无收获。”

对于那些关心孩子将来能不能考取大学的父母来说，瑟谷学校也可以让他们放心。在《瑟谷学校毕业生》一书中，作者对瑟谷学生的大规模抽样调查表明“每一位对大学感兴趣的人都上了大学”。而且他们都感觉自己在大学里很有优势，因为他们在入学就已经拥有大多数大学新生最缺少的品性：自我驱动力很强，习惯于独立工作，为达到目标坚持不懈。他们不需要外部力量的影响，“他们上大学是因为自己想上，而不是因为大家

---

① 格林伯格，萨朵夫斯基，兰帕卡．瑟谷学校传奇Ⅱ：瑟谷学校毕业生．上海：华东师范大学出版社，2017.

都觉得 18 岁的孩子应该上大学了”。

有一位离开瑟谷学校进入大学学习的学生在回忆自己的学习生活时曾经得出这样的结论：“瑟谷学校是我见过和就读过的最先进的学习机构。它把我置于我要开始做的每一件事情之上。因此从那里出来的任何想成为医生、科学家或佛教僧侣的人都知道，如果你还是一个孩子时就在瑟谷学校玩耍过，你就有更好的机会去实现你的梦想。”①

或许，在我们许多中国人看来，这样的学校很奇葩、很激进，但是美国的自主学习之父丹尼尔·格林伯格认为，瑟谷学校根本不算什么“教育史上的激进革命”。恰恰相反，它是一个非常保守的学校。“它只是重现了孩子们被当作真正的人来对待的时光，并把他们想要和能够承担的责任重新放到了他们的肩膀上。她像对待成人一样对待孩子，允许他们追随自己的兴趣，就如早先的孩子们在村子里一样。只不过现在是整个地球村。”

2. 休宁木工学校

休宁木工学校是坐落于安徽黄山脚下休宁县的一个中等专业技术学校。学校的创办人聂圣哲毕业于休宁中学，他 16 岁考上大学，20 岁开始当大学老师，23 岁就成为中科大的副研究员。后来，他去美国留学，在那里学习了 8 年，回国以后在苏州工业园区创办了国内第一家美式洋楼公司——德胜洋楼有限公司。创办休宁木工学校的原因，一方面是因为他办的木结构洋楼公司需要木工，另一方面也是为了回报自己的家乡。

聂圣哲是个奇才。他是美国化学学会的会员，写过好几本大学化学教材。因为从事建筑领域，他又写过建筑领域的专著，他还是中国建筑学会木结构专业委员会第一副主任委员，是四川大学苏州研究院的执行院长，哈尔滨工业大学、同济大学等校的兼职教授。他发起建立了长江平民教育基金会，担任基金会主席。他还写诗歌，写小说，写戏剧，成就斐然。他是电视剧《徽州女人》的编剧、电视剧《大祠堂》的总导演。

这个与众不同的创办人办的学校自然也大不一样。休宁木工学校一年

---

① 格林伯格，萨朵夫斯基，兰帕卡．瑟谷学校传奇Ⅱ：瑟谷学校毕业生．上海：华东师范大学出版社，2017：101.

只招几十个人，与深泉学院一样不收学费，全部由他个人出钱培养。学校的学生非常抢手，供不应求。学生还没毕业就已经全部被雇用了，录用工资最低收入是年薪四万元。

学校的第一条原则就是道德第一，即首先要做好人。学校校训简单明了：诚实、勤劳、有爱心、不走捷径。这个校训不是仅仅挂在墙上，而是在所有的课程、所有的教学环节、所有的日常生活中实实在在地贯穿落实。聂圣哲认为，校训是他们学校的道德灵魂。实际上是两个部分的内容：诚实和爱心。他对学生说："你犯错误没关系，但是你不诚实就要走人。你犯错误没关系，犯错误改正就好。但如果隐瞒错误就不能原谅。做人的关键是诚实与有爱心，做事的关键是勤劳、不走捷径。我相信，如果一个学生把这四个词做到了，就一定会成为一个受人欢迎的人。"

为了把校训的内容落到实处，聂圣哲还编写了一本教材——《木工道德与修养讲义》，同时他还编写了一本《学生制度读本》。

校训不仅体现在做人上，也体现在专业技术训练上。聂圣哲把技术不仅仅看成技术，他认为技术里面是有职业精神的。所以他的木工理论和实践课首先不是培养怎么去动手、怎么去做这个事情，而是培养让学生从内心喜爱木工这一行，通过精美的家具作品展示和参观徽州古建筑艺术，让学生体会到木匠工作的创造性和艺术魅力。也就是说，让学生感受到木工不简单是一个养家糊口的手艺，不简单的是一个技术活。他要让学生感觉到这是一个创造活，木工是有艺术的。总之，要让学生喜欢自己所学习的这个专业，知道今后要从事的这个行业是很重要的。

休宁木工学校让学生在喜爱木工的同时，强调在做中学、学中做。他主张要体验做木工的乐趣和神奇，让学生体会到选择木工职业是生命深处的需要，不仅仅是为了赚钱而学习。他对学生说，一个普通的材料，在一个工匠的手里能够变成一个作品甚至变成一个艺术品。这多么神奇啊！

学校要求学生在向师傅学习木工技能的同时，要学会感恩学会爱，因为你的技术是师傅教会你的，你要懂得知恩图报。同时，要求学生在学习过程中养成勤劳敬业的品行，养成按程序按规则有条理有计划地做事，不走捷径、不投机取巧、不弄虚作假的好习惯。

休宁木工学校特别强调技能训练，也有很多非常独特的做法。他们的课程——文化课和实训课的比例是 3∶7，也就是说实训的时间必须占 70%。实训采用“教学做合一”的教学方法。与传统的“师傅带徒弟”不同，他们有自己的专业理论课，向学生讲解木工基础知识，讲看图的操作能力，纠正学生实训中出现的错误，使用斧头、锯子、刨子、凿子等手工工具来学习传统木工手艺，从练习劈、刨、锯、画线、凿眼、拼板等基本功入手，然后学习制作方凳、长条凳、床架、子孙椅等简单家具，最后制作八仙桌和太师椅。因为在古徽州，能独立制作一张八仙桌和太师椅就意味着你合格了，学徒就可以“出师”了。

第一，学校的学区负责制也很有特色。实训的时候把学生分为四个学区，一个教官管一个学区，每个学区确定一名悟性好、组织能力强的学生任执行长，然后 4 个学区开展“比学赶超”教学竞赛活动。第二，学校倡导陶行知的“小先生制”。在实训过程中师兄带师弟，让学生形成宽松学艺的心理场，师弟师兄之间没有距离便于沟通。而且我们知道，教学相长，你要想学得好，就要教得好。只要教得好，一定能学得更好，学 10 遍不如教你一遍。第三，教官承诺负责制。在他们学校，教官必须保证所带的学生 80%以上都能够独立地制作八仙桌和太师椅，至少要有 10%的优秀率。如果达不到这个标准，就不能够做老师。第四，末尾淘汰制。学生留在最后一名时，不管你成绩怎么样都要被淘汰。第五，奖学金制、学分制。第六，独特的毕业考试。独特的毕业考试就是要求学生独立制作一张八仙桌和两把太师椅，然后由德胜洋楼有限公司派出总督学担任主考官，对学生的毕业作品从整体、构件、榫结、合角、工艺 5 个方面进行严格、细致的考核，逐一打分，85 分以上为优秀，70～84 分为良好，60～69 分为合格。

聂圣哲讲过一句话，我印象很深。他说：我不认为一个平庸的博士比一个敬业的木匠对社会的贡献更大。也就是说，即使你就是一个木匠，你只要敬业，你比那些平庸的博士都要有用，对社会的贡献要更大。

学校每年都要举行一次盛大的毕业典礼。在毕业典礼上，他的学生都要穿着非常隆重的“匠士服”，头戴“匠士帽”，并且授予一个被叫作“匠士”的学位。得到“匠士”学位代表着已经获得一种娴熟的职业技能、一种谋生的能力。匠士也代表着一个人的文明修养，代表着现代职业精神，所以每年都要举行隆重的毕业典礼。

聂圣哲的公司编过一本《德胜员工守则》[1]。该守则规定得很细很实用。作为员工，哪些事情你能做、哪些事情你不能做，规定得清清楚楚。做职业教育，就是要精致用心。这就是一种职业精神、一种专业精神。如果有了专业的精神，技艺自然就会精进。

3. 深泉学院[2]

这是美国很有特色的一所大学。

这所大学办在一个小山沟里，在美国的加利福尼亚州和内华达州交界处死亡谷的沙漠里。它于1917年创办，距今已经有100多年的历史。学校的校训是3个词：劳动、学术、自治。

深泉学院

学校每年只招13个学生，学制2年。学校免学费，但是学生必须参加学校的劳动，在农场和相关场所干活，因为劳动是校训的第一条。学校位于沙漠的深处，相对来说与世隔绝，大部分的物品需要自己制作。学校所有的事情全是由学生自治，学生自己来表决。毕业以后，学生会得到一个

① 周志友．德胜员工守则．合肥：安徽人民出版社，2009.

② 参见深泉学院官网，以了解更多关于该所学院的情况：http：//www.deepsprings.edu/.

副学士学位。学校文凭的含金量很高，录取率比哈佛大学还低。而且，深泉学院的学生绝大部分都是转到哈佛大学、耶鲁大学这些常春藤学校去读大三，有一半学生会读到博士学位。

深泉学院有两门必修课，第一是写作，第二是演讲。演讲与口才是学校训练的重要课程内容，每个学生每年要做 8 次 10 分钟以上的公开讲演，全校师生参加，然后由学生评审团和教授评分。

当深泉学院的教授非常不容易。美国很多著名的大学教授都想到这所学校教书，一些名教授甚至不惜降低年薪来这所学校。学院有一位来自耶鲁大学的教授，叫戴夫·阿恩特，他之所以到这里，因为他很注重学术，注重学生大量的阅读，他能够把他的思想带到学校。在这里，学生不允许看电视，但是可以通过互联网与外界保持联系。教师要求学生在 8 个星期的时间内阅读 4 000 多页德国哲学家海格德尔的著作和其他几百页的文学评论。

学院为所有的学生提供奖学金，全额资助，但是每个学生每天要劳动 3～4 个小时，也就是说，每个星期有近 20 小时的劳动时间。学校基本是上午上课，下午干活。学校里养了 200 多头牛以及马羊猪等动物，并且种了一小片蔬菜。学生要和学校的工人一起去放牧、耕种。正常的课堂学习以外，每个学生都要承担一项职务，就是在这个学校的全部劳作中有一样事情是由你负责的。有些学生在凌晨 4 点多钟就要去牛棚挤牛奶，为牲口喂食添加饲料，驾驶拖拉机去播种、劈木材、挖掘水渠等。放牧牛羊等包括食堂做饭都是由学生负责的。

学院用家庭的概念管理，每个都有自己的职责。他们认为所有人做的所有事跟其他人都有关系，比如说你早晨睡过头，忘了挤牛奶，那对不起，全校的人都不允许喝牛奶。为什么？因为你个人跟这个团体是一个命运共同体，你做的所有事情都会影响到其他人。

学生自治是他们的管理特色。学生定期召开自治会议，研究学校的重大问题。比如，新生录取是谁说了算？在深泉学院，不是由招生办说了算，而是由全体学生决定录取谁，决定谁今后与他们为伍。所以，大家一起来筛选、面试，录取下一届新生。学校运营的事，包括钱怎么用，不是校长说了算，而是学生投票决定。学校每年会收到 200 份左右来自世界各地的任教申请，希望来他们学校当教授。到底请哪些人来呢？也是学生和老师一起投票决定。

学院的生师比为 1∶3，即 1 个老师教 3 个孩子。学校聘请教授有一条规定，即要求教授房间里走廊的灯不允许关，学生任何时候都可以敲门向其请教问题，就是半夜敲门去请教问题教授也不能拒绝。

学院的创始人是美国一位著名企业家卢西恩·卢修斯·纳恩，他曾经讲述了自己办这所学校的原因："在荒野深处存在着振聋发聩的声音，那是在熙熙攘攘、物欲横流的社会中所缺乏的，只有最卓然不群的、真正的领袖人物才会试着去亲近孤独，寻找并倾听到这个声音。绅士们，你们来到最狂野的西部沙漠深处，不仅仅为了传统的书本知识学习，不仅仅为了体验牛仔生活，成为一个男子汉，不仅仅为了个人未来的物质享受与职业追求，更重要的是学会为一个更好的社会而贡献、效力。你们要明白，在这里，你们将获得的不仅是最顶尖的能力，也承载了最宏伟的志向——无私地运用你的能力让这个社会变得更美好。"这是一个关于办学的很重要的思想。有深刻的思想，才有坚定的理想。

学院有一个毕业生，叫杰克森·内维尔，也写过一段让我非常感动的话。他说："深泉学院是一种理念乃至理想，而非单纯的一座校园或者牧场。它旨在培养聪明而自由的年轻的灵魂们，而他们也愿意投身去推动这个社会的发展。深泉学院在教学上采用真正的民主自治，接受各种挑战，以及忍受其他'普通'学校所不能忍受的困境，最终赋予它的学生最非凡的人格与智性上的成长。"可见，从创办人的愿景到学生的体悟，从学院课程的设置到管理方式，都有值得借鉴之处。

4. 斯坦福网络高中

斯坦福网络高中（Stanford Online High School，也称斯坦福在线高中）成立于 2006 年，位于硅谷地区，学校总部就在斯坦福大学的校园内。在校生有 650 名左右，学生来自美国各州和全世界的 27 个国家，比较集中的生源地区是美国的加州（170 人）、得州（30 人）和纽约州（45 人）。

斯坦福网络高中开设了许多课程供学生选择，如：人文类的课程有革命与反抗、拉丁语、文学批评、摄影、音乐理论（AP 课程）、中文、科学史、民主、自由与法律的原则等，科学类的课程有生物学研究前沿问题，心灵的研究：心理学、神经科学与哲学，力学，光与热、物理学 C（AP 课程）等，数学类的课程有代数、微积分、计算机科学（AP 课程）、数据结构与算法、复杂分析等。每门课程选修的班级人数控制在 15 人以内。我在 2016 年访问该校的时候，学校教务主任骄傲地说，他们开设的还有一些后 AP 课程和大学层面的课程，供学生选择。学校的师资力量很强，68% 以上的老师都有博士学位，能给学生带来非常好的教学体验，能够满足不同层次学生对于知识的需求。学校的学业成绩也非常优异，名列加州第一、全美第三。

斯坦福网络高中

既然叫网络高中，学校的课程主要采取在线的形式。学生不用去教室上课，而是通过网络教学的模式，这样能给学生最好的学习便利性。学校网站提供了与课程配套的教学视频和老师面对面的教学模式。每周的课程集中在两天完成。上课时来自全美和世界各地的学生一起通过视频实时在线讨论交流。所有课程都有课外作业，如要求收听老师的视频讲授和在线写作等。老师通过网络的形式给学生布置作业，学生在规定的时间通过网络的形式将作业完成后再提交给老师。学生的学习比较灵活，斯坦福网络高中有全日制（full-time）的学生，也有选修部分课程（part-time）的学生和选修一门课程（single-course）的学生。全日制学生选修的课程，一般是每学期 4～5 门。学校设有奖学金，大约 15%的学生会得到资助。

斯坦福网络高中也有许多措施，让学生拥有充满活力的生活。首先是建立了 40 多个专题性的俱乐部和组织，如应用物理学俱乐部、艺术俱乐部、企业家俱乐部、拉丁语俱乐部、乐高俱乐部、文学俱乐部、模拟联合国、摄影俱乐部、心理学俱乐部、机器人俱乐部、西班牙语俱乐部、少数民族联盟等等。另外，学校的报纸、年鉴等，也是由学生参与编辑，为他们创造交往交流的机会。学校也创造一些学生面对面的交流机会。如每年暑假有两周的时间，学生从世界各地来到斯坦福大学校园从事学术研究与专题讨论。另外，有 25 个以上的地区聚会，在每年年初由学生和家庭组织，学校方面也会给予支持。最隆重的自然是毕业周，有整整 3 天的时间举办毕业舞会、颁奖活动以及毕业典礼。

斯坦福网络高中特别注重培养学生的自学能力和解决问题的能力。据该校教学主任介绍，他们的在线实时课堂教学非常强调培养学生和他的同伴一起讨论分析解决问题的能力："我们最后一年结束的时候学生几乎能够自己组织课堂的学习，在这些课堂的学习当中，他们能够综合地了解到问题或者观点，能够阐述相关的例子。通过自己已经获得的一些经验，学生也能够独立地阐述自己的立场和论点，发现其他学生论点当中存在的问题，并且给予一些反驳。最后，学生还能够自我评估，给自己提高自己能力的空间。"①

---

① 该内容从斯坦福网络高中的一份招生手册中摘录而得。

第三章　我的学习我做主

——以学生为中心的教育

2 000 多年前，孔子提出了“有教无类”和“因材施教”的主张，这是孔子的教育哲学，也是中国传统教育对现代教育的最大贡献。有教无类，是说教育应该面向所有的人，解决的是教育公平的问题；因材施教，是说教育应该考虑每个人的特点，解决的是教育质量的问题。其实，这就是我们现在所说的以学生为中心。公平与质量，是教育的永恒命题。

当然，孔子的这个主张在长期的封建教育体系下是不可能实现的。100 多年前，美国教育家杜威在《学校与社会》一书中提出：“现在我们的教育中正在发生的一种变革是重心的转移。这是一种变革、一种革命，一场和哥白尼发现天体的中心不是地球而是太阳那样的革命。在这种情况下，儿童变成了太阳，教育的措施围绕着他们转动。儿童是中心，教育的各种措施围绕着他们而组织起来。”① 杜威的梦想，在他的时代也没有实现。因为，自工业革命以来，世界各国都把教育作为社会经济发展和竞争的重要路径，工业化培养人才的效率优先教育模式一直占主导地位。

但是，人类从来没有放弃真正的“因材施教”的教育梦想。1952 年，哈佛大学教育学院举办了一次主题为“课堂教学如何影响人的行为”的学术研讨会，会议提出了“以学生为中心”的观点，有人认为这是继杜威的“儿童中心”以后第一次明确提出“以学生为中心”。46 年后，1998 年 10 月 5 日至 9 日，联合国教科文组织在巴黎召开“世界高等教育大会”，会议上再次提出了“以学生为中心”的教育理念，世界各国高等教育界、经济

---

① 吕达，刘立德，邹海燕．杜威教育文集：第 1 卷．北京：人民教育出版社，2008：42.

界及政界的 4 000 多名代表出席了会议。

进入 21 世纪以来，尤其是随着近年来人工智能、大数据等互联网技术的快速发展，以及商业、金融等领域的颠覆性变化，已经让我们看到从孔子到杜威的理想真正实现的可能性。未来的教育必须彻底颠覆传统教育以教师、教材、教室为中心的做法，真正地实现以儿童为中心、以学生为中心。

一、学力就是创造力

以学生为中心，其实是相对以知识为中心而言的。世界范围内，从 20 世纪末 70—80 年代开始，教育界出现了两个值得重视的新变化。一是学习科学的兴起。学习科学是在认知科学的基础上发展起来，由生物科学、脑科学、心理科学、教育科学等交叉形成的前沿学科，自 20 世纪 80 年代问世以来，备受教育界关注，也在一定程度上引领着世界教育教学模式的变革方向，越来越多的国家筹建专门的学习科学研究组织和机构，我们国家也一直紧紧跟上这个潮流，在北京大学、北京师范大学、华东师范大学、东南大学等建立了学习科学的研究机构。2018 年，由中国教育三十人论坛发起，我们专门在深圳前海举办了“学习的革命：学习科学引领教育未来”的世界教育前沿峰会。二是对“素养”“能力”的重视成为教育变革的主流。其根本原因，是过去以传授知识为主要目标的教育，在信息革命摧枯拉朽的攻势下束手无策，因此把原有的教育目标调整为学会学习、加强素养的新目标。这是教育对信息时代的回答，是对以学生为中心的呼唤。

1979 年，罗马俱乐部发布了报告《学无止境》，提出人类存在“维持性学习”和“革新性学习”两种类型。前者是以知识的学习和积累为特征，后者则以学生的能力和习惯的养成为特征。

由此开端，世界各国普遍开始重新审视学习与教育的问题，关注学习力（核心素养、技能培养与习惯养成）等问题，在不同历史时期的不同国家和机构，出现了许多卓有成效的探索。

1996 年，联合国教科文组织国际 21 世纪教育委员会发布了报告《教育：财富蕴藏其中》，提出了教育的“四大支柱”问题，认为仅从数量上去满足对教育的那种无止境的需求（不断加重课程负担），既不可能也不合适。教育应围绕四种基本学习加以安排，这四种基本学习将成为每一个人一生中的“知识支柱”。后来，其又被补充完善为“五大支柱”：学会求知（learning to know），包括学会如何学习，提升专注力、记忆力和思考力；学会做事（learning to do），包括职业技能、社会行为、团队合作和创新、进取、冒险精神；学会共处（learning to live together），包括认识自己和他人的能力、同理心和实现共同目标的能力；学会发展（learning to be），包括促进自我实现、丰富人格特质、多样化表达能力和责任承诺；学会改变（learning to change），包括接受改变、适应改变、积极改变和引导改变。“五大支柱”，就是以五个“学会”命名的。

2005 年，欧盟发表了《终身学习核心素养：欧洲参考架构》，正式提出终身学习的“八大素养说”[①]，指出八大核心素养分别为母语沟通，外语沟通，数学能力及基本科技能力，信息处理能力，学会如何学习，人际、跨文化与社会能力及公民能力，创业家精神，以及文化表达，同时提出贯穿于八大核心素养之中的共同能力，如批判性思维、创造力等等。这里的共同能力就是学习力的另一种表述。

2007 年，美国联邦教育部创设了《21 世纪技能框架》，提出了 21 世纪教育应培养的核心素养和技能：一是学习和创新技能，二是信息、媒体和技术技能，三是生活和职业技能。其中，学习和创新技能处于金字塔的顶端，包含了创造和创新（creativity and innovation）的能力、批判性地思考和解决问题（critical-thinking and problem solving）的能力、交流沟通（communication）的能力和合作（collaboration）的能力。这四项能力简称为“4CS”，被视为美国教育改革的核心任务。2014 年 4 月，新加坡教育部发布了《新加坡学生 21 世纪技能和目标框架》，也提出在新的时代，要培养学生的“三层技能说”：第一层是居于核心层的价值观，第二层是社交和情感技能，第三层是面向全球化世界的关键技能。同一年韩国教育课程

---

① 钟启泉．核心素养的“核心”在哪里：核心素养研究的构图．中国教育报，2015－04－01.

评价院发布了《国家教育课程标准总论改革基础研究》咨询报告，明确提出从2017年开始韩国将全面实施新课程体系，培养学生的“六大素养”：一是自我管理素养，二是知识信息处理素养，三是创造性思维素养，四是审美感性素养，五是沟通素养，六是共同体素养。

2016年，北京师范大学发布了受教育部委托研制的《中国学生发展核心素养》的总体框架，这项成果提出的中国学生发展核心素养，是以培养“全面发展的人”为核心，分为文化基础、自主发展、社会参与三个方面，综合表现为人文底蕴、科学精神、学会学习、健康生活、责任担当、实践创新六大素养，具体细化为国家认同等18个基本要点①。

综上所述，世界各国的教育改革都不约而同地关注学生的素养与能力，力图传达教育在信息时代的新目标，希望将目前“教育”一词中更多泛指传授知识技能的“教”，向指向学生成长的“学”转变。这是教育进入以人为本阶段的共同选择，也是世界教育改革的大势所趋。

《学习的升级》一书将以教为中心的“教育”与以学为中心的“学习”做了一个比较全面的对比，如下表所示：

教育与学习的对比

构成要素	教育	学习
整体范式	传授	发现
社交结构	阶段式	社区式
背景	教室	世界
环境	虚拟	真实
内容	固定式	开放式
功课	提供公式	提供框架
活动	消耗式和重复式	结构式和创造式
基础结构	注重管理	注重学生
评估	教师驱动	社团驱动
过程	标准化	个性化
动机	外在	内在
期望	成绩和证书	技能和经验

资料来源：库奇，汤，栗浩洋．学习的升级．杭州：浙江人民出版社，2019：69.

① 林崇德．21世纪学生发展核心素养研究．北京：北京师范大学出版社，2016.

其实，这个表格与其说是对教育和学习的“比较”，不如说是对教育的重新定义，即把教育回归到学习上来，因为学习本来就是人类最重要的使命和特征。在人类的早期，教育与学习几乎是同一个概念。那时没有专门的教导和哺育，人们在生产生活实践中，一边行动着，一边向前辈学习行动所需掌握的知识与技能。即使有了专门的教育机构以后，学习仍然是教育最重要的内容，教育最重要的任务以及衡量教育成败的重要标准，就是帮助学生形成学习的兴趣、能力和习惯。前几年还有学者为英文“education”究竟应该翻译为教育还是学习争论，反映了学术界对教育本质新的思考①。

在未来社会，“学力”将比学历更重要。学历只证明着过去，“学力”才意味着未来。如果我们不能够成为一个善于学习的人，我们将会被时代淘汰。幸运的是，时代给我们提供了许多学习和成长的机会。一个真正有志于学习的人，肯定能够走出一条适合自己的学习之路，从而走上一条风景美好的人生之路。

现在国家倡导“大众创业、万众创新”。但真正的创造、真正的创业创新，绝不是拍拍脑袋想几个新鲜词，毛毛糙糙开几家公司就能实现的，而是要广泛汲取前人的智慧，审时度势应对今天的挑战。没有良好的学习，就不可能有真正的创造；没有丰沛的“学力”，就不可能有蓬勃的创造力。

二、突破时空限制的泛在学习

以学生为中心的一个重要标志，就是突破时空限制的“泛在学习”逐步取代传统的固定时间、固定地点的学校学习。

泛在学习（U-Learning），顾名思义，就是指无时不在、无处不在的学习，是指任何人可以在任何地方、任何时间，以任何方式获取所需的任何

① 2019 年，作者与《学习的升级》的作者库奇进行了一次对话，对上述问题进行了专门、深入的探讨，并将对话内容作为“附录”编入本书，供读者参考。

信息，也有人称泛在学习为无缝学习、普适学习和无处不在的学习等。

泛在学习的目标，就是创造让学生随时随地、利用任何终端进行学习的教育环境，实现更有效的学生中心教育。在泛在学习环境中，学生根据各自的需要，在自由的时间、多样的空间，以多样的方式进行学习，把所有的环境都变成学习的空间。

所以，泛在学习有两个最显著的特征：一是学习时间弹性化。学生不需要在固定的时间准时入学与上课，每天上学和放学的时间也是弹性安排。一方面，不同的学习中心可以自主安排学习时间；另一方面，学习者也可以预约学习指导或者实验、交流时间。二是学习空间多元化。学生不需要到固定的教室学习，可以到学校或者社区的图书馆、科技馆、博物馆等地方学习，也可以到各种有特色的学习中心学习，还可以通过网络教育资源学习。

美国学者约翰·梅迪娜曾经批评传统的教室不利于现代学生的学习①："如果你想设计一个大脑天生抵触的学习环境，你就会设计出一个教室。"所以，未来学习中心将彻底打破传统教室的羁绊，创造一个新型的"没有壁垒、没有障碍、没有限制的教室"，整合物理学习空间、数字学习空间和虚拟学习空间，"为学生创造一个工作室、一个舞台和一群观众"。

2017年，成都某学校在新生录取时就给学生发了一个本校的"泛在学习"通知。该通知提出，为了更好地帮助新生做好初升高的衔接，减轻家长和孩子的负担，学校将在暑期免费为高一新生定期推送学习资源，包括老师制作的各学科系列精品微课、各学科学法指导、学校文化宣传片等相关微视频。家长可以自备终端，按说明下载、安装软件，指导孩子学习并做好入学准备。该校从2013年开始探索基于移动终端和数据实证分析的未来课堂、翻转课堂教学实践，实现了信息技术与课堂教学的深度融合，积累了丰富的教育资源，把"泛在学习"与课堂教学结合起来，使之成为他们的一个特色。

---

① 库奇，汤，栗浩洋．学习的升级．杭州：浙江人民出版社，2019：81－91.

三、基于合作探究的混龄学习

1. 探究型学习与接受型学习

探究型学习，是一种以研究问题、解决问题为导向的学习方法，是学生自己通过各种事实来发现概念和规律的方式。

检验接受型学习的效果主要是看学生掌握了多少，接受了多少，能否完整地复述和重现知识。而检验探究型学习的效果是看能否选择好的学习课题，能否有效地针对问题开展探究活动，形成对问题的解释，能否有效在探究中发现新的问题。

探究型学习是现代教学改革的趋势，因为它更符合科学发现与科学创造的规律，更能够发挥学习者自己的学习主动性、积极性，激发学习者的学习兴趣。当然，由于难度也更大，往往需要合作者的参与，集思广益，共同探究。所以，合作探究（也叫自主合作探究）的新型学习方式，越来越受到师生的欢迎。

2. 混龄学习

那么，合作探究型学习的主体究竟是谁呢？当然应该是志同道合的伙伴，是对问题有共同兴趣的人。这个时候，就有了所谓的混龄学习的需要。

传统的学校制度为了提高教学效率，设计了班级授课制，把年龄相同的学生编班教学。虽然总体上来说，相同年龄的学生有着基本相同的认知水平与行为特征，但具体到每个学生来说又是完全不同的。正如一个美国心理学家曾经说的那样，同样是 7 岁的孩子，他们的心理发育年龄可能是 5～10 岁。而且，即使从教育的角度来说，混龄学习也有其独特的优势。100 多年前，蒙台梭利曾经批评传统的按照年龄“一刀切”的做法。她指出：“把人根据年龄分隔开来，是一件非常冷酷又不符合人性的事情。对于儿童也是一样，这样会打断生活之间的联系，使人与人之间无法互相学习。”所以，混龄教育是蒙氏教育的重要特点之一。

不仅在幼儿园期间可以混龄学习，其实在各个年龄阶段都可以采取这一学习方式。我是恢复高考以后的第一届大学生，我们那时候就是真正的“混龄学习”。这种学习的确有很多优势。大龄同学和小龄同学在学习过程中可以互相帮助取长补短，对我们的成长起了很大的作用。那时，我们的大龄同学在一定程度上社会阅历和经验比老师都丰富，老师很多解决不了的问题他们可以帮助解决。现在我们的大学辅导员自己还是孩子，怎么教育我们的孩子？在一个班级内或学习群体里如果有这样的人，整个教育的活力和能量会更强。同时，同学里各种各样的人才都有，随时可以向他们请教。小龄同学精力旺盛，学习能力强，也促使大龄同学不能懈怠。现在的大学校园里，基本都是同龄人在一起学习，“混龄学习”已经成为历史。其实，国外大学也不像我们这样清一色的都是20来岁的年轻人。我们应该鼓励社会人员进入高等院校学习，让“混龄学习”成为大学教育的常态，发挥其在我们高等教育阶段的独特优势。

《大学的终结》一书的作者介绍说，他在麻省理工学院选修的“生命的奥秘”这门课上，就有来自南美的医生和医学院学生、一群希腊的高中生、一位居住在荷兰的72岁高龄的退休化学家，一位斯里兰卡的大学辍学生、一位印度的全职主妇、一位乌克兰的软件工程师、一名菲律宾的护士。一位小女孩在课程的留言板上写道：“父亲让我放弃常规的8年级科学课，改选这门课，我今年13岁。”①

可汗在《翻转课堂的可汗学院：互联网时代的教育革命》一书中也批评了传统的按照年龄分班的学习模式，认为这是“人类在特定地点和特定时间对某种情况做出的构想及反馈”，如果强制按照年龄把学生们分开，每个学生就可能会损失一些重要的东西。“年纪小的孩子失去了心中的榜样，失去了偶像，失去了也许会在人生中起到重要作用的导师；而更糟糕的是，年长一些的孩子被剥夺了锻炼领导才能以及承担责任的机会，他们的心智无法变得成熟。”② 所以，他认为未来的学校应该改变课堂环境，

---

① 凯里．大学的终结：泛在大学与高等教育革命．北京：人民邮电出版社，2017：5－6.

② 可汗．翻转课堂的可汗学院：互联网时代的教育革命．杭州：浙江人民出版社，2014：147.

“让不同年龄段的孩子参与到同一个课堂中来”。他还介绍说，这样的观点并不是不切实际的幻想，在全美最好的学校之一——马克堡学校（Marlborough School），他就看到了把不同年龄的学生混合在一起的课堂。应该说，可汗的分析是非常有道理的。

四、以学定教的个性化学习

以学生为中心的学习与教育，无疑是一种以学定教的个性化学习。所谓以学定教，就是依据学生的具体情况（学情）来确定教学的起点、方法和策略。这里的学情包括学生的知识、能力基础，学生的年段认知水准，学生课前的预习程度，学生对新知的情绪状态等学习主体的基本情况。而“定教”，就是确定教学的起点不过低或过高，在恰当的起点上选择最合适的教学内容、最优化的教学方法，让每一位学生得到最大限度的发展。可见，以学定教其实就是一种个性化教育。其实，以学定教，也可以说是以教助学，是以学生的学习为中心的教学。

21 世纪以来，个性化教育与个性化学习已经成为世界范围内一种强劲的教育思潮。2006 年，经合组织（OECD）发表报告《面向明日之学校教育：使教育个性化》，将个性化教育作为应对变革时代的重要教育议程，认为“一刀切”的学校知识和组织安排既不符合个人需要，也和知识社会的发展格格不入。2006 年 7 月，新西兰教育部部长史蒂夫·马哈雷在一次研讨会上做了题为《个性化学习：把学生置于教育的中心》的演讲，强调要围绕学生不同的学习方式来塑造教学，关注发掘每一个学生独特的天资。2010 年，我国颁布的《国家中长期教育改革和发展规划纲要（2010—2020 年）》也明确提出，要关注学生不同的特点和个性差异，发展每一个学生的优势潜能，为每个学生提供“适合的教育”。

近年来，个性化教育与个性化学习在大数据时代成为可能。在大数据时代，教育过程中的一切行为都可以转化为教育大数据，通过对教育大数据的采集、处理和分析，可以构建学习者学习行为相关模型，分析学习者已有学习行为，并对学习者的未来学习趋势进行科学预测，为学生的自我学习监控、教师的教学决策和教育机构的教育决策提供更精细化的服务。

所以，对于个性化学习而言，大数据可以帮助学习者更理性地认识自己，更合理地规划学习计划，决定学习内容与学习方式，并且自我监督学习进度，检查学习效果。对于个性化教育而言，大数据可以帮助教师全面跟踪学习过程，把握每个学生的学习需求、学习风格、学习态度及学习模式，了解他们学习的难点与障碍，并且根据不同学生的特点采取最有效的教学策略，从而真正实现教师由教学者到助学者的转变。

1. 美国兰德研究报告的启示①

2013 年，美国综合性战略研究机构兰德（RAND）在比尔及梅琳达·盖茨基金会的委托与资助下，对个性化学习进行了迄今为止最大规模的研究，并于 2015 年发布了研究结论。

这份报告通过对全美 62 所 K-12 学校近 1 万名学生的研究发现，在实施个性化学习的学校，学生平均阅读与数学能力显著提升，且平均提升程度显著高于没有实施个性化学习的学校的学生。很多起始表现低于国家平均水平的学生，经过两年的个性化学习，阅读和数学能力都超过了国家平均水平，且比同龄人表现出更大的进步，尤其是在数学方面。

研究还发现了被调查的学校在实施个性化学习上的一些共同的做法，如：通过多个渠道的数据，了解学生的学习进度，并做出相应的教学决定；为学生提供一对一的学习支持，让他们拥有属于自己的学习计划；基于能力的学习进度评估；灵活运用教师、空间和时间三种资源，创造灵活的学习环境，利用好技术；同时关注学业能力和非学业能力的培养，帮助学生为大学和职场做好准备；等等。

2. 瑞典“知识学校”的探索②

1992 年，瑞典实施教育券制度，并开放民间办学，催生了一批不同形态的“自由学校”，其中有一些名为“知识学校”的中学，因其强调个性化学习的教育理念与教学实践，受到瑞典社会极大的关注。知识学校（the

---

①② 以上案例见于 21 世纪教育研究院研究员查敏的《揭开“个性化学习”之谜》一文。

knowledge school）的基本信念是：所有学生都是不同的，他们以不同的方式和不同的速度学习，学校的责任就是适应这些不同，对学生实行个性化的教育。

以学生为中心，是知识学校的逻辑起点。因为个性化教育意味着学生的目标、志向和潜力，是学校和教师的工作起点，学校和教师必须依据学生的目标决定所有的其他内容与方法。

所以，知识学校提倡“个人目标”导向的教育。任何学生走进学校的大门时，首先需要回答三个问题：你来这所学校想要实现什么目标？为了实现这些目标，你需要学会什么？为了学会你想学会的东西，你需要怎么做？

为了帮助学生寻找和确定个人目标，学校实行“导师制”。知识学校认为，就像运动员需要与教练讨论自己的训练和进步一样，学生须与老师讨论自己的学习，获得个性化的指导（coaching）。在知识学校，每一个学生都有一位专属于自己的导师，导师不一定对学生学习的所有科目都精通，但却都是学习行为的专家。他们对学生的在校学习做全程辅导，每周与学生单独会见一次，一起就目标的执行情况进行讨论，跟踪学生的学习进展，训练学生制定计划、提升学习策略的能力。

知识学校的课程分两种学习方式：阶段式学习，主要涉及语文与数学；主题式学习，例如通过“星星”主题课程，可以融会贯通地学习历史、宗教、食品技术、地理、艺术、戏剧、音乐、舞蹈等。

3. 芬兰“教育黑客”的实践①

佩卡（Pekka）是芬兰马丁拉克松（Martinlaakson）高中的数学与物理老师，自称“教育黑客”。佩卡是芬兰推动个性化学习最有名的先锋教师。关于个性化学习，他有一些基本理念：只要节奏适当，每一个学生都能学习；以讲授为主的教学只适用于少数学生，对于大多数人来说，传统授课不是太慢就是太快，统一的讲授进度只满足了20%左右的学生，剩下的80%要么“吃不饱”，要么听不懂，课堂时间基本被浪费；当学生被要

① 以上案例见于21世纪教育研究院的查敏研究员的《揭开“个性化学习”之谜》一文。

求反思、与他人讨论时，学习更有效；老师的工作是帮助学生识别他们的技能和学习方式；大多数传统的评估是毫无意义的，不能衡量学生的实际知识水平。相反，它们对许多学生造成不适当的压力，降低了他们的生活质量。

因此，佩卡在自己的教室里取消了传统的讲授，把学习的决定权交给学生，让学生按照自己的进度学习。具体的做法是：

首先，学生充分利用各种学习资源，或独立，或自愿组成小组，学习新的内容。随后，他们通过老师精心设计的练习不断巩固、检验自己掌握新内容的程度，并根据老师提供的评价量规（rubric）为自己打分。这些练习有核心、中级、高级之分，为进入下一级，学生需要顺利通过“关卡”，“关卡”包括自我测试和自评。在此基础上，学生自行决定什么时候开始学习下一个主题的内容。

通过这种方式，快速学习者通过自主学习可以很快掌握新内容，而较慢的学习者可能只会通过第一道“关卡”，但他们在学习过程中会得到教师的一对一指导和来自同组里进度快的同伴的帮助。作为学习的引导者，佩卡会不断要求学生反思，反思自己是否需要更多的帮助，是否对一个学习主题有一个基本的把握，或是已经完全掌握了某一主题。这样，佩卡可以摸清班里每个学生在学习新内容过程中所产生的思维误区，并根据学生的优劣势进行有针对性的教学指导。

随着课程的持续，能力强的学生将不断主动进阶，“吃不饱”的现象将不再有，而“学困生”也会在教师和同学的帮助下掌握基本的内容，顺利进行下一阶段的学习。通过这种方式，学生能够做到按照自己的速度和节奏学习。最终，学生会根据自己在各关卡的表现和学习进度，为自己在这门课中的表现打分，该分数经过老师的认可后，会作为学生学习这门课的终评。

为了创造以学生为中心的学习文化，真正让学生成为学习的主人，佩卡在以下三个方面进行了努力：第一，减少对学生学习的控制，相信学生的学习能力和学习欲望。老师可以设立学习目标和学习内容，但对于如何学、花多长时间学、学到什么程度，应由学生基于个人兴趣和动力自行决定，通过这种方式让学生获得学习的自主性。第二，为学生提供学习路径(learning path)，让每个学生都有一个结构化的个性学习计划，让他们不至于因为对某一个主题完全不感兴趣而放弃对这个主题的学习，但学生可以决定自己学的深度。第三，让学生不断进行自评和反思，自评没有分数或排名，目的只有一个：让学生确认自己是否掌握了某一个主题或概念。通过自评，学生了解了自己的学习进度，只有当学生需要帮助时老师才介入。

佩卡认为，当学生成长为具有自我管理能力的学习者时，数学或物理能力的提升只是“副产品”，更重要的是学生具备了学习的内在动力和“当学习的主人”的意识。

4. 可汗实验学校的模式

可汗实验学校是可汗学院创始人萨尔曼·可汗继可汗学院之后创办的一所实体学校。这位前对冲基金分析师因为辅导侄子侄女学数学卓有成效而声名大振，随着学习人员大量增加，世界上最大的在线学习平台可汗学院应运而生。可汗学院因通过网络视频进行免费授课的方式而闻名，可汗学院的教学视频一般都不会超过10分钟，一般只覆盖一个知识点，方便学生掌握。可汗学院的教学内容涵盖数学、历史、艺术和计算机编程等方面，涵盖了所有核心科目，学生只需要到一个地方就能找到他们想要学习的东西。

可汗学院

比尔·盖茨曾经透露，自己给孩子讲不清楚的数学概念，就让他们上网去看可汗学院的在线课程。俞敏洪先生也说，他的孩子也经常学习可汗学院的课程。2014 年，可汗自己的孩子也到了上学的年龄，于是创办了这一位于加利福尼亚州山景城的可汗实验学校。学校最大的特点是将线上学习与线下学习深度融合，把传统的课堂学习模式与学生主导的实践项目紧密结合在一起，重点培养学生在课堂之外的其他能力。

可汗实验学校中学部校长吉姆曾经告诉记者，这所学校把基于数据收集和分析的科技系统深度介入学生的学习过程。每个学生都有自己的学习进度，学科老师被称为“内容专家”，他们的主要工作是为线上学习制定整体内容规划，分析学生在平台上生成的数据并且适时给予指导。每个学生必须掌握一个概念之后才能进入下一个。

每年都会有许多老师来可汗实验学校进行交流，他们相互探讨着教学方法和学生的真正诉求，因此学校也为老师们进行头脑风暴、做报告和分享经验设置了专门的学习场所。另外，学校也为在校老师们提供了豪华舒适的休息室，方便他们在课余时间做自己喜欢做的事。

虽然可汗实验学校的教学模式非常创新，但其规模却十分有限，目前只能容纳 100 名学生。另外，可汗实验学校并不像可汗学院一样是免费的，其中低年级学生（幼儿园到五年级）的学费是每年 2.3 万美元，高年级的学生则是每年 2.5 万美元。不过，学校的确开创了一个新的学校教育模式，同时依托于硅谷的优越位置，将技术与实践紧密地结合起来。可汗实验学校的创新不仅改变了传统的授课方式，更代表了未来学校的发展方向。

第四章 能者为师

——适应『人机共教』的新时代

英国《经济学人》2016年的一篇封面文章很有意思，题目是《怎样造就伟大的教师》。文章认为，教师在教育过程中起着非常重要的作用。文章介绍了美国的一项研究：排名前10%的精英教师教给学生的知识是排名后10%的那些教师的3倍。在同一个单位时间里，一个好教师与一个平庸的教师，能够带给孩子的变化差异是非常之大的。

学校也好，课程也罢，所有的背后，都是教师在起作用。谁站在讲台前，谁就决定着教育的品质。教育的意义与价值是通过教师来实现的。美国著名媒体人阿曼达・里普利的《世界上最聪明的孩子》也证明了这个观点。这本书对芬兰、韩国、波兰这3个PISA测验成绩优异的国家进行了详尽的考察，最重要的结论之一，就是发现了教师素质对于教育品质和学生学业成就具有关键作用。如芬兰人认为，认真对待教育的唯一办法就是选拔高学历的教师，也就是说，芬兰人主张应从每一代年轻教师中选择最优秀的那一小部分并加以严格训练。未来的教育发展，自然与教师直接相关。正如未来的学校形态会发生根本的变化一样，未来的教师也会出现变化[①]。

一、智能机器人教师正在走来

2017年，无论是中国还是世界，都发生了巨大的变化。从全球的角度看，也许最重要的事件，就是智能机器人的重出江湖。

---

① 里普利．世界上最聪明的孩子．北京：中信出版集团，2015.

虽然机器人和人工智能都不是新鲜的概念和产品，但它们集中在 2017 年爆发，还是引起了海内外的广泛关注。以至于《亚洲周刊》把机器人作为 2017 年的“风云人物”。

1. 阿尔法狗（AlphaGo）三连胜

这一次机器人的惊艳，代表性事件就是 2017 年 5 月发生的阿尔法狗三场连胜世界围棋冠军柯洁。接着，在 2017 年 10 月，阿尔法狗的升级版“AlphaGo Zero”在没有人类导师的情况下无师自通，通过不到 24 小时的自我对弈、强化学习，就轻松击败了国际象棋、将棋和围棋世界冠军程序——AI，攻陷了人类智力游戏的高地。

2. 机器人看病、打官司

在医学和法律两个同样需要高智慧的领域，智能机器人也出手不凡。如在医疗诊断方面，国防科技大学彭绍亮教授及其团队研发的超算医疗机器人，对 100 份病历的批量临床诊断只花了 4.8 秒，平均单个病例需要的时间仅为 0.048 秒。经过对比研究，智能机器人的诊断和专业医生做出的诊断结论一致度达到 100%。

在法律事务方面，美国拥有约 900 名律师的贝克和霍斯泰特勒（Baker & Hostetler）律师事务所启用了人工智能机器人，负责协助处理企业破产相关事务。而由志愿者共同研发的一款可以借助 AI 免费给人做法律指导的聊天机器人，也已经在全美 50 个州上线。据称，这种机器人律师在 2 年时间内帮人打赢了大量交通违法官司，有 37.5 万张违规停车罚单被交管部门消掉。

3. 人机教学大战

在教育领域，2017 年 10 月也发生了让人不可思议的事件。一场特级教师对垒教学机器的人机教学大战在高考大省河南上演：一方是 3 名具有 17 年教龄、获得各种教学奖励的高级教师，一方是智能机器人，对 78 名初中生进行为期 4 天的数学教学比赛。活动首先对 78 名初中生进行摸底测试，根据成绩平均划分为两组，分别接受教学机器人和真人特级名师授课。在 4 天时间里对初中数学做针对性和集中性教学辅导，结束后再进行一轮测试，核算两组学生的分数提高情况。

为了保证这次人机大战的公平公正性，组织者采取了以下五个措施：

1. 所有的前测卷和后测卷都是由第三方教育局教研室资深老师独立出题。

2. 4天的试验过程都进行了实时直播和录像，供所有人监督和回放复核。

3. 试验过程中有媒体、艾瑞和其他教育机构的观察员实地监控。

4. 测试卷和智适应教学机器人上的试题经过媒体抽样调查保证无重复或类似试题。

5. 使用智适应教学机器人的学生访谈都有录音记录备查。

4天的教学过程结束以后，人机大战的结果是机器人教学全面碾压真人教学，在最核心的平均提分上以36.13分（机器人）完胜26.18分（真人），最大提分和最小提分两项上，机器人组也分别高出真人组5分和4分。

2018年，人工智能又一次高歌猛进。一个惊人的消息传来：在由斯坦福大学发起的SQuAD（Stanford Question Answering Dataset）文本阅读理解挑战赛中，来自微软和阿里巴巴团队的人工智能模型分别以高分战胜了人类选手，位列榜单的前两位。虽然领先分数不多，但这是人工智能首次在文本阅读测试中战胜人类，意味着人工智能在自然语言处理方面，已经达到了人类对语言词句的理解层次。

4. 智能机器人教师正在走来?

在《未来之路》一书中，作者虚拟了一个未来的机器人教师克利福德。克利福德通过智能算法了解它的学生的学习方式、他们喜欢什么。他用学生最喜欢的口音说话，24小时随时待命，不需要休假，不需要去洗手间，也不需要备课。

克利福德可以获得几乎无穷无尽的信息。它可以利用学生身上以及周围功能强大的传感器获取学生身体状态的一切信息，会注意到学生的瞳孔扩张和肤色变化，判断学生是否处于疲倦状态；根据学生的眼球运动和脉搏水平，判断学生是否处于兴奋状态；能够读懂学生的语调的微妙变化，确定他说理解了还是很茫然。在学生昏昏欲睡的时候，克利福德会建议他休息一会儿或者去打 15 分钟篮球。

克利福德知道学生喜欢埃及金字塔，于是设计了一份教学计划，把不同类型的三角形以及这些古代建筑背后的数学知识融入金字塔中。引导学生先通过虚拟环境游览金字塔，再通过增强现实把抽象的几何与现实世界连接起来。这样，学生就可以用金字塔的房间和外墙解答几何学问题。

在小组学习阶段，附近的伙伴与学生一起学习。克利福德和他们一起在平板电脑上画出设计图，再进行数学计算，规划整个建筑。计划制定以后，他们用两个小时精心搭建了一个金字塔。接着，他们学习有关三角形和金字塔的经典数学关系式。为了把这些数学关系转换成有用的形式，学生写了一个计算机程序，在给定参数的情况下，计算任意金字塔底部的质量和平均压力。学生把程序放到网上，其他学生和老师可以给程序代码的精度和结构打分。人工智能系统也会测试学生的代码，并就如何改进提出建议。作为课程的最后项目，学生与小伙伴们共同为附近的游乐场设计了一个金字塔形的游乐设施。

与克利福德搭档的是一个真人教师蕾切尔。蕾切尔不讲课，她的主要任务是倾听和帮助。她会给学生提问题，给学生推荐书籍，教学生如何与人合作，为学生提供克利福德无法提供的指引①。

这就是一个未来学家眼中的未来教师从教的图景。

智能机器人的汹涌而来，对人类社会究竟会产生怎样的影响？智能机器人教师正在走来，对教育究竟会带来怎样的变化？有人预测说：“未来 10 年，大部分人类只需思考 5 秒钟以下的工作都会被人工智能取代，从比例上来说，未来 10 年人类 50% 的工作都会被取代，比如助理、翻译、保安、前台、护士、记者、会计、教师、理财师……”其中教师赫然在列。

---

① 瓦德瓦，萨尔克弗．未来之路：科技、商业和人类的选择．北京：中信出版集团，2018：62－79.

这样的预测有些耸人听闻。对教师被列在被取代的职业之中，我更是不敢苟同。前不久，英国发布的一个报告也预测，按照失去岗位的可能性来划分，从 100 到 0，在 300 种将受到失业威胁的岗位中，教师是排在倒数第二位，被淘汰的可能性是 0.43%。就像智能机器人可以帮助医疗诊断、帮助处理律师事务一样，但要真正取代，几乎是不太可能的事情。未来的智能机器人会帮助教师更好地从教，未来的教育也会进入“人机共教”的新时代，但教师职业不会消失，也不会被智能机器人取代。

二、教师如何不被淘汰

当然，教师作为一种职业不会被取代，并不意味着所有的教师不会被淘汰。这就需要我们真正能够看清教育与学校变化的格局与趋势，需要我们更加深刻地理解教育与教师的本性与特质。要想不被淘汰，其实关键是做到两条：一是学会做智能机器人做不到的事情，二是学会与智能机器人共处，让智能机器人为我所用。

1. 学会做智能机器人做不到的事情

究竟哪些事是智能机器人做不到的事情呢？在许多人看来，智能机器人似乎无所不能，其实智能机器人也是有“软肋”的。它的“软肋”就是它不可能具有人的情感交流和人文关怀，不可能具有真正的人的创造性与独特性。棋艺水平再高的阿尔法狗，眼里无疑是见棋不见人的，而教育恰恰是“人的事业”。怀特海曾经说过：在教育过程中，“一旦你忘记了你的学生是有血有肉的，那么你就会遭遇悲惨的失败”。苏霍姆林斯基也认为，教学不是冷冰冰地把知识从一个脑袋装进另外一个脑袋，而是师生之间无时不在的情感交流。所以，未来的教育会更具情感性和互动性，未来的教师也应该增强自己的亲和力，努力成为学生的知心朋友，成为学生的成长伙伴，走进学生的心灵世界。

此外，智能机器人的逻辑思维和数据处理能力非常强，但是教师的工作往往是非预设、非逻辑、非线性的，教育过程中的各种偶发事件、各种力量的平衡，需要高度的创造性和艺术性。正如库奇等人所说，教育技术的目标主要不是去直接面对学生，而是能够助力教师，让教学活动更为高效。“即使是世界上设计最完美的人工智能，也无法拥有伟大教师所拥有的一样东西，那就是心。”①

2. 学会与智能机器人共处，让智能机器人为我所用

未来的人类一定是一种新型的人机结合体，人类会借助智能机器人变得更加聪明、更加强大。美国教育界曾经广泛流传一句话：谷歌上能够查到的东西不需要在课堂上教。如果按照这个标准，传统的以知识传授为主体的课堂教学，就需要转型了，对教师的要求就更高了。未来的教师，会从现在大量的重复性的、简单性的、烦琐性的劳动中解放出来，不必要用大量时间批改作业，不需要在课堂上喋喋不休地进行知识性传授，也不需要在课后进行大量的模仿性训练、重复性练习，而是能够娴熟地运用智能机器人，娴熟地获取各种教育资源，利用各种数据处理的方法与技术，及时分析教育教学中的各种案例与问题。

脸谱的创始人扎克伯格曾经预测，未来的教师将会成为自由职业者。这句话其实意味着另外一个事实，也就是说，如果一个教师无法做到以上两点，他将被时代所淘汰。200 多年前，德国教育家第斯多惠在《德国教师培养指南》中曾经说过，“凡是不能自我发展、自我培养和自我完善的人，同样也不能发展、培养和教育别人”②。现在看来，这句话更像是针对智能化时代的教师说的，因为几十年前，许多老师在接受完系统的教育训练以后，基本能够胜任教师职业。而现在，教师唯有不断学习、不断成长，才能适应“人机共教”的新时代。

三、回归能者为师的时代

教师职业是世界上最古老的职业之一。但是，教师职业本身也经历了

① 库奇，汤，栗浩洋．学习的升级．杭州：浙江人民出版社，2019：201.

② 第斯多惠．德国教师培养指南．北京：人民教育出版社，2001.

许多变化。在原始社会，最初的教师往往是部落里富有经验的长者，他们在生产劳动的过程中担负着照看和养护孩子的任务，从事着兼具教师性质的工作。在奴隶社会，“学在官府”，奴隶主贵族垄断文化教育，开始有了专门的“教师”，培养奴隶主的子女，教育只是少数人的特权。在奴隶社会后期，随着社会经济、政治的变动，官学逐渐式微，私学开始出现，孔子就是当时私学的代表人物。作为“万世师表”的孔子，一开始也不是体制内的教师。私学，其实就是能者为师，使那些满腹诗书、精通六艺之人成为私学最初的教师。后来的“私塾”教育，其实也是这一性质的私学。

真正的大规模体制内教师的出现，是随着工业革命的兴起、现代学校制度与师范教育体系的形成而开始的。如前所述，现代学校制度强调整齐划一，强调效率优先，特别是义务教育的强制性特点，更加剧了这一特点。所以，伴随着新的工业革命的兴起和信息化社会的到来，伴随着新的学校形态的出现，伴随着对教育的个性化、差异化、定制化的需求的提升，完全从学校教育体系中的教师那里获得知识与技能的时代也将终结，新的“能者为师”的时代即将到来。

事实上，我们已经看到了这样的趋势。

1. 知识付费的兴起

据《中国青年报》记者报道①，2017 年跨年夜时，3 个著名卫视频道没有播放流量明星的劲歌热舞，出现的却是一个个知识精英。能让 3 家卫视频道如此“破例”的重要原因，是 2016 年以来知识付费的兴起。罗振宇在 2016 年的跨年演讲曾获实时收视第一，同年 12 月，喜马拉雅在线听书电台举办的“123 知识狂欢节”销量超 5 000 万元。据企智网数据，知乎 live（知乎推出的实时语音问答产品）在 2016 年 10 月单月收入超过 1 800 万元，达到峰值。其实，罗辑思维、喜马拉雅、知乎等比较火爆的知识付费产品，就是由“自由教师”提供的收费课程。

有记者采访了购买这些课程的鹿仙贝。她声称，自己不是在单纯地购买知识碎片来装饰自己的头脑。“我觉得这些产品给我带来了操作系统的

① 胡宁，张均斌．知识付费，2018 年将是怎样的姿势．中国青年报，2018－01－16.

升级，让我变成了一个更好更强大的人。”她几乎每天都在使用、消化这些产品，同时还在这些产品的启发下，购买了更多可供她深入学习的书籍。目前，她在狭义的“知识付费”产品上的花费已经过万。与鹿仙贝一同参加价值900元写作课的另一位用户告诉《中国青年报》记者，她喜欢购买这些产品，尽管几乎每次她都无法坚持到最后，但是她要用花钱的方式来逼迫自己学习。

知乎的投资商、创新工场执行董事高晓虎从三个维度对知识付费市场进行了分析。他认为：其一，支付的场景化线上化是一个长期的趋势。其二，中国的职业技能教育或者说生产资料教育的市场，会越来越好。同时，面向新的情感或各个层面的冲动型收费也会为市场助力，“如果面向更多的有这种需求的人群去扩张，如果这个人群的扩张没有停止，这个市场就没有问题”。其三，真正为用户自身的修养付费，这个领域其实就是读书市场。

2. 自由教师的崛起

其实，知识付费产品已经不仅仅面向社会公众，在校学生也是非常重要的消费群体。据中国之声《新闻纵横》2016年3月报道，一位在职老师开设的单价为9元的高中物理在线直播课，被2 617名学生购买，一小时的课程收入达到23 553元，在扣除20%（4 710.6元）的在线平台分成后，他一小时的实际收入高达18 842元。这位老师开设的7节课，听课总人数达到9 479人，课程总收入约8.5万元，如果按在线教育平台扣除20%分成计算，该老师7个小时的实际总收入超过了6.8万。7个小时的课程进账，几乎相当于一个普通学校教师一年的收入。

前不久，苏州的一位“自由教师”史金霞来信，给我介绍了她从公办学校辞职以后的情况，他在沪江网CCtalk创办了“史金霞个人网络微校”。她说：“我是教什么的？我不是教阅读的，也不是教写作文的，我是教书育人的。经典作品研读、日常习作评点、国际佳片鉴赏、口语交际练习、怀旧老歌英语诗文吟诵……所有这些构成我课程的元素，都是使人成为人的手段，而不是目的。我们的出发点和目的地，都是人，成为具有自由思想、独立人格和谐发展的人。”基于这样的认识，她开发了《跟史金霞老师从小学读到大学》的生命成长系列课程，听课的学生从 7 岁的幼童到 70 岁的老人都有，但更多的是在校中小学生。为此，她还开发了“中学生综合读写课”系列课程。为了帮助父母与孩子一起成长，2017 年 7 月她开设了“给家长的十二堂课”，和来自全国各地的父母们共同度过了一个饱含欢笑与泪水的难忘的暑假。除了收费课程外，她在喜马拉雅在线听书电台的公益课程播放次数突破了 5 万。

在讲课之余，她出版了自己的第 5 本著作《教育：一场惊人的旅行》。同时每天用 10 多个小时疯狂地学习英语。她说，熟练地掌握英语，可以自如地听说读写，是她的夙愿。

除了像史金霞这样的“个体户”自由教师外，现在还出现了若干自由教师的共同体组织。2017 年 9 月 26 日的《法治周末》以《独立教师“自由”背后的无奈》为题报道了这个群体故事。

记者张舒发现，随着教育行业的逐步市场化，传统教育关系正在被重构。辞掉公办学校工作、专职给学生补课的“自由教师”群体开始日趋壮大。3 年前，胡进（化名）从北京市丰台区一所公立学校辞职后，和几个同伴成立了一家自由教师工作室。现在，工作室已经有 11 名老师，涵盖了初、高中教育的几门重点学科，除了上门授课外，平时来教室补课的学生加在一起有近 100 人了。每逢双休日，工作室的课程往往要从早排到晚。而从周一到周五，除了给学生提供上门补课服务外，他和同事们还要花大量时间针对不同学生制定不同的课程方案。工作室为什么能够受到学生和父母的欢迎？除了应试教育的大背景外，还和他们的教学方法有关。胡进介绍说：“公立学校备课是针对知识，而工作室的备课则是针对学生。不同的学生要用不同的资料和方法，才能达到提分的效果。”每次上课前，他们都要和学生聊聊平时的生活、近期的烦恼，这些内容也是课程中重要的一环。

以上三个案例，其实已经预示了未来教师职业的多种形态。一方面，传统的学校教育中的教师仍然会存在，他们贯彻国家的意志和教育方针，完成国家规定的教育目标和基本内容。另一方面，教育有更大的开放性和选择性，国家教育行政部门或者国家教育行政部门委托的机构，会对社会提供的各种教育资源进行认证与评估，选择诸如罗辑思维、喜马拉雅、知乎这样的民间知识传播机构，史金霞这样的个体性质的“自由教师”，或者胡进这样的教师工作室（课程公司），甚至类似新东方、学而思这样的社会补习机构，以及各种技能培养机构，用购买公共服务的方式，为学生提供更多的优质教师资源。这样，学有所长的人，都可以把自己的知识和技能，通过学校教育机构和其他平台向学生传授，“能者为师”的新的教育时代将会真正到来。

第五章　从文凭至上到课程为王

——学习内容定制化与个性化

教育的实践主要关系到两个基本问题：学什么（教什么）和怎么学（怎么教）。前者是教育内容或者课程的问题，后者是教育方法或者手段的问题。由此派生出谁来学、谁来教、为什么学等一系列问题。所以，学校教育究竟应该学什么？究竟什么知识最有价值？一直是教育家们关注的重点问题。我们认为，课程的丰富性决定着生命的丰富性，课程的卓越性决定着生命的卓越性。在未来社会，在未来的学习中心，人们学习的内容将会发生重要的变化，从为了一纸文凭而学，到为了自己的兴趣和提升自己的能力而学，将是一个重要的转变。

一、课程为王：学什么比怎么学更重要

在国外，“课程”（curriculum）一词是从拉丁词“currere”派生出来的，意为“跑道”（race-course）或“道路”（career），也有“沿着跑道奔跑”的意思。根据这个词源，最常见的课程定义是“学习的路线”或“学习的进程”（course of study），简称“学程”。英文“curriculum vitae”则不但是说学校的课程，而且是人生的履历了，也就是说，我们的人生其实是由我们学习的内容塑造的。

在我国的中小学，课程大致可以从研发的主体和类型来分类。从课程研发的主体来看，有国家课程、地方课程和学校课程三类。国家制定中小学课程发展的总体规划，确定国家课程的门类和课时，制定国家课程标准，宏观指导中小学的课程实施。在此基础上，鼓励地方开发适应本地区

的地方课程，学校研发适合本校特点的校本课程。

从课程研发的类型来看，有学科课程、活动课程、综合课程和隐蔽课程四类。学科课程传统上分为工具学科（语文、数学、外语）、社会学科（思想品德、政治、历史、地理、社会等）、自然学科（自然、生物、物理、化学）和技艺学科（体育、音乐、美术、劳动技术、职业指导等）。活动课程一般分为实际操作、文艺创作、游乐表演、调查研究和交流探讨等方式。综合课程以跨学科融合为基本特征，可以分为知识本位的综合课程和社会本位的综合课程。隐蔽课程相对上述显性课程而言，是学生在学校情景中所获得的，在学校政策及课程计划中未明确规定的、非正式和无意识的经验。隐蔽课程具有隐含性、不确定性、强制性和持久性等特点。据统计，在义务教育阶段，学科课程占到总课时的近 80%，而工具性学科占时超过 50%。

我们认为，严格地说，课程应该不限于学校教育的范畴，而是以家庭教育为根基、学校教育为主干、社会教育为辅助、自我教育为根本的全方位全过程。而课程最本质的特点，则是教师与学生双方的生命体验。师生共同经历的课程，不是一堆知识的罗列，而是通过他们的共同生命体验，成为有德行、审美、情感和能力的人。

我们比较喜欢课程最本初的比喻，即称课程为道路和历程。如果把此刻的教育作为我们教育的“起点”，那么“教育目的”就是一个终点或阶段性终点。起点与目的地之间的这段道路和历程，就是我们所说的课程。只是，我们强调这段道路两旁的风景也是道路的一部分，并且是重要组成部分。这段道路的意义，绝不仅是为了抵达目的地，而是行走过程中的每一步，都指向未来（目的），同时也指向当下（风景）。

课程本身就是赋予师生生命成长的重要能量。课程作为生命成长的能量，通过课堂内外的叠加、学校家庭的碰撞，以及各种形式互相作用，由量变而质变，最终，知识与社会生活、师生生命达成共鸣。

正因为课程（教学内容）在教育过程中最重要的基础作用，所以，课程改革往往成为所有教育教学改革重要的突破口。在课程内容的数量与质量上，究竟应该把什么东西给未来的公民，一直是不同的教育流派争论的焦点。2002 年，苏格兰政府曾发起了一场教育问题的全民大讨论。在这场大讨论中，人们提出了减少课程内容的混乱堆砌、增加学习的乐趣、更顺畅地衔接 3～18 岁阶段的课程的建议。2004 年 11 月，苏格兰提出了一套完整的学校现代化方案，他们把这个方案称为“卓越课程改革计划”。为此，苏格兰政府还设立了卓越课程管理委员会，出台了《卓越课程教学指导纲要》。美国近 100 年以来先后出台了多项教育改革计划，课程改革一直是其核心内容，包括著名的《普及科学：美国 2061 计划》《不让一个孩子掉队法案》等等。

后现代主义的课程论也提出，“需要发展一套构成好课程的新的标准”，这个“好课程”就是我们说的所谓“卓越课程”，也就是小威廉・E. 多尔所说的“一种形成性的而不是预先界定性的、不确定的但有界限的课程”。他用丰富性、回归性、关联性和严密性四个标准描述了他心目中的卓越课程。

当然，各国轰轰烈烈的课程改革之所以成效不像我们想象的那么明显，一个主要的原因，就是应试主义的教育体制和文凭至上的学历社会。在这样的体系中，人们更关注的是“出身”，关注的是你毕业于什么样的学校，而不是你在这所学校学到了什么。由于我们缺乏更为有效的人才甄选办法，看文凭，看是否毕业于名校、是否有“双一流”学校的文凭，成为最简单最偷懒的人才评价。

《大学的终结》

凯文・凯里在《大学的终结：泛在大学与高等教育革命》中也看到了文凭至上存在的问题，他认为大学文凭其实缺少了许多重要的信息，学生在学校里究竟学到了什么，在文凭上是无法看到的。这对于那些没有读过大学，但是通过阅读、谈话、思考和工作来学习的人来说，是不够公平的。所以，他提出要创造一种“远胜于传统文凭的新文凭”。我个人认为，这种新文凭，就是能够全面真实反映人的学习历程的写实性课程证书[①]。

我们认为，随着云计算、大数据的出现，随着对考试与评价的改革，随着高等教育的进一步普及化，未来社会会逐步淡化文凭的意义，而越来越看重一个人的真才实学，看重一个人真正学习了什么、拥有了什么、掌握了什么。所以，设计一个好的课程体系，把人类最美好的东西给我们的学生，教给学生一生有用的东西，就成为未来教育的基本特征。

二、为生命而存在的课程

在古今中外的教育历史上，课程首先是围绕着培养目标来设计的。如中国古代就把“成人”作为教育的主要目标，所谓“成人”，有名词和动词两种含义。名词意义上的“成人”在中国古代主要指德才兼备的成熟的人，类似于英文的“perfect man”。宋代陈亮在《甲辰秋答朱元晦秘书》中所说：“故亮以为学者，学为成人，而儒者亦一门户中之大者耳。”动词意义上的“成人”，则是指成就人的过程。在儒学思想中，“成人”，就是指用“六艺”等美好的教育内容来培养优秀的人才。这里的“六艺”包括礼（礼节）、乐（音乐）、射（射箭）、御（驾车）、书（识字）、数（计算）。所以，从另外一个维度讲，“成人”就是要通过一个学习的过程来拥有这六种基本才能。这六种技艺切身性和存在感很强，和社会生活密切相关，是为鲜活的日常生活而设计的，而不是抽象地去掌握生命以外的东西。

我们也不妨考察一下前面提到的苏格兰“卓越课程改革计划”中的目标与课程。在这次改革中，苏格兰明确提出把学生培养成为“成功的学习者、自信的个体、负责任的公民和社会的积极贡献者”的总体目标。为了实现这个目标，“卓越课程”将包括“表达艺术”（从能跟随音乐咿呀学语，到掌握声乐、乐器并能自信地在人前表演，又包括艺术与设计、舞蹈、戏剧和音乐等）、“科学”（包括地理、物理、化学及当下的科学话题

① 凯里．大学的终结：泛在大学与高等教育革命．北京：人民邮电出版社，2017：191－194.

如食品、卫生、气候、能源等）、“技术”（包括技术与社会发展，信息技术，技术发展的商业背景，技术发展的计算机基础，食品与纺织技术与常识，工艺、设计、工程及制图等）、“数学”（数字、货币和测量，形状、位置和运动，数据处理，个人财务管理等）、“语言”（希腊语、拉丁语等古典语言，现代外语，盖尔语和英语）、“社会研究”（人与历史、社会，人与地域、环境，人与经济、商业，公民、创业及经营意识等）、“健康与幸福”（精神、情感、社会性及心理健康，学会负责任地做出选择和改变，掌握体育常识和运动技能，了解食物与健康的关系，防止酒精、毒品等物品滥用，性健康和亲子关系等）、“宗教与道德教育”等。不难看出，这八个领域的课程内容，与孔子的“六艺”虽然时空距离遥远，但在精神上还是有某些相通之处的。

苏格兰的八个领域的课程内容就是如此。其中“技术”课程的学习，就是要努力使学生理解不断发展的科学技术在社会中的影响和作用；运用技术改善自己和他人的生活，保护环境；获得技能和信心，能在家庭内外运用科学技术；具备判断科技产品和服务的价值与作用的能力，成为信息化的消费者和生产者；能就环境、可持续发展、道德、经济和文化等问题做出合理的选择；理解信息技术对苏格兰地区乃至全球的作用；发展科技思维，认识工程技术的本质以及技术与科学之间的关系；体验与工作相关的学习，为终身学习、专门研究及未来职业打下坚实的基础。而“健康与幸福”课程的学习，则应使学生从中获得信心、独立思考能力、积极的态度和性格。同时，能够体验挑战和快乐；体验自己健康生活和活动的积极方面；运用在智力、情绪情感、社会和生理方面获得的技能追求健康的生活方式；成功地过渡到教育的下一阶段；养成终身受益的健康生活习惯，推动下一代的健康与幸福。从中我们也不难看出，所有的课程都是围绕学生的生活与生命展开的①。

那么，未来的课程究竟应该是怎样的形态？究竟应该把人类的哪些知识教给学生？不同的课程流派和专家有不同的主张，但是一个共同的困

---

① 王新华，马健生．苏格兰的“卓越课程改革”评述．比较教育研究，2006（6）.

境，就是人类知识的无限性和学生学习时间的有限性之间的矛盾。国家主义主张，要把一个国家的价值观、文化传统等在课程中呈现；科学主义主张，要把科学的原理、规律、方法等课程中呈现；实用主义主张，要把人类生活需要的知识和技能教给学生。最后，往往是各种力量的平衡，各种知识与技能的叠加，课程品类越来越多，体量越来越大。

有研究表明，人类科学知识总量在 19 世纪是每 50 年增加 1 倍；到 20 世纪初期是每 30 年增加 1 倍，20 世纪 50 年代是每 10 年增加 1 倍，70 年代每 5 年增加 1 倍，80 年代每 3 年增加 1 倍，90 年代以后则更快。据统计，近 30 年来人类的创造发明和科学技术成果，比过去 2 000 年的总和还要多。与此同时，科学技术转化为生产力的速度也越来越快：20 世纪初需要 20～30 年，20 世纪 60—70 年代激光与半导体从发现到应用只用了 2～3 年，而现在信息产品的更新换代可谓日新月异。所以，不断做加法的课程，无疑是无法适应未来社会发展需求的。

那么，未来需要怎样的课程体系呢？我们认为，在以生命的幸福完整为终极目的和当下尺度，以哲学、心理学、教育学、社会学及相关学科理论为潜在的理论工具，以活生生的人为中心的三维空间里，可以建构起未来课程的体系构架。

我们可以把这样的课程体系做如下设计：以生命教育课程为基础，以智识教育课程（真）、道德教育（亦称公民教育）课程（善）、艺术教育课程（美）作为主干，并以“特色教育课程”（个性）作为必要补充。

1. 生命教育课程[①]

涵养生命是教育的天职。对生命的发现、挖掘、探索和追寻，是教育的永恒主题。生命教育课程以“过一种幸福完整的教育生活”为核心理念，围绕人的自然生命、社会生命和精神生命展开，旨在引导学生珍爱生命，积极生活，幸福生活，拓展生命的长度、宽度和高度，从而让每个生命成为最好的自己。

---

① 朱永新，冯建军，袁卫星．新生命教育．太原：山西教育出版社，2017.

纵观生命的成长历程，我们不难发现这样一个基本的逻辑：肉身的诞生，是生命的自然事实；交往关系的存在，是生命的社会事实；自我意识的觉醒，是生命的精神事实。这三个事实，构成了我们理解生命的三个基本向度。所以，我们把生命理解为具有三重意义上的生命：自然生命、社会生命和精神生命。

自然生命是指个体的物质存在，如身体、组织、器官等身心系统。社会生命是指个体与人、自然、社会形成的交互关系。精神生命是指个体的情感、观点、思想、信仰等价值体系。人的三重生命之间互相联系、互相制约、辩证统一。

自然生命是社会生命、精神生命得以存在的前提。离开自然生命，社会生命、精神生命就不可能存在。自然生命的长度，有效地保障并促进社会生命、精神生命的继续发展。

社会生命也制约着自然生命的丰富和精神生命的提升。每一个自然生命都会被时空所局限，此时社会生命的宽度影响着人们对自然生命的认知和把握，并在很大程度上决定了精神生命的境界。

精神生命则能最大限度地突破自然生命、社会生命的局限，绽放人这一特殊生命体的存在价值。精神生命的高度，是对自然生命、社会生命的最终升华与定格。

在这三重属性之中，社会生命和精神生命是人的本质属性，离开社会生命和精神生命，人的自然生命就退化为简单的动物属性，不可称其为人。所以，只有集自然生命之长、社会生命之宽、精神生命之高，才能形成一个立体的人。这样的生命体，才是我们认为的完整的人。

人的成长，或者说教育的意义，就像筑造一座金字塔，以自然生命之长、社会生命之宽为底座，底座越牢固越庞大，精神生命之高则越可能坚不可摧，直至高耸云霄。

也就是说，生命最终是否幸福完整，是由生命的三重属性共同决定的。自然生命之长强调延续存在的时间，社会生命之宽重在丰富当下的经验，精神生命之高则追求历久弥新的品质。长宽高三者的立体构筑，构成了生命这一“容器”的容量。一个平常的肉身究竟能够走多远？一个普通的灵魂究竟能够创造怎样的传奇？要以生命的长宽高三个维度来观照，进行追寻。

从一个理想的生命状态来说，全面地拓展生命的长度、宽度和高度是最完美的生命结构，但由于生命的偶然性和不确定性，生命的长度有时是不可控制的。有些生命虽然很短暂，但是由于其生命拥有足够的宽度和高度，他们的生命容量依然很庞大，生命的品质依然很高洁，足以树立起一座伟大的丰碑。

我们以此反观今日愈演愈烈的应试教育就不难发现：如今越来越早就开始的严密应试训练，不仅轻视生命的长度，同时也极大缩减生命所能达到的应有宽度，弱化了生命所能达到的应有高度。一个人的生命欠缺了应有的长度、宽度与高度，那么他所能发挥的创造力就极为有限。或许，这是触及钱学森之问的核心问题所在。所以，生命教育课程的意义，就在于把生命作为教育的原点，主张通过教育，让每一个生命积极拓展自身的长宽高，也让人类不断地走向崇高。

《新生命教育》

目前，新教育研究院已经研发了生命教育专设课程，出版了中小学《新生命教育》读本。这是一门以学生生命为原点，以其生活为主线而组织的活动性综合课程。课程具有三个主要目标：

一是珍惜生命。认识生命的特点及其发展规律，珍惜自己生命，尊重他人生命，敬畏自然生命。掌握生命安全与身心健康的知识、技能，保持心理和情绪健康，预防各种可能的生命伤害事件的发生，不自杀和伤害自己的生命，也不杀人和伤害其他生命。

二是积极生活。能够主动适应社会，保持积极心态，与他人健康地交往，勇敢地面对挫折，养成良好的生活习惯和积极乐观的生活态度，具有良好的人际沟通能力；能够遵循社会公共规则，同情和关心弱势群体，具有社会公德、正义感和责任心。

三是幸福人生。认识生命的意义和价值，具有独立之人格、自由之精神；合理规划人生，具有远大的理想和坚定的信仰；具有生命超越性，激发生命的潜能，直面生死，超越死亡，追求生命的崇高与伟大；超越“小我”，关心国家、社会和人类，具有中国灵魂和世界胸怀。

把“珍惜生命、积极生活、幸福人生”按照“情感与态度”“知识与技能”“行为与能力”三个维度加以分解，具体表现为：

一是情感与态度。珍爱生命，欣赏生命；积极生活，自信向上；具有正确的人生观和人生信仰；具有人文关怀意识。

二是知识与技能。掌握生命安全、身心健康的知识与技能；掌握生活和生存必需的知识与技能；认识社会规范，具有与他人健康交往的知识与技能；具有规划人生的知识与技能。

三是行为与能力。具有保护生命的能力；养成良好的生活习惯和行为习惯；能够进行自我管理，具有良好的社会交往能力和人际关系；能够合理规划生涯、选择职业，追求幸福生活，实现生命的意义和价值。

根据新生命教育课程的总目标和幼儿园、中小学生生命发展的不同特点，分别确定幼小阶段、初中阶段和高中阶段的生命教育课程的目标。具体表现为：

一是幼小阶段。帮助和引导学生初步了解自身的生长发育特点，掌握安全健康生活的常识和技能，养成健康的生活习惯。初步树立正确的生命意识，学会与老师、同学、家人交往，形成积极、开朗、乐观的性格；能够形成对自我的初步认识，发展兴趣、爱好和良好的个性特征。

二是初中阶段。帮助和引导学生了解青春期生理、心理发展特点；掌握自我保护、应对灾难的基本技能；学会尊重生命、关怀生命、悦纳自我、接纳他人；养成健康良好的生活习惯，提高保持健康、丰富精神生活的能力，培养积极的生活态度和人生观；能够对人生有一定的思考，有着初步的人生规划，确立人生目标。

三是高中阶段。帮助和引导学生形成科学、合理的性生理、性心理和性道德观念，掌握应对生命危机的知识和技能，增加生命的抗挫能力；养成独立的人格、自由的精神，树立远大的理想，超越生命的局限；学会用法律和其他合适的方法保护自己的合法权益，养成公民需要的社会公德，具有社会责任感、正义感；能够突破自我，具有民胞物与的胸怀以及宽广的人类情怀，谋求人与人、人与社会、人与自然的和谐统一。

我们将生命教育课程的内容细分为“安全与健康”“养成与交往”“价值与信仰”三大领域。遵循横向展开、有机衔接、循序渐进、全面系统的原则，将三大领域细化为 14 个学习模块，并且根据不同年龄阶段学生的特征和发展需要，设计了相应的课程主题。

一是“安全与健康”领域。主要包括居家安全、校园安全、社会安全、身体健康、心理健康、两性健康六个模块。居家安全方面，应让学生在了解居家安全常识外，重点掌握居家如何防电防火、防盗防抢，以及应对突发事件及确保上网安全。校园安全方面，应让学生在了解校园安全常识外，重点掌握在校如何确保游戏和运动安全，防止和应对校园暴力、疾病传染及其他意外。社会安全方面，应让学生在了解社会安全常识外，重点掌握交通安全、野外安全，学会应对自然灾害、暴力恐怖。身体健康方面，应让学生在了解身体器官、生长发育、疾病危害等基础上，重点掌握营养、运动、治疗等对健康的作用，以及如何使用药物、如何对待吸烟与饮酒等问题。心理健康方面，应让学生在了解情绪、性格、压力等基础上，重点掌握情绪管理、环境适应、压力疏解等方法。两性健康方面，应让学生在了解生命孕育、两性区别、青春发育等基础上，重点掌握正常异性交往、应对异性骚扰、防止两性行为等方法。

这个领域，在把安全教育作为前提的情况下，我们将重点关注新生命课程的理念与实施。

二是“养成与交往”领域。主要包括学习习惯、生活习惯、我与自然、我与社会四个模块。学习习惯方面，应让学生在尊重教师、认真学习基础上，学会自主阅读、独立思考、合作探究。生活习惯方面，应让学生养成卫生习惯、锻炼习惯、劳动习惯，并学会自我管理。我与自然方面，应让学生在了解生命现象、生命起源的基础上，认识生态平衡，保护自然环境，学会绿色生活。我与社会方面，应让学生在了解生命诞生、父母养育基础上，学会理解尊重，懂得孝敬父母，承担家庭责任；应让学生在了解集体生活、社区生活、公共生活基础上，掌握选择良师益友、应对同辈压力、提升社交能力的方法。

三是“价值与信仰”领域。主要包括生涯规划、价值追求、人生信仰、生死考量四个模块。生涯规划方面，应让学生在培养兴趣爱好、发展兴趣特长基础上，养成职业素质，提升职业能力，做好生涯规划；应让学生发挥自我的潜能和积极因素，弥补短处和不足，选择最有效的成长途径，各得其所地获得最大限度的个体发展。价值追求方面，应让学生在追求真善美的基础上，学会做出负责任的决定。人生信仰方面，应让学生拥有一个崇高的精神生活空间，为他勇敢地生活下去提供勇气，提供必需的精神支柱和行动指南。生死考量层面，应让学生在了解生命由来、生命成长、生命归宿基础上，了解死亡现象，懂得临终关怀，学会向死而生，并在理解生命的意义与价值基础上，成就人生。

2. 智识教育课程

智识教育课程类似于通常所说的文理课程，主要包括语文、数学、外语、科学（或物理、化学、生物）、历史与社会（或历史、地理）等，这是传统课程的主干部分。之所以不用文理课程或智力课程的概念，是因为“智识”更能够准确表达我们对于课程本质的思考。因为课程的根本目的不是传授知识，而是形成统领知识的智慧和运用知识的能力。但这个过程又是以“知识”为媒介的。我们说让知识拥有温度，就是指从知识走向智识、走向智慧。

智识教育课程的实施有其特殊的规律。“知性”的培养与“德性”（公民课程）、“灵性”（艺术课程）的培养，有着不同的特点。在许多学校里，曾经错误地用讲授和考试的方式来实施国家规定的绝大多数课程，这使得道德、情感，甚至艺术和体育，都变相为一种“智育”：传授某方面的知识，而不是以某种方式生活。但一个可以出试卷考试，然后评定得分的“公民课”或“思想品德课”，“艺术课”或“美术课”、“音乐课”，是有违教育的基本规律的。

我们把智识教育课程分为大科学教育课程和大人文教育课程两个领域。

（1）关于大科学课程[①]。

科学教育课程包括五个方面的内容：科学知识、科学观念、科学思维、科学方法、科学精神。科学知识指从科学视角形成的对自然现象的基本认识，是科学研究的结果，包括内容知识和方法知识。内容知识是科学对自然现象的描述、理解和预测。方法知识是指关于科学是如何描述、解释和预测自然现象的，包括科学事实、科学理论、科学技能等。科学观念指对科学研究的过程、科学研究的结果及科学的应用价值等的概括性理解和认识，包括科学的核心概念（core idea）和跨学科概念（crosscutting concept）等。如哈伦编著的《科学教育的原则和大概念》一书就提出了“宇宙中所有的物质都是由很小的微粒构成的”等 14 个大概念。科学思维指人借助于语言或符号对科学事物（包括科学对象、科学现象、科学过程、科学事实等）做出概括和间接的反应过程，是理性思维和非理性思维的整合，包括证据推理、模型建构、猜测想象、质疑创新等要素。科学方法指科学与工程实践过程中的行为和采用的手段，包括提出问题和明确需解决的问题、建立和使用模型、设计和实施调查研究、获得和收集证据、分析和解释数据、利用数学和计算思维、建构解释和设计解决方案、基于

① 朱永新．新科学教育论纲．北京：化学工业出版社，2019.

证据的论证、获取、评估和交流信息。科学精神是指科学的价值追求，包括理解科学本质，理解科学、技术、社会、环境四者之间的关系，理解人类活动对自然环境、生活条件和社会变迁的影响，具备保护环境、推动可持续发展的社会责任感。“科学知识”是科学研究的结果，是科学教育的载体；“科学观念”是科学的基本信念，对科学教育具有导向作用；“科学思维”和“科学方法”体现的是科学的智慧，是实现科学创新的手段和途径；科学精神是科学的价值追求，是科学教育的终极目标。

科学教育课程的目标主要表现在以下几个方面：

一是让科学知识有温度，奠定学生未来生活基础的同时，满足和保持他们天生的好奇心。科学教育的目的不是实现科学知识的复现，而是复活。这不仅因为科学知识总是在不断变化中，还因为纯粹的知识无血无肉、无根无源，既枯燥无味，又带有惰性，无法激发学生的学习兴趣和热情。德国哲学家胡塞尔指出：“科学的‘危机’表现为丧失其对生活的意义。因此，从文化的意义上看，走出科学危机乃至社会危机的出路是让科学回归生活世界。”① 教育中要使科学知识复活，赋予它温度，同样要通过科学知识与人的生活的对话实现。特别是在今天这个到处充满科技的世界，没有科学知识，一个人几乎很难生存，也无法有合适的工作机会。当科学知识与儿童现实生活相通、与社会生活相通、与人类命运相通时，很容易引发学生学习的好奇心，引导学生探索知识的奥秘，引起学生对知识学习的渴望。

二是让科学知识有力度，养成学生理性思维习惯的同时，体验探索世界的理智感。赫胥黎认为：“科学教育的最大特点，就是使心智直接与事实联系，并且以最完善的归纳方法训练心智；也就是说，从对自然界的直接观察而获知的一些个别事实中得出结论。”② 也就是说，科学知识的这种力量，使得科学教育成为对学生进行智能训练的重要方法，它可以让孩子们的思维能力、想象能力和创造能力得到发展，帮助他们形成理性思维的

① 胡塞尔．欧洲科学的危机与超越论的现象学．北京：商务印书馆，2001.
② 赫胥黎．科学与教育．北京：人民教育出版社，1990：48.

习惯，为他们今后终身学习奠定坚实的智力基础。

这种智能训练，也会带给学生探索世界的理智或者对智慧的享受。理查德·费曼在《科学的价值》中从科学家的角度阐明了这种感受：“科学的另一个价值是提供智慧与思辨的享受。这种享受在一些人可以从阅读、学习、思考中得到，而在另一些人则要从真正的深入研究中得到满足。这种智慧与思辨享受的重要性往往被人们忽视，特别是那些喋喋不休地教导我们科学家要承担社会责任的先生们。”很多青少年也因少年时探究科学的快乐经历把科学作为终生的事业。

三是让科学智慧有深度，提高学生发现美好事物能力的同时，发展学生的创造力。科学教育对于发展学生的创造力具有特殊的价值。这是因为科学的慧眼能使人把世界看得更清楚、更明白，发现更多美好的事物，包括自然的美丽和奥秘。科学发现和发明的创造力、科学对真善美的追求，本身也是激发学生创造力的重要原动力。

科学对物质世界的改造和创造是科学的立身之本。在过去的几百年里，科学的实践活动不仅改造着自然的物质世界，还创造出自然世界不存在的物质，使得今天的世界完全不同于过去的蛮荒之地。而科学的这种创造力，决定了它是人们解决环境、能源、材料、生命等复杂问题的首选方法。

科学教育对于生命创造还在于它对人自身的创造也有重要价值。赫胥黎在把科学引进教育时，就认识到科学教育不应仅满足于日常生活的实用需要，还可以影响人的精神生活。杜威也认为“倾向于信仰”“轻信”是人性固有的弱点，要克服人性的这些弱点必须依靠科学教育。科学是防止这些“自然倾向”以及由此而产生的恶果的工具。

四是让科学信念有高度，提高学生对于科学与人类文明、科学与可持续发展关系的认识，形成社会责任感。科学教育应该不断加深学生对于科学与人类文明、科学与可持续发展关系的认识，树立起现代公民对于社会和谐、生态环境、人类和平的高度责任感。

未来，科学教育的课程究竟应该教什么？这无疑是科学教育改革的首要问题。现在，科学教育内容庞杂、学科分割、知识堆砌的情况比较严重。爱因斯坦说：“科学的目的，一方面是尽可能完整地理解所有感性经验之间的关系，另一方面是通过对少数的基本概念和基本关系的使用来达到理解的目的。”① 英国科学教育专家温·哈伦也指出：“科学教育的目标不是去获得一堆由事实和理论堆砌的知识，而应是实现一个趋向于核心概念的进展过程，这样做有助于学生理解与他们生活相关的事件和现象。”② 也就是说，科学教育应该以少数的基本概念及其基本关系来展开。由于课堂教学时间和空间的有限，也由于科学知识本身的迅猛发展，精心选择最有价值的科学概念，发挥其在学生发展中的最大作用，应该是学校科学教育改革的关键。

科学概念作为组织起来的科学知识，是一个相对联系的概念体系，其中有一些概念要比另一些概念能够解释更多的自然现象，甚至跨领域的自然现象。在人类的历史上，这些科学概念的建立也给科学的发展和人类社会的进步带来更大的影响。我们将这些概念称为核心概念。这些概念是纲，纲举才能目张。

如何选择科学的大概念？美国《下一代科学标准》（NGSS）制定者提出了核心概念的四条遴选标准，符合下列两条及以上标准的概念才可以定为核心概念：1）对科学或工程学的多学科领域都有重要的价值，或者是单一学科重要的组织性概念；2）可作为理解和探究更复杂的概念及解决问题的重要工具；3）与学生的兴趣和生活经验相关，或者联系到需要科学或工程学知识的社会性或个人关注的问题；4）能在不同的年级进行教与学，并呈现出深度和复杂性上的水平提升③。

哈伦和来自世界各国的科学家也提出了选择科学大概念的七条标准：1）普遍能运用；2）能通过不同的内容来展开，可以依据关联度、兴趣和意愿来选择内容；3）可以运用于新的情况；4）能够用于解释众多的物体、事件和现象，而它们也是学生在学校学习和毕业以后的生活中会遇到的；5）能够提供一个帮助理解遇到的问题并做出决策的基础，这些决策会事

---

① 爱因斯坦．爱因斯坦文集：第1卷．北京：商务印书馆，1976：344.

② 哈伦．科学教育的原则和大概念．北京：科学普及出版社，2011：2.

③ NGSS Lead States. Next Generation Science Standards，Volume 2：Appendixes. Washington，D. C.：The National Academies Press，2014.

关学生自己和他人的健康与幸福，以及环境、能源的使用；6）当人们提出有关自身和自然环境的问题时，他们为能够回答或能够寻求到答案而感到愉快和满意；7）具有文化上的意义。

根据这些标准，哈伦等提出了14个科学大概念，其中关于科学知识的大概念10个，关于科学本身的大概念4个。它们分别是：

1）宇宙中所有的物质都是由很细小的微粒构成的。

2）物体可以对一定距离外的其他物体产生作用。

3）改变一个物体的运动状态需要有净力作用于其上。

4）当事物发生变化或被改变时，会发生能量的转化，但是在宇宙中能量的总量总是不变的。

5）地球的构造和它的大气圈以及在其中发生的过程，影响着地球表面的状况和气候。

6）宇宙中存在着数量极大的星系，太阳系只是其中一个星系——银河系中很小的一部分。

7）生物体是由细胞组成的。

8）生物需要能量和营养物质，为此它们经常需要依赖其他生物或与其他生物竞争。

9）生物体的遗传信息会一代一代地传递下去。

10）生物的多样性、存活和灭绝都是进化的结果。

11）科学认为每一种现象都具有一个或多个原因。

12）科学上给出的解释、理论和模型都是在特定的时期内与事实最为吻合的。

13）科学发现的知识可以用于开发技术和产品，为人类服务。

14）科学的应用经常会对伦理、社会、经济和政治产生影响。

不论是美国的《下一代科学标准》确定的科学核心概念，还是哈伦等提出的14个科学大概念，都有一定程度的跨学科性。所以，我们认为义务教育阶段为所有人开设的科学教育课程，不必刻意分成不同学科，而完全可以通过有意义的主题，组织科学核心概念，以综合化的项目式学习、开展科学探究实践，这应该是未来科学教育发展的趋势。对大部分人来说，掌握科学的核心概念与基本知识，了解科学研究的基本方法，形成基本的科学思维和科学精神，对科学探索保持兴趣和尊敬，是最重要的。未来基础教育阶段的分科学习主要在高中，主要是为未来向科学方面发展的人准备的，所以未来物理、化学、生物、地球和宇宙等等可能会以选修课程的形式出现。

2017年教育部印发的《义务教育小学科学课程标准》正是遵循了科学大概念的原则，从物质科学、生命科学、地球和宇宙科学、技术与工程四个领域选择了适合小学生学习的18个主要概念。除了关于科学自身的概念外，与上述哈伦等的大概念基本吻合。新教育认同以科学大概念来组织科学教育的理念。问题在于我们选择哪些科学大概念？是从科学自身的内在逻辑、从人的发展需要的逻辑，还是把两者结合起来的逻辑？未来我们准备把中小学的科学课程体系用科学大概念的原则贯通起来，从科学大概念的角度组织科学内容，在内容选择上应该从关涉个人幸福、国家利益和社会发展的最重要的应用科学领域入手，包括：生命与健康、农业与制造、建筑与交通、通信、能源与资源、地球与环境、灾害和防灾、科学技术前沿（航空航天、人工智能、纳米材料、基因改造等）。因为在这些领域，科学素养对个人和社群提高、维持生活质量以及制定公共政策具有特殊价值。

在围绕核心概念编排科学教育的内容时，我们应重点把握以下几点①：

一是关注概念的层次性，即在不同教育阶段注意核心概念的进阶过程，不断加深对核心概念的理解。如物质及其相互作用就包括物质的结构与性质、化学反应、核反应，能量包括能量的定义、能量和能量转化守恒、能量与力的关系、化学过程和日常生活中的能量。这些内容应该有一个螺旋式上升的过程。

二是关注概念的一致性，即学生对科学概念的理解要与科学家的理解相一致，这样学生才能变成自主的学习者，使他们能够批判性地审视科学

① 哈伦．以大概念理念进行科学教育．北京：科学普及出版社，2016：51－59.

证据，并且致力于发展出对科学现象的一致性观念。学生对事物和现象的理解是有前概念的，有些经验概念与科学概念是相异的，进行概念的转变是科学教学的难点，也是提升科学教学质量的关键。

三是关注概念的关联性。核心概念往往具有跨学科性，帮助学生借助于核心概念的“生产机制”，意识到概念之间的联系，能够将概念的联系运用到身边的情境之中①，是科学教学的重点。

（2）关于大人文课程。

在刚刚过去的20世纪，科学探索一日千里、日新月异，带给人们无尽的新奇与便利，也带来无穷的苦恼与叹息。人们遗憾地发现，随着科学技术的发展，尽管人类生活水平不断得到改善，但是人们的幸福并没有随之水涨船高，反而出现了各种迷失。最为极端的例子，是两次世界大战以无穷的痛苦彰显出了地球这个家园的凋敝。

在这样的困惑中，人们再一次回望来路重新探寻，才发现在我们乘着科学的翅膀急匆匆赶路的时候，似乎丢掉了我们的灵魂。

如何以人文之火重新温暖我们的精神家园？如何以人文和科学结合重新让我们坍塌一角的家园变得完整？如何通过人文的重建，让我们在科学创造的物质财富之中感受到精神的富足？这就是未来人文教育需要面对的问题。

人文的重点其实就是人与文，即关心人，关心人性的涵养、人的理性的培育与人的价值的追求；关心文，关心文化的传承与文明的发展。与人文的两个含义相对应，人文教育也包括两个方面的主要内容：传授人文知识、培养人文精神。

在我国基础教育领域内，很少使用“人文教育”的说法。中学常用的说法是理科与文科，“文科”似乎有些接近，主要包括政治、历史、地理，有时也包括语文和英语。2016年，教育部印发的《中国学生发展核心素养》中，提出人文底蕴、科学精神、学会学习、健康生活、责任担当、实践创新等六大素养，并将其作为我国新一轮课程改革的重要依据。六大素

---

① 林，艾伦，等．学科学和教科学：利用技术促进知识整合．上海：华东师范大学出版社，2016：8.

养中，文化基础方面的素养是人文底蕴和科学精神。这是人文教育第一次作为学生发展目标正式发布出来。该报告对人文素养的界定是：个体在学习、理解、运用人文领域知识和技能等方面所形成的基本能力、情感态度和价值取向。具体包括人文积淀、人文情怀和审美情趣等基本要点。这里所说的人文教育，仍然是包括了人文知识与人文精神两个大的方面。

与生命教育、科学教育、公民教育、艺术教育课程一样，人文教育通过增进个人幸福、社会和谐、国家富强和人类福祉来进行。

阅读、对话、写作和践行，是人文教育的主要方法和途径。人的生理性生命依靠水、空气和食物，那么，人的精神生命呢？自然需要阅读、交往和反思来滋养。人类之所以伟大，现在看来，不是因为他能够征服世界、主宰世界，而是因为他拥有文化、拥有精神。

施特劳斯（Leo Strauss）在《什么是人文教育》一文中说，“人文教育就是仔细阅读伟大心灵留下的伟大著作”。在美国，人文教育课程已经成为大学学制设置的基本组成部分，而人文教育的目标在于，通过阅读经典与写作训练，使学生形成独立思考、判断，并能就公共事务进行理性论辩的能力，这样一种以注重公共对话与理性思考为特点的教育模式是培养公民意识的主要方式，也成为美国公民教育的重要组成部分。

徐贲先生在讲述自己从事人文教育的体会时提出：“人文教育的智识学习目标之一便是识别知识与智慧，并通过这种识别，尽量对愚蠢保持警惕，尤其是在碰到知识或权威人士的愚蠢时，不容易上当受骗。智慧往往来自阅历和经验，有智慧的往往是年长者。人文教育所阅读的思想家可以说就是人类家庭中的年长者。年青的学子通过阅读他们的传世之作来亲近智慧，并远离愚蠢。远离愚蠢对年轻人尤其不易，因为无论在思想和行动上，青年时期都是人生中愚蠢的高发期。”① 所以，阅读，尤其是经典阅读，是新人文教育的最基础的方法，营造书香校园，是新人文教育的最基础的行动。

对话，是新人文教育的第二个重要方法。严格来说，阅读也是一种对

---

① 徐贲．阅读经典：美国大学的人文教育．北京：北京大学出版社，2015.

话，是我们与历史上的伟大人物之间的对话，但是另一种对话是发生在人文教育课堂上的同学们之间和师生之间的对话。在新人文教育中，两者缺一不可。“与前人的对话可以建立在千百年历史进程的人类整体性上，但只限于此是远远不够的。人需要与现实生活中的国民同伴进行关于意义、价值问题的交流。经典阅读不只是读古书，而且更是把阅读与人们共同关心的当下问题思考联系起来。”这样的对话不仅关乎说话技能的训练，而且关乎人类的文明和价值规范。西方许多教育学者把对话看成是“人克服孤独存在和原子化状态的必要条件”①。人独自无援地生活在社会人群中，不能与他人进行关于人生意义和价值的交流，这是一种极其可悲的异化。

写作，是新人文教育第三个非常重要的方法。新教育一开始就非常重视写作，把师生共写随笔和教师的专业写作（反思）作为新教育的重要行动。从新人文教育的角度来说：“学习写作，从根本上说是学习以理性文明的、有教养的方式与他人交流，也就是民主生活方式和公民社会所必不可少的公共说理。人文教育的主要目标就是为这样的生活方式和社会秩序培养有效的成员。”

当然，新人文教育的第四个重要的方法是践行。以“纸上得来终觉浅，绝知此事要躬行”的自觉，开展社会实践、生活实践的各种行动。范梅南指出，对教育者来说，人文科学研究的目的是培养一种批判的教育能力：知道在教育情境中，在仔细的启发性思考的基础上如何采取机敏的行动。“积极的实际行动”是 20 世纪末至 21 世纪全球教育变革的主导方式。新教育实验不只是鼓励师生敢于拥有理想，更重要的是倡导立刻行动。实验本身就是从六大行动开始，现今已经发展为十大行动的。因此，也可以将新教育实验看成是教育行动哲学的实践。

未来学习中心，人文教育是面向所有学生的人文教育。它具有如下特征：

首先，是融语文、哲学、历史、地理等学科为一体的大人文教育课程。

没有课程的实验，教育是无法深入扎根的。作为新人文教育，也同样要从课程研发做起。现在人文教育的问题之一，就是知识体系是割裂的，

① 徐贲．阅读经典：美国大学的人文教育．北京：北京大学出版社，2015.

不同教育阶段的学习是非连续性的，如小学阶段对于历史和地理知识的缺乏、整个基础教育阶段对于哲学思维的训练的缺乏等等。尤其是文理分科以后，对于大量理科学生的人文教育的忽视，都需要我们通过重新构建新的人文教育课程体系与结构来加以改进和完善。一个基本的设想，就是研发一个融语文、哲学、历史、地理等学科为一体的大人文教育课程。这个课程将从小学到大学一以贯之，面向所有学段的所有学生，按照人文教育的基本概念与原理（是类似科学大概念的人文大概念）来组织文本，是以经典阅读为主要内容的新人文教育课程。

我们在这样的背景下，提出属于新教育实验的人文教育大概念。以下这一组人文学科大概念，是广义上的新人文教育，纳入了我们原本放入其他课程的部分内容，比如艺术等等。我们相信这些核心概念的思考，将有助于人们应对人类未来遭遇的挑战。

1）面向人类未来，传承人类文明。

2）以学生为中心，与学生经验相联系。

3）当代学习理论支持。

4）概念本身的整合性。

根据上述概念，我们初步整理了构成人文学科大概念及其阐释概念的结构。这些概念既考虑了人文学科的基础性共通性特点，又兼顾了语文、哲学、历史、地理等学科特点，还涉及了学科研究与教学的方式。

1）时空与联系。所有人类都共同生活在一定的时间与空间中，彼此之间存在着联系。

2）价值与幸福。任何人的存在都有价值，追寻幸福是人类共同的最高目标。

3）个体与群体。每个人都是独一无二的个体，有着独特个性。同时，又通过家庭、社会团体、民族、国家、国际组织等不同方式组成群体，有着不同的集体意识。

4）文化与文明。不同的人群在不同的时代产生了不同的文化，积淀为不同的文明。不同文化与文明之间因为碰撞、冲突，交流、交融，互鉴、互学而发展、生长。

5）文艺与审美。文学、美术、音乐等一切文学艺术作品，都是精神的产儿、伟大的经典，这些人类的精神生命将超越时空而存在。

6）历史与变迁。社会变迁是人类发展的必然，每一个人都是历史的一部分。

7）哲学与审辨。世界是一个紧密相连的整体。只有在审辨中才能发现世界的规律，寻找到自己在世界中的位置。

8）地理与环境。不同的地理孕育出不同的文明，深刻又无形地影响着人们的思维，反过来催生出不同的生态环境。

9）思维与表达。内在的思维通过语言、文字等不同形式表达，产生交流、促进理解，成为人与人之间沟通的桥梁。

10）知识与践行。所有知识只有通过运用才能产生价值，对人文知识的践行，不仅可以产生新的知识，更可以对世界产生影响，让生活更幸福。

11）传承与创造。人文领域的创造与其他领域的创造相结合，能让创造更适合人类需求，创造式的发展是最好的传承。

12）体验与探究。人文学科的学习需要感性的体验和理性的分析。任何体验和探究都有伦理的边界，都应当以尊重他人的生命、权利与尊严为前提。①

其次，是晨诵、午读、暮省的教育生活方式。

新教育实验以过一种幸福完整的教育生活为宗旨，提倡过一种浪漫与理性兼具的生活。

在新教育生活中，晨诵是浪漫的开启，唤醒人们诗意栖居的敏锐感受。午读的核心是共读。通过阅读同一本书，通过读后进行的交流，在碰撞沟通中形成共同的价值观。暮省的核心是写作。通常以“师生共写随笔”这一行动所提倡的方式方法，对一天进行反思与总结。

晨诵、午读、暮省三者是新人文教育的根本实施路径，是把阅读、对

① 朱永新．人文之火温暖幸福家园．教育，2019（2）.

话、写作和践行完美融合的新教育生活方式。三者结合度过的每一天，就是充满了新人文教育内涵的日子。

最后，是以合作探究为形式的人文主题学习。

合作探究型学习，顾名思义，是一种以小组合作的方式研究问题、解决问题的学习方法。这是一种学生学习方式的革命性改变。因为传统的学生学习，主要是一种接受型学习，是一种竞争式的个体学习，而合作探究型学习则是学生们通过互相合作的方法选择学习课题，有效地针对问题开展探究活动，并通过假设、推理、分析找出解决问题的方法，然后通过观察、实验来收集事实，对获得的资料进行归纳、比较，形成对问题的解释，再在探究中发现新的问题，对问题进行更深入的研究。

与自然科学的项目式学习类似，新人文教育的合作探究学习一般用人文主题学习的方式来进行，通过主题阅读、对话讨论、写作反思、实践行动等方法来发现问题与解决问题。这样的学习是充满挑战的，因为它需要兼具人性的温度和精神的高度，需要在思辨之中探索多元答案。人文教育注重的是价值而不是事实，所以无法用简单的标准答案判断学习的成效。

3. 道德教育课程

如果说，生命课程主要是为了使主体朝向身心健康与人生幸福，智识课程主要是为了使主体获取真知和增长智慧，艺术课程主要是为了使主体具有艺术情操和审美能力，那么德育课程则旨在培养主体成为“外德于人，内德于己”并兼具“善”的素养与能力的社会合格公民。在“过一种幸福完整的教育生活”目标的导向下，新教育实验力图通过“大德育”课程，为师生的教育生活注入“善”的源泉，使“幸福”更有厚度，使“完整”更加充实。

中华民族历来有重视德治的优良传统，中国传统文化中有着丰富的“善”文化的积淀。通过“善”的教育使人成其为人，是教育亘古不变的课题。

关于道德教育的价值，从古至今从不缺乏论述。诸多言说中，《老子》从道德教育对人自身、对家庭、对公共交往、对国家建设和天下太平的价值做论述，提出“修之于身，其德乃真；修之于家，其德乃馀；修之于乡，其德乃长；修之于邦，其德乃丰；修之于天下，其德乃普”，这是我国古代关于道德教育价值最全面又最凝练的表达。

新德育——在2019年新教育国际高峰论坛上，冯建军教授发表演讲

在新时代，道德教育依然是教育的重中之重。党的十八大将“立德树人”确立为新时期教育的根本任务，党的十九大将“落实立德树人根本任务”写进报告。在《中国教育现代化2035》提出的八大基本理念中，第一位即是“更加注重以德为先”，足见党和国家对新时期道德教育的重视。

当前背景下，道德教育面临的主要问题是：强有力的教育政策支持与相对薄弱的道德教育实施之间的矛盾。具体而言，表现为两个方面：一是教育者对德育课程的概念认知较为模糊，二是德育课程的实施过程缺乏科学指导。前者表现为德育概念的庞杂且无序，使教育者与受教育者无所适从、不得要领；后者表现为德育课程在实施过程中时常被异化为知识教育，严重脱离教育者与受教育者的现实生活。

基于上述历史分析与政策解读，新教育实验在其前期提出的“大科学”“大人文”概念的基础上，提出了“大德育”的课程概念。“大德育”

课程涵盖了如下几层含义：

第一，“大德育”课程是以“立德树人”为导向，以“崇德向善，学以成人”为目标，以九年义务教育国家课程“道德与法治”为基础，以综合实践活动课程、校本课程、特色课程等活动课程为载体，从私德（个体、家庭层面）、公德（学校、社区、社会层面）和大德（国家、世界层面）三个维度，联合家庭、社区、学校和NGO等多方力量，根据青少年学生的身心发展特点所开展的系统的、完整的、生活化的人格养成与品德培养活动。

第二，“大德育”概念与泛道德主义的区别在于：从外延看，“大德育”的范畴基于“道德教育”，但高于“道德教育”。除了狭义的“道德品质教育”外，它还涵盖生命伦理教育（尊重生命、敬畏生命、热爱生命等）、交往伦理教育（个体交往、家庭交往、社会交往等）和公共伦理教育（公共意识、公共素养、公共责任等），教育内容是“道德教育”基础上的合理延伸。而泛道德主义将德育的外延无限扩大，将主体眼里的他者行为统统归入道德评判的范围中来，造成德育内容的泛化——如果德育是一切，那么它就什么也不是。从教育主体和教育对象看，“大德育”概念下的教师、学生和家长，既是教育主体，又是教育对象。换言之，教师和家长并不必然是教育者，有时也可能成为受教育者，因为“人非圣贤，孰能无过”。教师和家长也会在学校教育和家庭教育中犯错误，比如急功近利的思想在不少教师和家长身上常常出现，这种思想难免会产生自私自利、不当竞争、唯我独尊等与德育相悖的行为。在此情况下，教师和家长可通过教学或家庭教育，反省自身的不足，提高道德修养水平。也可以经由孩子指出不足后，“闻过则改”，进而获得道德修养水平的提升。此时，学生便是“教育者”。如果教师和家长不是绝对的“道德权威”，就能够督促他们发挥“言传身教”的示范作用，也能够防止泛道德主义下，人人随意评判他人却将自己置身于道德评判体系之外的现象出现。

第三，“大德育”课程根植于中国传统文化之中，并以社会主义核心价值观为德育课程做注解。“大德育”课程的理论渊源主要有三种：一是有选择地继承中国传统文化中的德育思想精髓。一方面，选择合乎生命伦理的孝道，合乎民族和国家大义的忠诚，兼顾正义与公平、善良等；另一方面，抛弃传统文化中的糟粕，如古代二十四孝中的“埋儿奉母”，就违反了基本的生命伦理，不但不是“善”，而且是“善”的对立面。二是有选择地继承国际公民教育理论中的优秀成分，如审辨式思维、理性协商、全球意识、契约精神、民主法治等全球人类共同认可的公民品质。这些公民教育思想中的精华，代表了人类在公共交往中的公共善，也是“大德育”概念的组成部分。三是紧密结合社会主义中国的时代精神，将自由、平等、民主、忠诚、尊重、友善、责任、博爱等时代精神融入德育课程之中，注重培养公民的私德、公德与大德。

新教育实验的“大德育”是一个集合概念，而不是仅指某门学科课程。具体而言，新教育实验的“大德育”课程框架结构如下：

就价值导向而言，德育课程在培养“德、智、体、美、劳全面发展的人”的教育总目标之下，以“崇德向善，学以成人”为价值追求。“崇德向善”是一种价值观，代表德育课程的价值取向，其内容既包括忠诚、爱国、博爱、为民、公平、正义等大德，也包括孝顺、良善、淳厚、自尊、自主、自爱等私德（个体善），还包括合作、包容、协商、守法、理性、诚信、友善等公德（公共善）。“学以成人”是一种目标导向，代表德育课程努力的方向。“大德育”课程旨在使青少年学生成长为生命丰盈而完整的“外德于人，内德于己”的社会合格公民。

就课程目标而言，德育的目的在于育德。“大德育”课程的总目标是通过价值引导和行为指引，培养青少年学生从善的素养与为善的能力。从善的素养，是指个体能够具有善意识，拥有善知识，体悟善行为，崇尚善风气等；为善的能力，是指具备为善的思维能力、判断能力、选择能力和执行能力等。德育课程的分级目标，按照由低年级到高年级的循序渐进顺序依次制定。在低年级，以初步建立儿童的道德意识、学习道德知识和体悟道德行为为目标，行为方式以他律为主。在中年级，以引导儿童进一步习得道德知识，并培养其道德思维能力和道德判断能力为目标，行为方式由他律过渡到自律。在高年级，以培养青少年学生具有自觉的道德意识、道德思维能力、道德判断能力和自发的道德行为能力为目标，行为方式由自律进一步发展到自觉。

就课程内容而言，根据课程论的一般原理，课程可以依据表现形式的不同，区分为显性课程与隐性课程。在新教育的“大德育”课程框架下，显性德育课程包括“道德与法治”课程、“综合实践活动”课程、德育主题的校本课程、社团课程或其他活动课程；隐性德育课程包括校园文化建设、班级文化建设以及学科课程中的德育渗透等以精神文化建设为特质的育人课程。在显性课程里，“道德与法治”在横向内容上涵盖了道德、心理、法律和国情等内容，在纵向内容上涵盖了个人、家庭、学校、社会、国家及世界范畴内的德育内容。后者在内容上既包括现有德育课程中的道德、心理、法律、国情等内容，也包括伦理学和社会学中的德育内容，如博爱精神、契约精神、理性精神等关乎个体道德核心的内容。

就课程实施而言，德育课程与过往课程的显著区别在于：不再将道德教育止步于道德说教和理论宣讲，而是将道德能力的培养作为德育课程的核心。广义的道德能力包括私人生活领域中的道德自律能力、自主能力、自我反思能力等，以及公共生活领域中的公共交往能力、是非判断能力、理性决策能力、法治思维能力、合作协商能力、妥协包容能力和问题解决能力等。这些道德能力的培养，既要立足于课堂教学，又要放眼教室外面的世界。德育课程的实施过程，可以参考“课程设计—内容探讨—方法探究—结果展示—课程评价”的顺序进行；德育课程的实施载体，可以融合学科课程，通过学科课程获得道德认知，建立道德意识，也可以通过项目式学习、综合实践活动课程、校本课程、乡土课程、社团课程及其他实践性主题课程，培养学生的道德思维能力、判断能力和行为能力。比如面向中小学生的领导力课程，青少年学生可以通过发现问题、思考问题、解决问题的课程训练，建立对自我、对他人、对公共生活的道德认知和道德行为能力。又如财经课程，可通过生活消费规划、压岁钱使用和经济生活的认知与判断，建立青少年学生对金钱的正确认识，并在其中建立道德的经济价值观。当前，新教育实验学校中的特色班会课程、儿童戏剧课程、电影赏析课程、科学探究课程、暮省课程等，都是实施德育的载体。今后可在此基础上，进一步开发和拓展具有地域特色、校本特色和班级特色的德育项目实践活动。如通过“模拟联合国”“模拟政协”“模拟法庭”等公共事务研讨活动，培养学生的全球意识和世界共同体意识；通过环境资源保护、公共设施改善、关爱弱势群体等志愿者服务活动，培养学生关心社会、参与社会的道德能力；通过班级选举、班级辩论、班级事务协商、班级同侪互助等班级交往活动和管理活动，培养学生的民主意识和道德领导能力。

就课程评价而言，德育课程的评价方式可以是表现性评价、过程性评价和发展性评价等评价方式的结合。表现性评价要求在课程评价时，关注学生的表达能力、演示能力、动手能力和处理能力等，通过真实或模拟的表现、展示，评估学生的审辨思维能力、道德判断能力和问题解决能力。以财经课程为例，学生是否具有正确的金钱观，是否能够合理规划金钱消费，对自己、家庭和社区的经济生活是否有合乎道德的科学认识，都应当纳入评价体系之中。过程性评价要求在课程评价时，关注教学过程中学生的参与态度、参与能力、合作能力、协商能力与理性交往能力等，在真实情境中评估学生的道德意识、道德素养和道德能力。以模拟课程为例，学生能否在提出议案、协商议案和解决问题的过程中，自信而得体地表达自己的观点，尊重并友善地与他人协商合作，提出公正而有效地解决问题的方案，都可作为评价的标准。发展性评价要求在课程评价时，以促进学生的发展、发掘学生的潜能、激发学生的个性为评价原则，而不仅仅是甄别和选拔。以领导力课程为例，在项目式学习中，是否能够达成解决现实问题的目标不是评价学生的主要依据，学生在其中所表现出的对自然、对人类、对社会的关怀和责任心，道德思维能力、道德判断能力和道德行动能力，才是评价的主要依据。课程评价的基本使命是，通过多种评价方式的结合，对青少年学生的道德学习现状、道德发展潜能、道德发展诉求和道德发展能力进行评价，并以此作为改善德育教学工作的依据。

2019 年新教育研究院主办的新少年国际艺术教育节

4. 艺术教育课程

艺术教育课程在未来学习中心的课程体系中具有十分重要的位置。我们认为，对个体而言，艺术教育是生命早期发展的主要动力，是全面提升个体素质与能力的重要路径。对学校而言，艺术教育是碎裂学科的黏合剂，是倦怠时刻的兴奋剂。对家庭而言，艺术教育是日常生活的诗意化，是道德教育的愉悦化。对社会而言，艺术教育能够弥合被不同标准切割的人群，提高全社会的内聚力和创新力。对民族而言，艺术教育是传承民族精神的瑰宝，是积淀民族文化的法宝。对人类而言，艺术教育能够帮助我们形成看待世界的第三只眼，教给我们开启世界的另外一把钥匙。

艺术教育课程是让学生在学习艺术的知识、欣赏优秀的作品、习得艺术的技能的基础上，掌握艺术的思维，拥有艺术的品位，具有艺术的精神，传承人类的文化，陶冶丰富的情感，培养完善的人格。

艺术教育课程不是为了培养职业艺术家，不是艺术尖子和精英的选拔与培育，而是源于儿童天性的自由发挥，注重艺术欣赏力和艺术情怀的培育，是源于艺术（每个儿童的自然天性）、通过艺术（无处不在的中介作用)、为了艺术（艺术化的人生目的与境界）的教育，其宗旨是体验一种幸福完整的生活，成就一种幸福完整的人生。

在未来的新艺术教育的开展过程中，我们必须遵循几条重要原则。

一是人人参与，舒展个性。艺术是人的基本需要，也是生命的无限可能。人人生而有艺术的欲求。正如我国著名艺术教育家丰子恺所描述的："有生即有情，有情即有艺术。故艺术非专科，乃人所本能；艺术无专家，人人皆生知也。"①

对于教师而言，人人都是新艺术教师。艺术行为与活动是每个人的天赋权利，艺术属于每个人，艺术造就一切人——包括学生，也包括教师。我们认为：只要有教室、师生，以及一颗艺术的心，就可以做出好的艺术教育。一门艺术课程的背后，必定站着一个艺术的人；一个艺术的人就意味着无限精彩的艺术教育与教育艺术。人人都是新艺术教师之所以可能，第一是因为我们把"教育的艺术"纳入广义的艺术教育的范畴，我们认为艺术性应该渗透教育的每一个环节，尤其是所有课程的起点与终点处；第二是因为新教育的艺术课程设置有其独特性，保证了其他学科老师在艺术课程之中发挥的空间与可能。

对于孩子来说，人人都是艺术家，因为新艺术教育使孩子接收艺术技能滋养后舒展生命，是借由艺术思维训练的精神体操。

在这里，我们无法回避"天赋"这一关键词。我们的确认为存在着艺术天赋。有些孩子的艺术天赋强一些，有些孩子的艺术天赋弱一些；即使是有相同艺术天赋的孩子，有些在色彩和空间的运用上强一些，有些则在韵律和节奏感的掌控方面强一些。但一个孩子缺乏艺术天赋、艺术能力，并不能等同于这个孩子从艺术教育中无法受益，可能恰恰因为他们能力欠缺、起点甚低，受益更为巨大。新教育实验的重要理念之一"无限相信师生的潜力"，也是我们运用在新艺术教育之中的法则。美国分析哲学家伊斯雷尔·谢弗勒在《人类的潜能》一书中，就从哲学、生理学、心理学的

---

① 丰子恺．艺术漫谈·序//汝信，张道一．美学与艺术学研究．南京：江苏美术出版社，1996：31.

多重角度，对人类潜能的概念进行了解析，其中对“潜能稳定不变”进行了批判。谢弗勒的研究指出，人的潜能是多变的，在今天显示出的潜力，明天可能弱化，今天没显示的潜能，明天可能会显示。从这个角度而言，新艺术教育最重要的是保全孩子更多的可能性，就像在一片土地上耐心撒下尽可能多的种子，期待有更多的可能性会在岁月深处绽放出成熟芬芳的花朵。

所以，新艺术教育强调的面向人人，是全员性与差异性的辩证统一。这种差异表现在：教师因其自身的喜好与能力，对同一艺术课程的理解、传授都是不同的；孩子因为各自的多种原因，对艺术教育的需求是多样的，理解感受的程度是多重的。正是二者各自的差异，以及二者之间形成的差异，造就了新艺术教育生活的多彩。我们主张从尊重每一个生命出发，因人而异、因材施教，让师生既能享受艺术精神这一共同阳光的普照，又能感受不同门类的艺术这一雨露的滋养，各尽其职、各显其能，直至生命花开。

人人享受艺术，让艺术生活成为最日常的生活方式、生命形态，和给予有天赋的儿童特别的教育，二者形成高度统一。没有人因为舞蹈天才的存在而不再享受跳舞，没有人因为演奏天才的存在而不再享受弹奏乐器，人人自得其乐。当有天赋的孩子先“艺术”起来，总能够让整间教室所有孩子受益——因为他们往往是真正的小老师、辅导员、示范者。人人享受艺术，人人活出艺术，才是新教育的追求。

二是立足生活，吻合节律。生活与生命是新艺术教育的两个重要主题。正如我们在探讨理想课堂时所说过的那样，新艺术教育也应该实现艺术、生活与生命的深刻共鸣。

生活是艺术的源泉。本质上看，艺术反映的是生活。“艺术是生活整体的一部分。”① 没有现实生活作为基础的艺术教育，是没有生命力的，也是没有根基的，更是走不远的。

立足生活，是指必须强调艺术的多样性和区域性。每个地方、每个区

① 里德．通过艺术的教育：第2版．长沙：湖南美术出版社，2002：237.

域，都有自己独特的艺术文化样式。这些独特的艺术样式是构成新艺术教育的重要组成部分。要实现新艺术教育的生根、发芽、开花和结果，就必然要借助并依靠地方的文化艺术形式，作为对其有益的补充和延伸。因为地方民间艺术扎根于当地，与孩子们的生活紧密相关，为孩子们所喜闻乐见。如海门实验区的“海门山歌”课程。它依托海门地方文化，把地方文化元素注入校本艺术课程，并与学生的日常生活紧密相关，因而会潜移默化地产生一种艺术情感，进而转变为学生内心的接受和欣赏。如此，既弥补了艺术教材内容不足的缺陷，又满足了孩子们对多种艺术形式的实际需要，其实也是新艺术教育生命力与实用性的表现。

立足生活，同时是指必须让校园成为汇聚美好事物的中心。无论是新教育的学校还是家庭，都应该营造健康、高雅的文化艺术氛围，让我们生活的环境成为美好事物的集聚地。这些美好的事物，可以是我们精心选购、布置的艺术品，也可以是孩子们亲手创作、摆放的作品。这些美好的艺术陈设，进一步塑造了我们富有艺术品位的生活：是课堂上对知识融会贯通的酣畅感受，是舞台上尽情舒展的精彩表演，是郊游时饱含激情的指点江山……就这样，不仅生活成为艺术教育的重要源泉，艺术教育也极大提升了生活的品质，两者相得益彰。

与此同时，新艺术教育必须吻合生命的节律。时光的流转就一天而言以昼夜为节奏，就一年而言以四季为节奏。精神的成长也是如此，也有着类似昼夜与四季一样的内在规律。对于儿童尤其如此。儿童是艺术的缪斯，儿童和艺术，从来密不可分。所以，了解儿童应该成为艺术教育的基础。艺术教育需要认真地对待每一位儿童，真正激发他们内心对美的渴望与感知，让艺术教育扎根于儿童心灵深处，从而获得持久的生命力。

无论是从内容还是从形式上，新艺术教育应该从儿童生命的需求出发，去审视、取舍和开展。一方面，应该吻合儿童每天学习生活的节奏。根据脑科学等相关研究，应合理安排艺术和非艺术教育的时间，让儿童的学习过程既充沛饱满，又张弛有度。另一方面，我们要了解儿童在不同年龄阶段，对艺术内容和艺术形式的不同需求，应对艺术潜能进行适宜与适度的开发，使艺术教育的开展与生命的成长相匹配，逐步实现两者的同步对应和互动，既不阻碍成长，也不揠苗助长。

为此，我们主张基于艺术和生命的特质，构建综合的、全息的、阶梯的艺术教育方式。它不是艺术形式的简单叠加、组合和拼凑，而是多种艺术形式通过教育的手段，发生“化学反应”和“质变”的过程：淡化艺术知识—弱化艺术边界—强化艺术融合。

就时间的纵深而言，生命本身就是一个整体的大艺术，就空间的广博而言，当下的所有学习生活本身也是一个整体的大艺术。当下的各个学科，只是教育这首交响乐中不同的音符。晨诵、午读、暮省，穿插在每天的数学、英语、科学学习里，穿插在每天的体育锻炼里，穿插在每天的轮滑和乒乓球训练里，而艺术不局限于琴、歌、舞、画，也日益显现在其他所有学科的学习里，显现在整个校园里。就这样，当艺术教育和学校生活、师生生命发生深刻共鸣时，教育生活就变得幸福完整，生命也在此刻实现了诗意的栖居，成为一种艺术的存在。

清英外国语学校童话节

三是学科渗透，走向综合。我们认为：艺术教育在新教育的卓越课程体系中具有十分重要的位置。……它应该渗透教育的所有地方，尤其是在所有课程的起点与终点处。……事实上，任何学科都并非枯燥的知识，而是解读世界的一种工具、一门技艺，古人所说的熟能生巧，正是由技而艺的过程。因此，从某种意义而言，艺术教育的理念，必须渗透新教育生活的所有时刻、所有地方、所有课程。

因此，新艺术教育的开展，不仅在如美术、音乐等艺术学科中，也在其他学科中。我们力图打通艺术学科与其他学科的壁垒，使艺术课程向其他学科渗透，让任何一门课程都成为艺术的课程。也就是说，艺术课程不一定仅仅是音乐和美术的课程，还可以是比如“语文课中有音乐和美术，物理课中有美术”的课程。

比如，新教育晨诵课程就是一个从语文学科向音乐、美术等学科渗透的课程。晨诵课程是指结合当下情境而精心选择、诵读诗歌，通过经典的内容丰富儿童当下的生命，通过音乐增强对诵读内容的领悟和体验，通过精美的 PPT 图片展示诗歌的美好意境，通过诵读的形式倡导一种回归朴素的儿童生活方式，师生共同创造一种幸福、明快的精神状态。新教育人诗意地称之为“与黎明共舞”，以开启新一天的学习。晨诵课程除了晨间诵诗外，还结合不同需要，有节日诵诗、生日诵诗、情景诵诗等。不同于华德福晨诵，根据不同需求，新教育晨诵课程每天诵读的内容都不同，尽力为精神提供更为丰富的营养；也不同于当下的经典诵读，新教育晨诵课程不是单纯的学科阅读、朗诵，而是一个融合了多门学科、有着强烈仪式感、弥漫着艺术气息的综合实践活动。

在晨诵课程开展的过程中要注意两点：第一，选择的诗歌必须符合孩子当下的生活、生命所需。无数事例证明，每个孩子都特别喜欢生日诵诗，就是因为这种诗歌的挑选与改编，让孩子的生命直接与诗歌相连。同理，在雨天读关于下雨的诗歌、在节日读关于节日的诗歌，总是能够得到更大的共鸣。第二，在诵读诗歌的过程中，重教师垂范诵读，轻分析诗歌含义。诚然，对复杂的诗歌尤其是古诗词做简单讲解，可让孩子们懂得诗歌的意思，有助于在理解之后更好地诵读，但诗歌在晨诵中作为艺术欣赏，没有标准答案，因此不能把对诗歌的简单解读变成课文分析，否则就丧失了诗意。教师更重要的是把自己对诗歌的理解，以声音的形式诵读出来，形成一种艺术的濡染①。

《新教育晨诵》

还有新教育口头作文课程，也是一个从语文学科向音乐、视觉艺术等多种学科渗透的综合课程。它是对新教育阶梯作文课程的探索，重在通过阅读积淀、观察积累、音乐激发、视觉艺术呈现的系列推动，以口头表达为突破口，强调“我口说我心”的无障碍、有韵律的生命涌现，以此开展更为切实有效的写作教学，通过家庭与学校的共同推进，促进教育共同体的教师、孩子、父母三方得到全方位发展的一种路径。目前，该课程已在种子教师团队中展开，通过激活课堂、打通学科、开放教室、濡染家庭、延伸社会的方式进行探索。作为贯彻与落实新教育实验的十大行动中“培养卓越口才”和“师生共写随笔”的课程模式，使得师生的口才因此得到提升，生活因此得到丰富，生命因此得到成长。

美国纽约市教育理事会曾经进行过一项叫作 AGE 的计划，即“普通教育中的艺术教育”。这项计划的实施结果表明：艺术能够使学生学会学习，对学生学习各种基础知识都很重要，它是所有学生必修的，而且各种艺术还应该综合在一起。“比如上生物课时，可用绘画的方法来学习，画鸟时，就让学生了解鸟类；在上植物课时，可以教学生摄影；在上历史课时，则用戏剧来让学生了解历史等。他们认为，对那些本来比较枯燥的知识，艺术能使学生对其产生兴趣，反过来，在学习这些知识的同时，学生又学到了艺术，真是一举两得。”②

同时，怀特海“浪漫、精确、综合”的三个阶段，也同样体现在艺术教育之中。如前所述，正是由于艺术教育是看待世界的“第三只眼”和开

① 朱永新，许新海，童喜喜．新教育晨诵．合肥：安徽少年儿童出版社，2017.

② 郭声健．艺术教育．北京：教育科学出版社，2001：106.

启世界的第二把钥匙的特性，我们才特别强调“它应该渗透教育的所有地方，尤其是所有课程的起点与终点处”。

我们认为，在所有课程尤其是非艺术课程的起点处，通过艺术教育来实现“浪漫”，能够让孩子感知到这一课程的美好，从而激发起心中的兴趣，不知不觉沉醉于课程之中。到了所有课程尤其是非艺术课程的终点处，在通过对该学科知识的精确训练后，通过艺术教育实现“综合”，能够让孩子得到举一反三、触类旁通的领悟，由此成为螺旋式上升的学习过程，成为新一轮“浪漫”的源头。所以我们要特别注重艺术教育对所有学科产生的“浪漫”和“综合”效应，并在每一门学科的课程中积极主动加以运用。

新教育实验已经在艺术教育方面开展了一些探索，诸如听读绘说课程、生命叙事课程、戏剧课程、电影课程等诸多具有特色的综合艺术课程，既打破了艺术与其他学科的壁垒，也为非专业艺术教师从事艺术教育探索出新的路径。

以上生命课程、道德课程和艺术课程，基本上已经涵盖了为生命而存在的课程内容。在实际的教育过程中，作为基础的生命教育应该贯穿始终，而在幼儿时期、小学时期和中学时期，可以有相应的侧重点，按照人的身心发展的内在规律，进行真的教育（智识课程）、善的教育（道德课程）和美的教育（艺术课程）。

5. 特色教育课程

在以上四类课程的基础上，新教育的特色教育课程也具有特别的价值。

每个人都是一个世界。每个人的天性都蕴含着不同特质，在某种意义上，人的不同潜能、不同特点通常是对不同生命的不同恩赐。因此，作为特色教育课程，无论是书法还是轮滑，是篮球还是舞蹈，是科技还是人文，一方面是每个人都可以享受或应该习得的；但另一方面，只有少数天赋出众的人才可能把它当成一生的技艺。所以，全面推广而且深度推广，就有可能以个别学生的成就掩盖了这背后的浪费与异化。我们建议少做为了特色而特色的地方特色课程，鼓励以管中窥豹之法做超越地方的地方课程。建议少做高价请来高手传授特长的兴趣特长班，鼓励针对学生个性特长，创造发挥教师个体兴趣或生命特质的特色课程。

需要特别说明的是，我们希望未来的特色课程应该在总课程体系中占有50%以上的时间。特色课程是属于让学生自我建构知识的内容，除了艺术、体育外，更重要的是适合学生个性化的学习内容，如宇宙科学中的宇航、火箭，生命科学中的基因、遗传，物质科学中的能源、结构等，这些不同的知识体系，将更多地利用各种开放的社会资源，满足不同学生的个性化需要，让学生们自己在学习的过程中创造自己。所以，特色教育课程是立足教师的个体特长和兴趣，满足学生不同的个性、特长和兴趣而开设的课程。在本质上，也是为了生命的丰富和充盈，潜能的发现和发挥，才华的施展和张扬。

三、多学科整合的项目式学习——未来课程的新形态

现代课程体系是由19世纪英国教育家斯宾塞最早在《什么知识最有价值?》一文中提出的。他将人的完满生活作为衡量课程价值的标准，并将人类活动按照重要程度划分为五种：直接保全自己的活动、为获得生活必需品而间接保全自己的活动、抚养教育子女的活动、与维持正常社会政治关系有关的活动、在生活中的闲暇时间满足爱好和感情的各种活动。与之相应的课程，就应该有生理学和解剖学（了解生理和生命规律是维护个人健康与安全的先决条件，也是充满精力、幸福愉快生活的必备知识），有数学以及逻辑学、力学、热学、电磁学、化学、天文学、地质学、生物学、社会学、心理学、教育学，也有历史、礼仪、宗教信仰、绘画、雕刻、音乐等课程。他的这些论述，为建立现代基础教育的分科课程体系奠定了基础。

但是，随着现代社会知识总量的快速增加，以分科教学为代表的传统课程理论受到了挑战，知识掌握开始从目的走向手段，学科课程开始从分化走向综合①。也就是说，教育并不是培养百科全书式的知识拥有者，而

① 袁振国．未来对教育内容的挑战．中国教育报，2017－08－02.

是能够运用知识去探寻新知和创造的人，知识的学习本身从目的变成了手段。STEAM、综合实践课程、项目式学习、研究型学习、主题学习、学科整合课程等都是在这样的背景下出现的。

1. 学科课程的“拆墙”运动——从 STEM 到 STEAM

2016 年 11 月 29 日，《中国教育报》发表了《STEM 来了，学科之间如何“拆墙”?》一文，把 STEM 的兴起视为一场学科之间的“拆墙”运动。这是一个颇有意思的比喻。

STEM 是科学（science）、技术（technology）、工程（engineering）和数学（mathematics）四门学科的简称，其重点是加强对学生这四个方面的教育：一是科学素养，即运用科学知识（如物理、化学、生物科学和地球空间科学）理解自然界并参与影响自然界的过程；二是技术素养，即使用、管理、理解和评价技术的能力；三是工程素养，即对技术工程设计与开发过程的理解；四是数学素养，即学生发现、表达、解释和解决多种情境下的数学问题的能力。

STEM 与西方 20 世纪 50—60 年代的“STS”（科学、技术、社会）教育有一定的关联。20 世纪中叶，科学技术发展带来的社会问题，尤其是污染环境造成危害生物生存空间引起了有识之士的广泛关注。究竟核能是否应该发展？世界人口应怎样控制？怎样避免战争和环境污染？基于对这些问题的关注和思考，逐渐兴起了一个跨学科的新的研究领域：STS。在 20 世纪 60—70 年代，美国一些著名的大学先后开展了专门的“科学、技术和社会研究计划”。如哈佛大学在 1964 年，康奈尔大学在 1969 年，斯坦福大学在 1971 年，麻省理工学院在 1979 年，都先后成立了科学、技术和社会的研究教学机构。我国苏州大学在 80 年代也引进了 STS，并且根据 STS 的理念编写了全套中学物理教材。

美国是最早明确提出 STEM 的国家，最初主要在高等教育领域，后来逐步延伸到基础教育。1986 年，美国国家科学委员会（NSB）发表了报告《本科的科学、数学和工程教育》，该报告被认为是美国 STEM 学科集成战略的里程碑。它首次明确提出了“科学、数学、工程和技术教育集成”的纲领性建议。1996 年，美国国家科学基金会（NSF）再次对 STEM 10 年进展进行了回顾，同时明确把 STEM 的重心转移到中小学教育阶段，以“SMET”为“科学、数学、工程和技术”四门学科的缩写，后改为“STEM”。又一个 10 年之后的 2006 年 1 月 31 日，时任美国总统布什在国情咨文中公布了《美国竞争力计划》（American Competitiveness Initiative，ACI），提出知识经济时代教育目标之一是培养具有 STEM 素养的人才，并称其为全球竞争力的关键。由此，美国在 STEM 教育方面不断加大投入，鼓励学生主修科学、技术、工程和数学，培养其科技理工素养。从 2008 年至 2013 年，美国国家年度教师奖 6 位获奖者中，有一半是 STEM 教师。

2009 年 1 月 11 日，美国国家科学委员会代表 NSF 发布致美国当选总统奥巴马的一封公开信，其主题就是改善所有美国学生的科学、技术、工程和数学教育。信中明确指出：国家的经济繁荣和安全要求美国保持科学和技术的世界领先和指导地位。大学前的 STEM 教育是建立领导地位的基础，而且应当是国家最重要的任务之一。2015 年，奥巴马政府拨款 29 亿美元建立 STEAM 教育体系，包括教师培养、招聘和培训，学区建设，教育研究等。

2016 年 9 月 14 日，美国研究所与美国教育部联合发布了《STEM 2026 教育中的创新愿景》（STEM 2026：A Vision for Innovation in STEM Education），提出了六个愿景，力求在实践社区、活动设计、教育经验、学习空间、学习测量、社会文化环境等方面促进 STEM 教育的发展，确保各年龄阶段以及各类型的学习者都能享有优质的 STEM 学习体验，解决 STEM 教育公平问题，进而保持美国的竞争力。

STEM 提出以来，内容也经历了不断补充完善的过程。美国弗吉尼亚大学的学者认为应该将 STEM 变为 STEAM，STEAM 中的 A（art），包括美术、音乐、语言、人文、形体艺术等，强调了 STEM 的艺术与人文属性，试图用人文素养弥补科学精神的短板。近年来又有学者认为写作非常重要，在 STEAM 的基础上增加了反映读写能力的“R”（reading and writing ability），成为一个超越了传统科学意义上的跨学科式整合的课程。

尽管对于 STEM 有不同的理解，但是对以下两个基本特征，学界还是有共识[①]。

第一，多学科整合。STEM 课程强调多学科的整合。正如布赖纳（Breiner）等人的调查所显示的，美国科学基金、高校研究团体、绝大部分中小学阶段的教育机构和学校，都赞同 STEM 教育中最重要的理念是整合（integration）。“Integrative STEM Education”已然成为 STEM 教育的核心。因此，多学科整合是 STEM 教育的基本特征之一。

第二，重视实践能力培养。STEM 课程一般都以项目做支撑，以开放性的真实问题为导向，让学生围绕项目解决问题、完成任务。一个典型的 STEM 课堂，往往在包含多门学科的复杂情境中强调学生的实践能力与问题解决能力。

近年来，STEAM 在中国也得到了前所未有的重视。2015 年 9 月，教育部《关于“十三五”期间全面深入推进教育信息化工作的指导意见》指出，“有条件的地区要积极探索新技术手段在教学过程中的日常应用，有效利用信息技术推进‘众创空间’建设，探索 STEAM 教育、创客教育等新教育模式，使学生具有较强的信息意识与创新意识”。这是 STEAM 第一次出现在我国教育政策的文本当中。与此同时，STEM 课程也悄悄进入各地的课堂。

但是，STEM 在中国也面临水土不服和中国化的问题。首先是 STEM 教育内容选择问题。目前不少已开设 STEM 教育的学校大多是翻译和借鉴了国外既有的 STEM 案例，如何做到因地制宜、自主开发，仍然有很长的路要走。其次是 STEM 教师严重短缺。即使在 STEM 发展已有几十年历史、全科教师数量较大的美国，师资配置仍然存在严重问题。以分科课程为主的我国，面临着更为严峻的师资问题。再次是 STEM 的评价问题。STEM 教育的跨学科性、复杂性等给现有的教学评价体系提出了挑战，综合多个学科的评价在国际上也是难题，在考试评价相对落后的我国，更是需要迎头赶上。

---

① 刘玲，戴金芮．STEM 教育落地中国：问题与对策．今日教育，2017（10）.

其实，STEM虽然是舶来品，但是多学科整合的课程改革并不是美国和西方教育的专利。如新教育研究院研制的《新生命教育》读本，就体现了人与自我、人与他人、人与社会、人与自然的内在整合，课程内容涉及中小学的思想品德、政治、体育与健康、自然、科学、社会、历史等多学科的整合，涉及安全教育、心理健康、禁毒教育、环境教育、可持续发展教育等多个主题内容的整合，是一门多主题、跨学科的综合性课程。而未来的人文、科学等课程，也将按照这样的思路继续深入。

2. 基于解决真实情景问题的项目式学习

2018年秋天，我与美国高科技高中（High Tech High）的创始人兼CEO拉里·罗森斯托克博士进行了一次对话。他所在的学校是美国的特许学校，也是项目式学习的典范。

拉里博士在创办这所学校之前，曾经是美国历史最悠久的一所高中的校长。美国政府曾经给他一笔很大的资金，请他对美国高中的改造进行研究，希望他能够帮助美国设计一种新的城市高中的教育系统。他组织了一批实力专家考察了美国40多个州，希望能够找到一个理想的公立学校模式。

寻找理想模式的过程中，有一个奇遇。

在今天的加州圣迭戈，有一个著名的互联网领域的发明人过来找他。他对拉里说，自己在互联网领域遇到的最大的挑战，就是没有足够的工程师，无法支撑企业的发展。这个发明人就跟拉里博士商量，让博士帮忙建立一所学校，解决创新人才缺乏的问题。这个发明人不是随便说说的，说完之后，他就拉着拉里博士去他们的公司，参加他们的董事会议，让他跟董事会讲，他要办一个什么样的学校。

拉里博士就表示，要办一个项目式学习的学校，以解决特定的项目需求为目标，在这个过程当中学习数理化，而不是先学习数理化，再去解决项目实际过程中遇到的问题。

董事们听了以后，觉得他的想法很有意思、很有挑战性，但也极有可能会实现，于是就给了他一块地，帮助他开办了这所学校，这就是高科技高中（High Tech High）的由来。

朱永新教授与美国高科技高中校长拉里对话

就这样，拉里博士由美国历史最悠久的中学校长，变成了一所创新学校的校长。

项目式学习是以解决问题为中心的。举个例子，如果某个学生想做某件事情的话，老师就可以和学生一起拿出一个问题清单，比如：学生对什么感兴趣？学生需要解决的问题是什么？需要哪些知识和技能？学生、老师和学校有哪些资源？还需要找到哪些资源？通过什么样的方式才能获得这些资源？解决这些问题需要多长时间？到底从什么时候开始，要到什么时候结束？如此等等。

比如说，他们的学生准备研究学校附近的一条河流。老师就和学生一起把这条河流当作一个研究项目，围绕这条河流的历史、生态进行专门研究。最后，学生们将研究成果汇编成一本书。这个学校历史不长，但是学生出过好几百本书。

拉里校长告诉我，他们学校至少70%的时间用于项目式学习，完全颠覆了我们现有的教学体制，即使在美国这样的国家，也让人感到震惊。所以有媒体拍了一个很著名的纪录片——《极有可能成功》。这个纪录片播放以后，在美国引起了强烈的反响，而校长拉里也因为项目式学习的工作获得了2019年世界教育创新大奖。

《三联生活周刊》的记者刘周岩介绍了高科技高中的与众不同之处。

首先，学校主校区中央的大厅，很像博物馆的展厅，所见之处是各种各样的“展品”——机器人、海报、木工制品以及其他许多无法归类的各类物品，还有横亘在走廊上的木桥、墙面上巨大的机械装置等等。这些都是学生们的成果，作为一所完全采用项目制教学的学校，大家每天在学校的创造、合作，都围绕它们展开。

其次，这里的上课时间、教师与学生、学科课程是无边界的。在这里，很难判断某个时刻是上课时间还是下课时间，学生们坐在桌前对着电脑工作，也有许多人来回穿梭讨论，课堂始终保持着一定音量的噪声，而不存在“45分钟诡异的静谧，10分钟的疯狂与喧嚣”的时间结构。在这里，也很难判断谁是老师，因为没有居高临下的讲台，老师混杂在学生之间指导，有时教室里有两位或更多的不同学科的老师，有时教室里没有老师，也无法判断是什么课程，因为项目制使得传统的学科概念不再生效，一个大型的项目必定涉及多种学科。

所以，在这里一切都不再是“固定”的、“有序”的、“结构”的，而是流动的、不确定性的、非结构的。拉里校长解释说：“因为我们所处时代的秩序在变化，所以学校最好不再用工业时代的秩序来规范学生。”①

如果说课程的问题主要解决学什么（教学内容）的问题，那么，探索基于解决真实情景中问题的项目式学习，主要就是解决怎么学（教学方法）的问题。

波普尔认为：科学探索不始于观测，而是始于问题，“科学和知识的增长永远始于问题、终于问题，愈来愈深化的问题，愈来愈能启发新问题的问题”②。同样，科学教育也应该从问题开始，这是科学教育改革的一个

① 刘周岩．如何让孩子成为“未来之人”．三联生活周刊，2018-12-12.

② 波普尔．猜想与反驳：科学知识的增长．上海：上海译文出版社，1986：320.

重要方向。

所谓解决问题为主的项目式学习，是一种以学生为中心，以解决真实情境中的问题为目标的科学教育方法。项目式学习不像传统的课堂教学把知识从一个脑袋搬运到另外一个脑袋，而是让学生像科学家研究、工程师制造那样去探究，它更强调学生们在解决问题的过程中发展起来的思维和能力，包括如何获取知识、加工知识和运用知识，如何计划项目以及控制项目的实施，如何加强小组沟通和合作等。

项目式学习是近年来兴起的一种重要的科学课程形式，也是一种有效的科学教学方式。它从一个具有现实意义的问题开始，引导学生调查收集信息，构思设计方案、制作产品或实验、测评和优化、展示和分享，以此来解决问题。在这个学习过程中，不仅要求学生能够综合运用所学的各种学科知识解决问题，还要培养全面的科学素养，包括合作能力、交流表达能力、领导能力、批判性思维、创造性思维等。

开发项目式学习要注意以下原则：

一是项目的选择要有意义性。学习科学认为，“让孩子产生学习欲望，那么一切方法都是好方法”，教学的挑战在于不能把一项计划强加到学习者身上，而是引导他们自觉加入，只有产生学习欲望，真正的学习活动才会开始[①]。项目式学习强调解决问题，选择一个现实的和有意义的问题至关重要。当然，现实的问题不一定都是真实的问题，也可以是虚拟的真实的问题，但必须是有意义的。首先，有意义的问题才能满足学生的探究需求，使之产生兴趣，产生解决问题的愿望和创造的冲动；其次，有意义的问题才能帮助学生理解科学和科学学习的价值，因为在解决问题的过程中，需要某些科学的知识和技能，有时甚至需要某些创造性的知识或技能。最后，有意义的问题才能引发学生对真实世界的思考和观察，进而锻炼在现实生活中需要用到的解决问题的能力。

二是项目的内容要有整合性。项目式学习往往是跨学科进行的，解决一个复杂性问题往往需要多个学科的知识与技能。当今世界，科技无孔不

---

① 焦尔当．学习的本质．上海：华东师范大学出版社，2015：77.

入，具有极大的渗透性。以对真实问题或模拟真实问题的解决为科技类项目式学习的任务，势必涉及众多不同的学科。跨学科的整合不是简单地把几个学科相加，而是交叉和融合。新教育实验特别倡导在科技类项目式学习中不仅要注意采用科学、技术、工程、数学（STEM）融合的方法解决问题，而且强调人文思想的融入，关注科学、技术与社会、环境结合（STSE），关注从历史和哲学的角度思考问题的解决（HPS）。如环境污染问题，形成的原因可能是物理的、化学的、生物方面的，大多与人类的活动有关，要解决环境问题首先要有人与自然和谐发展的思想，其次通过STEM解决问题，即用数学的方法对环境进行评估，然后用工程的思想进行系统设计，再用化学技术、生物技术等处理环境问题。

三是项目式学习的过程要有探究性。科学探究是人们探索和了解自然、获得科学知识、发现科学原理、创造科学产品的重要方法。以证据为基础，运用各种信息分析和逻辑推理、科学实验得出结论，公开研究成果，接受质疑，不断更新、完善和深入，是科学探究的主要特点。在项目式学习的过程中，学生需要在明确任务后理解该任务要解决的是什么问题；通过查阅文献，调查问题研究的状况和从中学习和借鉴他人的研究方法；构思和设计解决问题的方案要分析可行性；按设计制作产品过程中随时有可能失败，要调整方案；制作的产品有可能不达标，就需要改进优化；与他人分享设计及产品的过程中，会有异议，会有争论。可见这是一个发现问题、理解问题、解决问题旅程中的自主探索。尽管在这样的探索过程中，学生会出现怀疑、困惑、挑战，甚至会有挫败感、绝望感，但由于它的核心是智力挑战、思维训练，也会有发现解决问题的关键处的惊奇与喜悦，有对复杂问题形成新的理解时的豁然与顿悟，有面对失败和争论的坚持或包容，有对科学家、工程师、技术员等不同角色体验的感同身受和未来梦想。

四是探究方法要有多样性。方法是为了某种目的运用某种材料的一个有效途径①。基于问题解决的项目式学习的过程类似于科学探索过程，解

① 杜威．民主主义与教育．北京：人民教育出版社，2001：181.

决问题的环节不同，解决问题的方法也会不同，也是多样的。“做、读、写”有机融入项目式学习过程，促进深度的学习，是新教育实验特别倡导的。如在发现与提出问题阶段，通过阅读能促进和形成有意义的问题，也可以通过实验或实践发现问题；在文献和实际调查阶段，通过文献阅读或调研，写出文献或研究综述，概述研究的历史和现状，通过调查市面上已有的产品或技术，或通过科学实验观察、收集数据，以研究报告的形式说明已有技术的成熟度或存在的问题；等等。将“做中学，读中悟，写中思”有机融入项目式学习，使每一个环节的学习都有深化的可能。

五是探究行动要有合作性。项目式学习要求学生在一定时间内完成一系列任务，因此学习过程往往需要合作，形成项目式学习小组。在这个过程中，学生会扮演不同角色，既可以独立完成不同的工作，又需要通过合作进行思维碰撞激发创造灵感，互相讨论形成共识，协同相助实现目标。当然，这里有同伴合作，也有师生合作，还可以寻找与父母的合作、与社会的合作。正是在这种合作解决问题的过程中，学生可以认识社会的角色分工，认识团队的精神和力量，认识分享和商讨的价值，这是重要的科学精神。

六是项目式学习的实施要有科学性。在项目式学习的实施过程中，我们也要像科学家、工程师一样，用严密的思维、合理的流程实施教学。通过工程设计解决问题是项目式学习设计的核心，通常教学也是按照工程设计流程的基本步骤来实施的：分析社会需求，进行工程设计，用科学、数学、技术解决问题。但帮助学生利用工程设计解决问题不是项目式学习的最终目标，在这个过程中加强学生动手能力的培养，创造深度学习的机会，培养学生的科学创新实践能力，全面提升科学素养是学习的最终目标。在这个过程之中，学会发现与提出问题、文献查阅与实地调查、构思与设计、制作与实验、测试与优化、成果展示和分享等各个环节的方法，对于完成项目式学习具有重要的意义。

3. 综合实践活动课程——从配角变为主角

我国的综合实践活动课程是从2001年新课程改革开始探索的。在经过了16年的探索之后，2017年9月，教育部印发了新版《中小学综合实践活动课程指导纲要》（简称《纲要》）。《纲要》对综合实践活动课程的性质做了明确规定：综合实践活动课程是从学生的真实生活和发展需求出发，从生活情境中发现问题，转化为活动主题，通过探究、社会服务、制作、体验等方式，培养学生综合素质的跨学科实践性课程。也就是说，综合实践活动课程具有以下基本特点：第一，课程内容是有特定主题的；第二，课程形式是以探究、制作、体验等方式进行的；第三，课程是跨学科的。同时，明确综合实践活动课程是国家义务教育和普通高中课程方案规定的必修课程，从小学一年级到高中三年级全面开设，与学科课程并列设置，是基础教育课程体系的重要组成部分。课程由地方统筹管理和指导，具体内容以学校开发为主。

《纲要》阐明了综合实践活动课程的四大理念。第一，课程目标以培养学生综合素质为导向。要求学生综合运用各学科知识，认识、分析和解决现实问题，提升综合素质，着力发展核心素养，特别是社会责任感、创新精神和实践能力，以适应快速变化的社会生活、职业世界和个人自主发展的需要，迎接信息时代和知识社会的挑战。

第二，课程开发面向学生的个体生活和社会生活。要求课程面向学生完整的生活世界，引导学生从日常学习生活、社会生活或与大自然的接触中提出活动主题，使学生获得关于自我、社会、自然的真实体验，建立学习与生活的有机联系。要避免仅从学科知识体系出发进行活动设计。

第三，课程实施注重学生主动实践和开放生成。鼓励学生从自身成长需要出发，选择活动主题，主动参与并亲身经历实践过程，体验并践行价值信念。在实施过程中可根据实际需要，对活动的目标与内容、组织与方法、过程与步骤等做出动态调整，使活动不断深化。

第四，课程评价主张多元评价和综合考察。要求突出评价对学生的发展价值，充分肯定学生活动方式和问题解决策略的多样性，鼓励学生自我评价与同伴间的合作交流和经验分享。提倡多采用质性评价方式，避免将评价简化为分数或等级。要将学生在综合实践活动中的各种表现和活动成果作为分析考察课程实施状况与学生发展状况的重要依据，对学生的活动过程和结果进行综合评价。

《纲要》还对综合实践活动课程的课程总目标与分段目标、课程内容、课程活动方式、课程评价等提出了明确要求。

《纲要》还对综合实践活动课程与学科课程、专题教育的关系做了说明，要求在设计与实施综合实践活动课程中，引导学生主动运用各门学科知识分析解决实际问题，使学科知识在综合实践活动课程中得到延伸、综合、重组与提升。学生在综合实践活动课程中所发现的问题要在相关学科教学中分析解决，所获得的知识要在相关学科教学中拓展加深。防止用学科实践活动取代综合实践活动。同时，要求将综合实践活动课程与中华优秀传统文化教育、革命传统教育、国家安全教育、心理健康教育、环境教育、法治教育、知识产权教育等有机结合起来，转化为学生感兴趣的综合实践活动主题，让学生通过亲历感悟、实践体验、行动反思等方式实现专题教育的目标，但要防止将专题教育简单等同于综合实践活动课程。

从以上的内容来看，我个人认为我国的综合实践活动课程与国外的STEM有异曲同工之妙。它们至少有三个共同的特点：第一，课程内容是有特定主题的；第二，课程形式是以探究、制作、体验等方式进行的；第三，课程是跨学科的。不同之处在于：第一，我们的综合实践活动课程总体还是学科课程的补充，STEM课程则是学科的整合。第二，我们的综合实践活动课程课时总体较少，小学1～2年级平均每周1课时左右，小学3～6年级和初中平均每周2课时左右，如此短的时间是很难进行真正意义上的研究型学习的。

所以，未来我国课程改革的重要路径之一，就是研究如何把综合实践活动课程从配角变为主角，从学科课程的补充变为学科整合的新型课程。在进一步借鉴国外STEAM课程的基础上，认真总结我们综合实践活动课程的经验与教训，我相信一定能够研发出适应我国国情的基础教育课程体系。

4. 未来学习中心课程的定制化与个性化

多年以前，叶圣陶先生就对中小学教育与课程改革提出了他的主张：

"理想的办法，最好不分学科，无所谓授课与下课的时间，唯令学童的全生活浸润在发生需求、努力学习的境遇里。"① 他的主张，不仅在瑟谷学校的成功实践中得到了验证，也会成为未来学习中心的常态，课程的定制化与个性化，将是未来学习的基本样态。

为什么说未来学习中心的课程是以定制化和个性化为主要特征的？我个人认为有以下几方面的原因：

第一，传统教育把一个人的人生分为学习与工作两个截然不同、泾渭分明的阶段的时代将不复存在。过去学校教育是为职业生活做准备的，一个人一生的职业也是从一而终，很少变换。现在发达国家一个人一生会从事10种左右的职业。要想在学校期间储备好未来需要的所有知识，无疑是天方夜谭。终身学习将成为未来社会的一个基本特征。在终身学习的社会，一个人没有必要预先储备许多一辈子派不上用场的知识，而是在具备初步知识的基础上自己去探求知识，自己去建构自己知识体系。

第二，传统的学习是被动式学习为主，学习内容、学习时间、学习方式都是统一规定好的、预设的，学生消极被动地接受大量他不感兴趣的课程。在一个教室里，不同的学生在同步学习过于艰深或者简单的内容，有些人根本听不懂，有些人早已经很了解。而主动式的学习则完全不一样。儿童往往很早就开始了他主动学习的历程。给他讲他不感兴趣的东西，他往往毫无耐心，但是在手机或电脑上用语音寻找他需要的各种知识，乐此不疲。

第三，每个人都是一个独特的世界。传统的教育是用统一的课程、统一的内容、统一的考试，把本来各不相同、具有无限可能性的人培养成"单向度的人"。教育自然要有基本的要求，需要培养共同的价值观，但是教育不能用一个尺度要求所有的人。让每个人成为自己，首先就需要他按照自己的需求去学习，在学习的过程中寻找自己，发现自己，成就自己。所以，他需要各种学习中心寻找适合自己的课程与学习伙伴，定制自己需要的学习内容，按照自己的节奏学习相关的课程。现在统一的课程占据了80%～90%以上的比例，自然很难培养出具有个性的人才。未来统一的课

① 叶圣陶．叶圣陶教育箴言．福州：福建教育出版社，2013：26.

程比例会大大降低，定制化和个性化的课程会逐步增加。学生在网络上寻找适合自己的老师，老师也可以在不同学习中心招收学生。

日本学者矢仓久泰在《学历社会》一书中曾经描述过学历社会的四个特征：第一，教育的目的从“旨在获得职业与生活所必要的知识与技能”转变成“获得高地位的职业”。第二，文凭是社会的最重要的通行证，它既是人们提高自身社会地位的标志，又是求职、晋升的手段。第三，考试作为选拔和获得文凭的主要手段普遍存在于并指挥着教育过程和升学过程。第四，成绩或分数在教育中占据了主要位置，容易产生激烈的升学竞争以及大量被迫为考试和升学而学习的厌学者①。对照这四个特征，我们社会的确仍然属于这样的学历社会。

在一个学历主义、文凭至上的社会，所有的课程更多的是获取文凭的工具，文凭才是打开这个世界之门的敲门砖。而在一个终身学习的社会，你毕业于什么学校、拥有什么文凭将变得不再重要。重要的是你究竟学习了什么，你究竟具有怎样的知识结构与技艺。与众不同，才能创新未来。所以，课程为王的时代终将到来。

四、未来的图书与未来的阅读

如前所述，未来的学校会成为一个学习共同体。一种开放的、互联的学习中心将成为趋势。未来的学习将进入一个课程为王、能者为师的新时代，而阅读，在未来社会中也将发挥越来越重要的作用。

1. 三维图书与互动图书

前几年，三维成像技术就已经进入图书出版、图书传播领域，我主持的“中国人基础阅读书目”（针对幼儿、小学、初中、高中等不同阶段）系列图书，就已经用了二维码的技术，把与经典著作相关的视频、影像资料收入书中。前不久，央视主持人白岩松推出了自创图书系列品牌“From Bai”，将其畅销多年的《痛并快乐着》、《幸福了吗?》和《白说》三本书全

① 矢仓久泰．学历社会．长春：吉林人民出版社，1982.

新再版。这次再版添加了二维码，增加了他特别录制的 220 小时的视频。他在这套书的发布会上提出，这种新型的出版方式可能会渐成气候："图书出版应该是立体的——比如说《红楼梦》，能不能把诸位名家对《红楼梦》的点评以立体的方式附在新版的《红楼梦》中？书的页码没变，但是却更'厚'了——我觉得图书出版该向 3.0 时代挺进。"所以，我认为未来的图书一定是一种充分吸收了网络媒体和纸质媒体优势的新型"三维图书"，是一种能够将虚拟现实和增强现实完美结合的新型图书，人们的阅读既能有网络阅读那样的便捷感，又能有纸质阅读那样的切实体验，甚至还能创造亲临其境的现实感。

不仅如此，未来的图书还会出现新型的互动模式。系列动画短片《神圣机器》的设计者乔西·马利斯已经开发出一种新型的手翻动画书《Molecularis 着色动画书》，其中的图画是没有上色的，读者可以自由发挥进行涂色，让它成为自己的独家图画书。

当然，未来的图书究竟以什么样的形式出现，凭我们现在的想象力可能还无法准确预料。正如 5 年前我们无法想象支付宝可以让我们不需要去实体银行，10 年前我们无法想象淘宝可以让我们不必去实体商店购物，20 年前我们也很难想象数字化阅读将成为网民的主要阅读方式一样。

可以确定的是，科学技术日新月异的发展，会促使人们创造出更为先进、更为便捷的阅读载体。未来的纸质图书会融入更多的科技含量，成为真正意义上的融媒体。一本纸质图书，既可以在扫码以后直接"听"，也可以看配上文字的影像视频，还可以戴上特制眼镜进入虚拟现实的场景，而印刷精美的纸质书、个性化定制的专属图书，也可能会成为具有收藏价值的艺术品。

这样的变化，引发了许多人对于纸质阅读的担忧。的确，从现象上看，近年来数字化阅读的增长速度明显高于纸质阅读，但是我还是坚持认为纸质阅读仍然具有其重要的不可替代性。就连马利斯自己也承认，纸质书仍然拥有数字化图书等高科技无法比拟的优势：因为它"永远不会没电，不慎掉落在地上也没关系，不用调节屏幕亮度，总是具有高分辨率，借给别人也完全没有问题"，等等。

所以，未来的图书应该是多种形式并存的百花齐放的样态。弗吉尼亚大学珍本图书学校校长迈克尔·苏亚雷斯在接受西班牙《万象》月刊记者采访时对此充满信心。他说，尽管不断有人宣判纸质图书的“死刑”，但书本是不会消失的。“这就像写作没有取代口述，电视没有取代广播，电影没有在各种视频网站面前停止发展一样，书本也将继续与我们同在。”

2. 未来的阅读方式变革

至于未来的阅读方式，无疑也会更加多元化。人们会根据自己的阅读需要和阅读习惯，选择不同的阅读方式。阅读的“认知外包”模式有可能出现，即人工智能会帮助我们收集相关的主题材料，帮助我们做分类索引、文献摘要、逻辑分析、数据处理，简单的资料查询性的阅读可以委托智能阅读器帮助我们完成，我们则能腾出更多的时间进行创造性阅读和欣赏性阅读。

非常有意思的是，据西班牙《万象》月刊 2018 年 6 月号发表的文章《未来的阅读》介绍，一家致力于人工智能的纽安斯公司，已经研发了一种用于阅读的脸部、声音和语言识别系统，能够通过摄像头检测到读者是否疲惫，给出新的阅读选择建议，或者自动调节有声阅读时的音量以帮助睡眠。所以，未来的阅读方式会随着阅读载体的变化和科学技术的进展而发生新的变化，也是完全可以预期的。

许多人担心，在数字化时代，人类的阅读是否会式微，会不会进入奥威尔担心的没有人想阅读、真理变成滑稽戏的时代？笔者认为不会出现这样的局面。因为人类是世界上唯一能够运用语言和文字表达思维的生命体，是唯一通过不断地阅读继承和弘扬人类自己创造的智慧成果的生灵。人类要想不退化，就必须不断学习，不断阅读，不断成长。所以，无论阅读的载体、图书的形式以及阅读的方式发生怎样的变化，阅读的价值与阅读的本质不会变，人类的阅读需要也不会变。

3. 媒介数字纸质，阅读相辅相成

随着网络媒体的出现，阅读媒介、阅读工具发生了很大的变化。曾经有一些人认为，纸质媒体将很快走向式微。对此我一直不以为然，因为网络媒体和纸质媒体，或者说网络阅读和纸质阅读，是可以互为条件、相互补充的。

严格地说，数字阅读比网络阅读的概念更为准确。因为数字阅读中，除了包括网络阅读，还包括电子书阅读。而电子书阅读在模仿纸质阅读的优点，发展非常迅速。现在的电子阅读器从阅读功能到阅读方式已经越来越接近纸质阅读了，能够惟妙惟肖地模仿纸质书的翻页，还能够用各种颜色批注并保存等。

虽然随着时代的发展，这两类媒体的阅读会有各自的阅读群体，但是两者分工而又交融的情况会越来越普遍，纸质媒体在新闻报纸、工具书等领域可能会逐步走低，但是在深度阅读方面不会有明显的下滑，总体的式微还为时过早。

我们的这个判断是有事实根据的。中国新闻出版研究院主持的第十五次全国国民阅读调查报告显示，2017 年我国成年国民各种媒介的综合阅读率保持增长势头，纸质图书阅读率和数字化阅读方式的接触率均有所增长。

在纸质阅读方面，近五成（48.9%）国民阅读的纸质图书在 10 本以下，阅读 10 本及以上的国民比例超过一成（10.2%）。其中，有 4.1%的国民年阅读纸质图书在 20 本及以上，有 0.9%的国民年阅读纸质图书在 50 本及以上。

在电子书阅读方面，通过对国民电子书阅读数量的分析发现，2017 年，两成以上（23.0%）国民阅读电子书在 10 本以下，阅读 10 本及以上的国民的比例为 5.4%。其中，有 2.4%的国民年阅读电子书在 20 本及以上，年阅读电子书在 50 本及以上的国民比例为 0.8%。

这次调查结果关于各类媒介接触时长也很值得关注。调查发现，传统纸质媒介中，我国成年国民人均每天读书时长为 20.38 分钟，人均每天读报时长为 12.00 分钟，人均每天阅读期刊时长为 6.88 分钟。新兴数字媒介中，我国成年国民人均每天手机接触时长为 80.43 分钟，人均每天互联网接触时长为 60.70 分钟，人均每天微信阅读时长为 27.02 分钟，人均每天电子阅读器阅读时长为 8.12 分钟，人均每天接触平板电脑的时长为 12.61 分钟。这表明，人们花在互联网和移动终端上的时间超过 2 小时，明显长于在纸质媒体上的时间。

那么，人们在互联网上究竟干什么？

调查表明，在有互联网接触行为的成年居民中，有 72.0%的人表示上网主要从事“网上聊天/交友”的活动；69.7%的人上网主要从事“阅读新闻”的活动。也就是说，其实，人们主要还是利用互联网进行社会交往活动，同时，互联网阅读的内容主要还是以新闻类为主。

在调查中，我国有 45.1%的成年人更倾向于“拿一本纸质图书阅读”，有 12.2%的人更倾向于“网络在线阅读”，有 35.1%的人倾向于“手机阅读”，有 6.2%的人倾向于“在电子阅读器上阅读”，1.4%的人“习惯从网上下载内容并打印出来阅读”。从总体上看，通过网络在线和手机阅读、阅读器阅读的人数稍多于纸质阅读的人数。

来自亚马逊等机构的调查数据也表明，纸质书、电子书一起读是阅读的主流，55%的人表示在过去一年同时阅读纸质书和电子书。与此同时，随着数字阅读的不断普及，越来越多的读者开始以电子书阅读为主，调查显示，19%的人表示在过去一年主要阅读电子书，超过以阅读纸质书为主的受访者 12%的占比。同时，调查还显示，近年来新兴的有声书是纸质书和电子书之外的一个有益补充，有 12%的受访者表示在过去一年会同时阅读纸质书、电子书和有声书。

就笔者个人而言，网络阅读和纸质阅读的确也是相辅相成的。我阅读新闻是网络、报纸、刊物同时进行的。每天早晨我会通过新浪网、人民网等了解重大的新闻，也会通过微博了解网民关注的热点问题，还会在每天早上通过微博发布我关于教育等问题的思考。每天早晨，网络阅读与写作的时间大概在一个小时。每天晚上，如果有时间我也会通过网络关注一下当天的新闻，处理邮件等，有时也会通过网络搜索相关的学术动态与相关资料。

纸质阅读仍然是我阅读的最重要的主体部分。每天早晨和晚上，都会有一个小时以上的纸质阅读时间。最近几年我自己制定了一个“经典重读”计划，先后读完了陶行知、叶圣陶、苏霍姆林斯基、蒙台梭利、杜威的主要著作。每年上半年则围绕新教育的年度报告开展主题阅读。如目前围绕科学教育，2017 年围绕家庭教育，2016 年围绕习惯养成教育，2015

年围绕生命教育，2014 年围绕艺术教育展开比较系统的主题阅读。

除了经典图书的阅读之外，重要报刊也是我阅读的一大内容。对于报刊的阅读，我主要利用上下班和出差的途中进行。我的汽车是一个流动的阅览室，每天在汽车上的主要任务是翻阅当天和近日的报纸。我自己订阅和媒体赠送的报纸有《人民日报》《光明日报》《中国教育报》《人民政协报》《参考消息》《环球时报》《中国青年报》《文汇报》《南方周末》《报刊文摘》《香港文汇报》《大公报》《深圳特区报》《新华日报》《扬子晚报》等，这些报纸的主要新闻大致相同，一般只要浏览标题，发现有价值的文章，我就会做剪报带到办公室细读。不同的报纸有不同的特色，如《人民日报》的评论版和文艺副刊，《中国青年报》的深度报道，《文汇报》的教育专题，《参考消息》的域外研究进展等，是我比较关注的内容。我自己订阅和媒体赠送的刊物也非常多，有《新华文摘》《教育研究》《人民教育》《教育读写生活》《民主》《三联生活周刊》《南方人物周刊》《南风窗》《中国政协》《教育研究与评论》《教师博览》《教师月刊》《新教师》《在线学习》等。阅读杂志的时间主要在会议前后的等待过程中，以及出差、旅行的途中。有些与研究兴趣相关的杂志，则专门分类收藏，便于日后再读。读这些报刊虽然花费不少时间，但是能够从中发现不少研究线索与素材，对我的参政议政和学术研究起了很大的作用。

其实，数字阅读也好，纸质阅读也罢，通过什么载体阅读并不重要。重要的是阅读什么以及如何阅读，重要的是选择适合自己的阅读载体与阅读方式。

人类最早是没有纸质书的，纸质书之前是竹简，竹简之前还有结绳记事等。未来的数字化阅读也会远远超出我们的想象，借助各种新媒体新技术的阅读方式会不断变化。但是，我相信在相当长的时间内，纸质阅读不会消亡，纸质媒体也会通过新的方式继续存在。

根据自己的阅读兴趣与阅读习惯，根据不同的学习与工作需要，选择最合适的阅读媒体，把数字阅读与纸质阅读有机地结合起来，相辅相成、彼此促进，应该是我们更好地建设阅读生活的基本策略。

第六章　学习就像玩游戏？

——新技术革命改变教育手段

人类总是借助工具认识世界。工具的发明创新推动着人类历史的进步，同样，教育手段方法的变革创新也推动着教育的进步与发展。

人类发展到今天，传播知识的方式多次发生颠覆性的改变。按照法国学者莫纳科提出的观点，知识传播大约经历了四个主要阶段：依靠人与人之间直接传递的表演阶段、依靠语言文字间接传递的表述阶段、依靠声音图像的影像阶段、依靠人人平等互动的互联网阶段。

每个不同的阶段，教育手段方法也各不相同。教育手段方法包括三个维度：获得信息的手段——学、传播信息的手段——教、教学互动的手段。我们可以看到，每一次传播方式的变革都极大地改变着教育手段方法，促进着教育效率和教育品质的提高。在表演阶段，获取信息的手段比较单一，完全依靠口口相传；在表述阶段和影像阶段，因为有了文字、印刷技术和影像技术，教师不再是获取信息的唯一来源，教和学有了相对分离的可能性；在互联网阶段，特别是人工智能和大数据时代的到来，使知识的传递更快捷平等，而且导致传授方式发生了深刻变化。过去是老师居高临下，老师教学生学，现在是师生共同面对问题，老师不一定比学生懂得多，学生在某一个领域可能超越老师；过去在学校上课学习，回家做作业，现在完全可以在家里学习，在教室解疑释惑；甚至今后，知识的学习已不再局限于在学校接受教育，学生在网络上、家里、其他社区中都可以获得知识。

一、互联网背景下的混合式学习

在人类历史上，从来没有任何一项技术能够像互联网这样，如此迅速而深刻地改变着人类生产与生活方式。

其实，世界上第一台计算机诞生距今也不过70年。第二次世界大战期间，美军为了解决处理大量军用数据的难题，成立了由宾夕法尼亚大学莫奇利和埃克特领导的研究小组，开始研制电子计算机。1946年2月14日，一台由17 468个电子管、60 000个电阻器、10 000个电容器和6 000个开关组成，重达30吨，占地170平方米的电子计算机正式问世。但是，那个时候的计算机显然与教育毫不相关，更没有对学校教育产生任何影响。

差不多是同时，在同一所大学的实验室里，另有一位心理学家斯金纳正在受委托进行另外一项研究——训练鸽子，试图让它们用啄的动作来控制火箭的飞行。因为当时德国在战争中开始利用火箭攻击英国，而对方还没有类似的武器。可惜这项研究没有取得突破性进展，后来这个控制由雷达来指挥。

失败的斯金纳并没有气馁。不知道是受了“蝴蝶效应”的影响、受计算机研究的启发，还是一种奇妙的巧合，斯金纳在战后发明了一种教学机器。他把教学材料分解成几百甚至几千个问题框面组成的程序。一个程序学完了，学生才能再学下一个程序。

人们把斯金纳的研究称为“机器教学”或者“程序教学”。如果细心研究，我们可以发现，斯金纳的程序教学思想与现在的慕课已经非常接近，可惜当时还没有互联网，他的这些思想与技术也没有真正改变学校的教学。但是，斯金纳的努力，为后来的“非学校化”运动和学校消亡论提供了动力。

从20世纪60年代开始，人们逐渐认识到，学校并没有像预期的那样，带来经济的繁荣和社会的进步，相反是许多社会问题产生的根源。

在“非学校化”运动与思潮的代表人物伊凡·伊利奇看来，现代学校不仅阻碍了真正的教育，而且造就了无能力、无个性的人，还造成了社会的两极化和新的不平等。因此，应该“为每个人创造一种将生活的时间转变成学习、分享和养育的机会”。要实现这一理想，就要建立一个教育网络。

可见，在伊利奇的教育构想中，已经有了现在互联网教育的模样。但是，由于当时互联网技术还没有公开问世，不仅学校没有消亡，教育格局也没有发生根本性的变革。

1969 年，同样是出于军事的需要，美国国防部高级研究计划局（Advance Research Projects Agency）开始建立一个命名为“ARPANET”的网络，试图把几台军用计算机主机连接起来。虽然最初只连了 4 台主机，但这无疑是互联网正式诞生的标志。1986 年，美国国家科学基金会试图将互联网应用于科研与教育，于是利用“ARPANET”发展出来的 TCP/IP 协议，在 5 个科研教育服务超级计算机中心的基础上建立了 NSFNET 广域网。5 年后，商业机构发现了它的价值，商用互联网于 1991 年正式成立，互联网由此进入了一个新的历史发展时期。

互联网的惊人影响力已经毋庸置疑。一是互联网的发展速度非常之快，据著名咨询机构 IDC 的最新研究报告，目前全球互联网用户已经达到 32 亿，约占全球总人口的 44%；其中，移动互联网用户达到 20 亿。据统计，截至 2019 年 6 月，我国网民已经达 8.54 亿。二是互联网的应用非常之广，在商业、交通、金融、生产等领域，互联网已经或正在颠覆传统模式。

那么，互联网究竟能不能改变我们的教育呢?

在教育领域，有一个著名的“乔布斯之问”：为什么计算机改变了几乎所有领域，却唯独对学校教育的影响小得令人吃惊?

事实上，淘宝是一家 2003 年才成立的公司，发展到现在局面也不过用了十多年的时间，教育和互联网的结合其实历时更久，虽然互联网出现以后，教育也在变化，但是这种变化是非常小的，在互联网教育运用最为发达的美国，也只有 25 万人选择在线学习。

对此，美国联邦前教育部长邓肯提出过一个观点：原因在于教育没有发生结构性的改变。他指出，信息技术在教育领域的应用一般可以分为三个阶段：一是工具和技术的变革（如 PPT 运用、计算机辅助教学），二是教学模式的改变（如慕课），三是学校形态的改变（教育结构的变革）。我们恰恰在学校形态与教育结构上停滞了、中止了。

所以，基于“互联网＋”的教育，最主要的不是技术问题，而是必须变革传统的教育结构与模式，对学校形态进行新的设计。互联网改变教育，是一个正在发生的事实，随着时间的推移，它必然会像互联网改变商业和金融一样改变教育，基于互联网的混合式学习必然会成为未来教育的基本模式。当然，它需要三个基本条件。

1. 打破现在的学校格局，承认线上学习的合理性

我们现在整个教育体系是建立在工业革命的基础上的，它主张大规模，强调效率优先，主张以知识传播为主要目的，教师、教材、教室的“三教”中心格局相当稳定，成为教育的“铁三角”。然而这些一直没变化，而这个东西不变，教育的“淘宝”是无法登场的。必须把以知识为中心改为以学生为中心。必须打破教育的时间空间限制，像美国斯坦福网络高中一样，允许学生通过线上学习获得知识和进行必要的学分认定。

为什么要把不同学习基础、不同学习兴趣、不同学习习惯的人强制性地安排在同一个教室呢？在未来的学校完全可以通过网络、通过团队来学习，在家里、在图书馆学习，自己来解决学习过程中大部分的问题，且一人一张课表，随时调整内容。在未来，无论你在哪所学校，无论你在城市还是乡村，都不必按部就班地学习各门课程，而是基于个人兴趣和问题解决需要进行自主学习，实行大规模的网络协作学习。学生可能不再需要我们为他提供一个非常完整的知识结构，而是在完成自己最初的知识结构以后，通过自主学习，建构能够满足他自己学习的个性化结构。学分、学历、学校在未来都不重要，重要的是你学到了什么，你分享了什么，你建构了什么，你创造了什么。

其实，在中国，已经有把实体学校与互联网学校结合起来的探索成功的案例。慕华成志教育科技有限公司已经与清华大学附属小学等联合建立了互联网学校，旨在与22个省的107个城市的5 000所学校合作，进行“传统学校＋互联网学校”的混合式学习探索。从郑州外国语学校的实验班来看，混合学习明显优于传统学校单一的课堂教学模式。所以，未来的学习中心将从现在的实体学校走向“实体学校＋互联网学校”，再到学生完全自主选择学习方式与学习场所的混合式学习。

2. 建立国家教育标准和国家教育资源库

首先要建立国家教育标准。学习方式的变革，对学习内容会提出更高的要求。教育越是自由、越是定制、越是个性，就越是需要建设高效优质的学习中心，越是需要国家力量的整合。教育是文化的选编。教育首先要传授我们这个国家、我们这个民族所崇尚的价值观。国家有责任建立相关标准。这个国家标准要科学，要更个性化，要有最低限度的要求。现在的课程标准和教育内容太深太难，现在我们要求学生达到的知识结构太庞大、太艰深，造成了大部分学生陪着少数学生学习的局面。要打破这种模式，国家只须给一个最基本的要求，关键是保证国民的正确价值观和基本学习能力。所以，从根本上，教育的很多问题就是因为我们的标准有问题。

定了正确的标准以后，提供什么教学资源就显得非常重要了。应该举全国之力，把全世界最好的资源（甚至包括国内外民间教育机构、个人开发的各种最优秀的资源）整合在国家的教育平台上。现在，教育一方面投入不足，一方面又有大量的浪费。每个县、每个学校都去建自己的教育平台，都去建自己的资源中心，都去开发自己的课件，那么多的重复投入太浪费了。这就需要国家组织专业团队，用先进的网络技术把资源整合起来，使死资源变成活资源，把静态的课程变成动态的课程。全国乃至全世界的学生都可以通过国家教育资源平台展开学习。

3. 建立基于互联网的教育考试评价制度

怎样才算好的教育？怎样才算真正掌握了知识体系？怎样才是真正有用的人？怎样检验和评价学习成果？这就需要用评价去推动改革。评价和考试是我们改革发展的风向标。我们现在的评价技术较落后，尤其是我们的评价不是为了改进，而是为了选拔，为了淘汰。这样一种考试评价机制要有所变化。未来的评价主要不是为了鉴别，而是为了改进。在学习的早期过程，可以用大数据的概念，自动记录学生的学习过程，作为评价的依据。在记录过程的同时，要发现这个学生的知识点缺陷，及时帮他改进。同时，未来的考试评价会更加重视实际能力而淡化文凭学历。未来的大学也可能出现全新的模式，可以不要限制上大学的地点，也不要规定你必须在什么地方上大学，只要你能够通过严谨而且经过国际认证的评估来证明你自己对某一理论的精通和理解，就可以进入社会找到工作。如果这样的话，教育会发生什么变化呢？目前基于互联网的教育评价从技术上讲已经没有障碍，人脸识别技术、大数据、云计算等都可以最大限度地提高考试评价的效度与信度，杜绝弄虚作假行为。

我相信，在这样一个互联网改变一切的时代，如果这三个问题得到解决，我们的教育一定会发生一个让我们自己也非常惊讶的变革，一种全新的学习中心将会像今天的淘宝一样出现，一个新的教育世界，将会孕育出更加美好的未来。

二、大数据和人工智能实现精准学习

所谓大数据，主要不是指数据的数量之大，而是指通过对维度交错、来源多元、类型多样的大规模数据的深度挖掘与分析，寻求数据背后的逻辑关系，使人们可以脱离以往依赖于小样本数据的推测或感性化的偏好选择，转向基于理性证据的决策。

所谓人工智能（artificial intelligence，AI）是研究、开发用于模拟、延伸和扩展人的智能的理论、方法、技术及应用系统的一门新的技术科学。“人工智能”早在20世纪50年代就有明确定义和应用探索，从图灵测试到专家系统、从图像识别到人机大战，人工智能早在20世纪就已声名鹊起。但是，人工智能的再度辉煌，却与大数据紧密相关。2012年之后的“大数据”技术推广和Web 2.0、Web 3.0＋物联网带来的互联网数据激增，直接释放了深度神经元算法的巨大生产力。人工智能在机器学习、自然语言理解和视觉处理方面高歌猛进，创造了许多新的传奇。

2017 年 7 月，国务院印发《新一代人工智能发展规划》，人工智能成为国家战略工程。此规划提出，到 2020 年人工智能总体技术和应用与世界先进水平同步，人工智能产业成为新的重要经济增长点；到 2025 年人工智能基础理论实现重大突破，部分技术与应用达到世界领先水平；到 2030 年人工智能理论、技术与应用总体达到世界领先水平，成为世界主要人工智能创新中心。

规划对人工智能教育也提出了一些具体的要求，如利用智能技术加快推动人才培养模式、教学方法改革，构建包含智能学习、交互式学习的新型教育体系。开展智能校园建设，推动人工智能在教学、管理、资源建设等全流程应用。开发立体综合教学场、基于大数据智能的在线学习教育平台。开发智能教育助理，建立智能、快速、全面的教育分析系统。建立以学习者为中心的教育环境，提供精准推送的教育服务，实现日常教育和终身教育定制化。这个规划，为大数据和人工智能在教育上的应用，也为未来学习中心描绘了一个美好的图景。

如果说，2017 年被认为是人工智能年的话，那么，2019 年将注定作为 5G 年而载入史册。6 月 6 日，中华人民共和国工业和信息化部在全球首先发放了 5G 商用牌照，标志着 5G 技术正式进入应用。

2019 年 6 月 27 日，世界移动大会在上海召开。中国移动在大会上举行了“5G 赋能教育 · 智慧点亮未来”的分论坛。该分论坛上发布的《5G 智慧校园白皮书》，提出了教育教学、教育管理、校园生活、雪亮校园、教育评价、5G 特色应用等六大智慧教育应用场景及解决方案，宣称将通过利用 5G、云计算、大数据、人工智能等信息技术手段，全面赋能智慧校园建设，标志着 5G 技术开启在教育上的应用。

5G，是第五代移动通信网络的简称，它与目前使用的 4G 相比，具有三个显著的特点，即高速率、低延迟、高容量。因此，5G 在教育上的应用，也有着几个重要的特点。一是大大扩展了物联网网络容量。通过物联网应用程序，可以帮助教师更方便地获得关于学生学习的各种数据，提高教育的有效性。二是较低的延迟和较高的速度将扩展 VR/AR（虚拟现实/增强现实）的应用，扩大课堂中混合现实内容和视频的容量。预计 5G 的延迟时间将减少到 10 毫秒以下，是人眨眼时间的 1/30，会大大改善 AR/VR 的用户体验，成为教师更有用的教学工具。三是视频与远程同步课程会变得非常便捷，将会更好地推动城乡教育资源共享。

1. 智能校园使学习环境更友好

智能校园又称智慧校园，不仅仅是过去“数字校园”的升级版，更是一个适应未来学习型社会的新型智能校园。有人概括了它的三个基本特点：一是能够提供一个全面的智能感知环境和综合信息服务平台，提供基于角色的个性化定制服务；二是能够将基于计算机网络的信息服务融入学校的各个应用与服务领域，实现互联和协作；三是能够通过智能感知环境和综合信息服务平台，为学校与外部世界提供一个相互交流和相互感知的接口。

也就是说，智能校园可以通过物联网技术，既连接校园网中的各个物件，连接人和人、人和物、物和物之间的信息输送与反馈，又连接学校之外的各种教育资源，实现资源的有效配置和充分利用、学校与社会的无缝对接。学生进入校园就可以自动签到，离开校园也可以自动告知家人，身体不舒服可以随时求助。智能校园通过大数据、云计算、人脸识别、语音识别等各种智能感知设备和技术，使学校真正实现平安校园、信息化校园。

大屏幕的电子白板、随时联网的平板电脑、虚拟现实的 VR 设备，智能学习室将彻底颠覆人们对传统教室的想象，学生不再需要黑板、粉笔，也没有教科书，再也不需要背着几公斤重的书包，甚至不需要携带任何工具就可以开展学习，无论是个体学习还是团队合作学习，学习室可以根据需要随时调整。教师作为学习的伙伴和助手，与学生随时进行现场或者网络的对话。总之，智能校园会让学习环境更加友好、更加温暖、更加人性化。

2. 立体综合教学场使学习更有效

所谓立体综合教学场和基于大数据智能的在线学习教育平台，就是能够把传统的课堂与教育现场与现代的网络学习空间等互联互通，西南交通大学徐飞校长在《数字化时代的大学再造》中提出了“五课堂”的概念，其中第一课堂即传统和现行的教室内课堂，第二课堂为校内课外社团、公益、兴趣小组等各种活动，第三课堂为国内校外各类社会实践、实习、实训和义工等活动，第四课堂为留学、游学、访学等海外学习、交流、考察和实习等项目，第五课堂则为易班（E-class）、MOOCs 课程、云学习、翻转课堂等虚拟课堂和网络交互等 E-learning 学习平台。前四个课堂是物理空间（physical space）中的课堂，第五课堂是虚拟空间（cyber space）中的课堂。

过去，这些课堂是相对隔离的，彼此之间缺少内在的逻辑与联系，现在课堂通过基于大数据和人工智能的在线学习平台加以整合，使这五个课堂共同构成全员、全过程、全方位、全天候、全社会共同参与的无时不在、无处不在的泛在课堂，从而实现在线学习与线下学习、个体学习与集体学习、课堂学习与自主探究等学习方式的多元融合，让学习更有效率。

3. 智能教育助理使学习更精准

在未来，智能教育助理会在教育教学过程中大显身手，智能、快速、全面的教育分析系统，会帮助教师从传统的备课、课堂讲授、答疑辅导、作业批改等教学环节中解放出来，如答疑辅导可以由虚拟代理教师完成，作业批改可以由学习伙伴或者智能系统进行，实现海量资源、共同学习与量身定制的高度统一。智能教育助理会根据学习者的学习过程和特征进行自动诊断，自主推送难度适合于特定学习者的内容，自动编制有利于特定学习者的习题，自动提出适合的阅读与实践活动建议，使学习活动更加个性化和精准化。

西班牙记者戴维·桑切斯报道了他们国家的一个校园里的人工智能教室的故事，这是一间极具未来感的教室，教室里配置了48块巨型屏幕，每块屏幕会出现每个学生的面孔。通过人脸识别技术，教师可以随时发现学生们是否对课程感到无聊、是否积极参与课堂教学以及是否感到疲惫。教师和学生都不必前往教室，在各自的家中或者办公室以及其他场所，就可以完成教学过程①。

---

① 桑切斯．我的老师是机器人：人工智能重塑教育．参考消息，2019－04－01.

四川成都七中的俞献林在《大数据是未来教师的加速器》一文中详细介绍了他们学校的案例。2013 年开始，他们开始推进未来课堂项目，让课堂连上大数据。大数据可以为所有学生和所有学科建立个人学习档案，建立属于每个人特有的“知识树”（见图 1、图 2）。图 1 是谢同学物理学科不同模块的知识树，图 2 是谢同学物理学科必修 1 模块各知识点的掌握情况。它们都是学生在学习的过程中生长出来的，不仅是对所学（单元、系统）知识进行全面性、基础性、主干性、系统性的知识建构，还能够将每个同学在这一学习阶段的学习情况用大数据给予实证：树上的每片叶子都记录了各部分的知识内容及它们之间的内在联系。每片叶子的颜色体现对该部分知识的学习状况，绿色代表优秀，褐色代表差，一目了然。每片叶子的颜色不是由某一次考试的成绩决定的，而是根据对每一堂课的学习情况记录、课后的每一次作业情况的提交统计生成的。这样就真正做到了“让学可见，让教可依”。

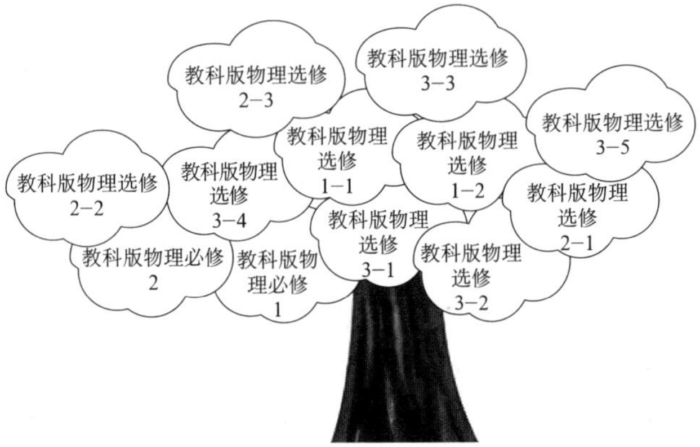

图 1　物理学科“知识树”

通过长时间的数据统计分析，他们还发现了学生某些学习行为与学业成绩之间的关联，如从 2014 年 9 月到 2016 年 10 月两年多的数据中发现，错题重做和收藏典型题的数量与学习成绩正相关的系数最大，大部分学习成绩好的大学生都有错误题目重新再做和收藏典型题目的习惯，这就为今后更加科学地进行过程性评价提供了参考。俞老师在接受《教师月刊》记者采访时深有感触地说，大数据和人工智能带来的最大改变，就是往精

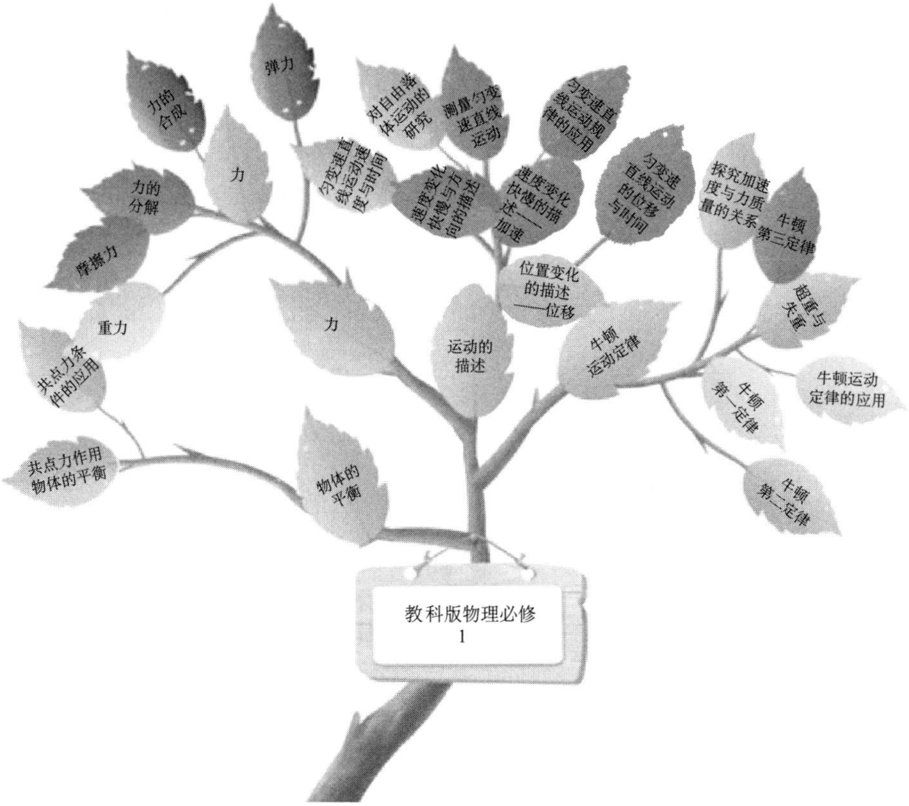

图 2　教科版物理必修“知识树”

准、个性方面迈进了一步。

当然，大数据和人工智能在教育领域的运用也有一些需要引起高度重视的问题。一是关于大数据背后的隐私与伦理问题。无论是小范围的班级和团队学习，还是大规模的在线学习，教育大数据的分析与利用过程涉及众多的参与主体，从个人到各级各类学校、教育行政部门和各相关大数据企业等，如果对数据的归属权、使用权、发布权等缺乏明确的规定，就可能触发泄露数据隐私的风险。二是关于只见数据不见人的问题。大数据和人工智能固然能够让教育与学习更加精准，但很容易陷入只见数据不见人、把活生生的人物化为简单的数据的误区。俞老师就一直有这样的担忧。他说：教育本是人与人之间双向的交流活动，但在翻转课堂的教学中，有一部分被“人与电脑”或“人与数据”替代了。这中间会不会出现问题？天天和一堆“嗔不怒，不言不语”的数据为伴，久而久之，孩子们会不会变得理性有余而感性不足？数据的精准，会不会让我们的孩子精明有余而纯真不够？数据上的你来我往，会不会让人与人之间面对面真诚的交流减弱？这些问题，的确是我们在应用大数据、人工智能于教育时，应该认真思考的。

三、游戏让学习过程变得更快乐

游戏是儿童天性。杜威说："游戏是儿童的精神态度的完整性和统一性的标志。"美国学者詹姆斯·约翰森等在《游戏、儿童发展与早期教育》一书中曾经论述过游戏对于儿童成长的三个方面的重要作用：一是对儿童的认知发展具有积极意义，如想象游戏能够预示发散思维能力；二是能够使个人获得独特个性，因为游戏是一种表达个体品味和兴趣的方式；三是能够通过游戏与他人建立联系，也是获得自我意识和成为群体一员的手段。

其实，游戏也是人类的天性。从牙牙学语的婴儿，到白发苍苍的老人，玩游戏的经历贯穿我们的一生。幼儿时期的过家家、捉迷藏、荡秋千、下军棋，青少年时期的篮球、足球、"密室逃脱"，成年时期的象棋、围棋、"掼蛋"（一种扑克游戏）、桥牌、麻将，一直到适合各个年龄段的网络游戏，让多少人乐此不疲、废寝忘食？据统计，2016 年，我国数字游戏用户规模达 5.66 亿，有接近 3/4 的玩家在游戏内进行了付费，消费 1 500 元及以上的达到付费玩家的 26.1%，这就意味着，有超过 1 亿人每年在游戏上的付费超过了 1 500 元。

来自美国的数据也发人深省。美国人从儿童时期到 21 岁，平均阅读时长是 2 000～3 000 小时；但是他们玩数字游戏的时间大约是 10 000 小时，这相当于他们从小学五年级到高中毕业期间在课堂上花费时间的总量①。

在中国，网络游戏一直是争论非常集中的问题。腾讯开发的《王者荣耀》就曾引发一场"电子游戏与青少年成长"的大讨论。这款游戏已经拥

① 麦戈尼格尔．游戏改变世界：游戏化如何让现实变得更美好．杭州：浙江人民出版社，2012：255.

有超过 2 亿的注册用户，其中中小学生占了很大比重。有报道称，一些儿童盗刷父母信用卡 10 余万元打游戏，有中学生连续 40 小时打游戏诱发脑梗等。电子游戏在儿童和青少年学生的成长中究竟扮演着怎样的角色？网络游戏和所有其他游戏对青少年学生的价值何在？它们到底是“荣耀”还是“毒药”？在未来社会，游戏究竟能否成为教育的重要内容和途径？这是一些无法回避的问题。从世界各地的探索来看，游戏完全可以成为未来学习的一支生力军。

1. 用游戏精神培养学生的自由创造、挑战勇气与规则意识

尽管人们对网游或者数字游戏有着不同的看法，但是，对于游戏蕴含的追求自由与创造、勇于挑战与闯关、遵守规则与约定、享受愉悦与幸福等特有的功能是没有异议的，这就是游戏精神的本质。

自由创造是游戏精神的最重要特点。有一位中学生游戏玩家把游戏视为一种“新型的故事讲述方式”。他介绍自己玩游戏的体验时说，在书籍、影视这些传统的故事讲述方法中，观众更多时候是被动接受故事而非主动参与。但是在游戏中，故事在玩家和场景、游戏角色的互动之间展开。虽然游戏剧本同样是事先固定好的，但做出抉择、决定故事走向的往往也是玩家本人。“玩家不再像隔岸观火一样静静地看着故事在自己无法触及的地方开始和结束，而是成为创造故事进程的主体之一。”这种参与感是其他故事讲述方式提供不了的。也就是说，在游戏中需要充分发挥人的想象力和创造性，这与未来社会对人的要求是一致的。

挑战勇气也是游戏精神的基本特征。游戏之所以吸引人，一个重要原因就是它能够激发人战胜困难的勇气。越是有挑战，挑战的难度就越大，也越是能够激发勇者的斗志。匈牙利心理学家米哈里·希斯赞特米哈伊提出，游戏能够使人进入“心流”（flow）的状态，“当人们自愿尝试去完成某个困难而有价值的任务，且把个人的身体和心智发挥到极限时，那些最佳时刻常常会翩然而至”。这里说的“心流”，其实就是“精神高度集中，具备平衡匹配的高难挑战与高超技能，获得一种控制与满足之感”。

规则意识也是游戏精神不可或缺的。因为游戏往往伴随着竞赛，竞赛

就要决胜负，决胜负就要有规则，遵守规则才能保证公平，这是游戏得以顺利进行的前提。所以，游戏者首先必须遵循规则，这是对游戏者的基本要求。

2. 用学习游戏让知识学习和技能训练变得有趣

过去，人们经常把游戏视为学习的敌人。因为总是担心游戏占用了学习的时间，殊不知游戏本身可以用来学习，“游戏化学习”或者“学习游戏化”已经成为国际教育的一个热门词汇。《游戏改变教育：数字游戏如何让我们的孩子变聪明》这本书就介绍了大量游戏化学习的案例。如基思·德福林研发的视频游戏《拯救小怪兽》，是一个学习数学的游戏，研究表明，只要每周 3 次、每次 10 分钟来玩这个游戏，坚持一个月，就可以非常显著地增强数学解题能力。美国还有一款名为《美国任务》的历史教学游戏，该游戏邀请孩子们通过角色扮演，化身为生活在那些历史关键时刻的青少年，从而学习美国的历史。这款游戏的第一部《为了王冠还是殖民地》塑造了一个身处美国革命战争时期的波士顿年轻人，他必须在冲突双方中选择一个阵营。游戏第二部《飞向自由》的主角是一位年轻女奴，她身处 1848 年肯塔基州的一家种植园，游戏进程中她必须逃亡到俄亥俄州去。这个游戏，对学生们掌握美国历史起了很大的作用。

游戏也可以用来帮助阅读。美国志愿者开发的《游戏：瓦尔登湖》，就是一款邀请人们阅读并思考《瓦尔登湖》的学习游戏。这个游戏没有不同关卡，只有阳光灿烂的白昼、星光闪耀的夜晚、泾渭分明的四季，以及一本记录着梭罗警句的日志。游戏中也没有武器，可以向朋友兼资助者爱默生借斧子，但斧子不能用来杀戮，只能用以劈柴。此外，帮助阅读《傲慢与偏见》的游戏《遨游于偏见》，帮助阅读《尤利西斯》的游戏《在尤利西斯中》，帮助阅读《爱丽丝漫游奇境》的游戏《虚拟爱丽丝》等，也非常受师生的欢迎。这些游戏，让学习变得更为轻松有趣，学习的过程也充满乐趣。我国在游戏化学习方面也有许多成功的探索。如深圳宝安区天骄小学一年级是“互联网＋游戏化”全课程“小蜗牛主题学习”中，孩子们跟着小蜗牛认识了动物世界昆虫、植物；在小蜗牛的陪伴下闯关，除了识字、阅读，还在活动模式下开展音乐、美术、体育学习，一个个游戏将学习任务串联起来，学科知识相互融合，学习不再枯燥无味，而是生动活泼、兴趣盎然[①]。

3. 用虚拟现实技术实现沉浸式学习

虚拟现实技术（virtual reality，VR），是指利用电脑模拟产生一个三维空间的虚拟世界，提供用户关于视觉、听觉、触觉等感官的模拟，让用户如同身临其境一般，可以及时、没有限制地观察三维空间内的事物。

虚拟现实技术集成了计算机图形技术、计算机仿真技术、传感器技术、显示技术等多种科学技术，具有多感知性（除一般计算机所具有的视觉感知外，还有听觉感知、触觉感知、运动感知，甚至还包括味觉感知、嗅觉感知等。理想的虚拟现实应该具有一切人所具有的感知功能）、存在感（用户感到作为主角存在于模拟环境中的真实程度。理想的模拟环境可以达到用户难辨真假的程度）、交互性（用户对模拟环境内物体的可操作程度和从环境得到反馈的自然程度）和自主性（指虚拟环境中的物体依据现实世界物理运动定律活动的程度）。

虚拟现实技术在教育上有着广泛的应用，如在医学院校，学生可在虚拟实验室中进行“尸体”解剖和各种手术练习。用这项技术，由于不受标本、场地等的限制，培训费用大大降低。例如，导管插入动脉的模拟器，可以使学生反复实践导管插入动脉时的操作；眼睛手术模拟器，根据人眼的前眼结构创造出三维立体图像，并带有实时的触觉反馈，学生利用它可以观察模拟移去晶状体的全过程，并观察到眼睛前部结构的血管、虹膜和巩膜组织及角膜的透明度等。这些技术能够使学习过程身临其境，达到沉浸式学习（immersive learning）的效果。

在这方面，已经有许多成功的应用案例。如许多医学院利用 Dextroscope 系统开展外科手术的教学实践，取得了很好的效果。该系统的左手工具和右手工具配合使用，通过立体眼镜可以看到三维立体图像，具有三维解剖结构的立体感和真实感。系统对整体图像和局部细节的把握同样准

---

① 尚俊杰．游戏化学习：以生为本的“催化剂”．中国教育报，2017－02－20.

确，与投影设备连接，学生可以多人观察操作过程和教师的演练步骤。学生还可以通过计算机终端进行影像数据导入、进入环境、解剖结构的三维重建、数据测量、手术计划、模拟手术等。同时，在必要的时候将同一病人的不同类型的影像资料进行融合，生成的三维图像会提供更加丰富的信息①。

游戏化学习将成为未来学习的一种重要方式，并不意味着未来的学习就能够完全像游戏。北京大学教育学院副院长尚俊杰博士认为，目前，游戏化学习面临三个方面的困难和障碍：一是表层的困难和障碍。主要是教师无法拿出大量时间来组织游戏的进行，引导学生的反思和总结，不明白自己在游戏中到底承担什么角色；学生也缺乏正确的学习策略或方法，这是人的因素。二是深层的困难和障碍。体现在动机、行为与成效方面，游戏与学习追求的是不同目标和境界，如游戏强调的是情感的沉浸，而学习追求是理智的沉浸，两者时常会有所冲突。三是游戏自身的困难和障碍。游戏具有自愿性和自由性，而学习化游戏进课堂后，成为正式课程的一部分，学生就无法自由选择，自愿与自由更是无从谈起。这是两者本质上的差异造成的困难与障碍。所以，游戏化学习仍然任重道远。②

① 余胜泉．互联网＋教育：未来学校．北京：电子工业出版社，2019：191.
② 尚俊杰．游戏化学习：以生为本的“催化剂”．中国教育报，2017－02－20.

第七章　政府如何治理学校？

——教育管理方式的新变革

未来的政府还需要管理学校吗？答案无疑是肯定的。因为治理体系和治理能力现代化，既是国家改革的总目标，也是对各领域改革的总要求，而推进教育治理体系和治理能力现代化，是中国教育走向现代化的关键。

推进教育治理现代化的关键无疑是民主与法治。未来社会教育治理的基本特点是：以教育治理的民主化，激活教育主体，引发教育主体的创造性；以教育治理的法治化，明确教育职责，健全教育治理，规范教育秩序。

一、科学决策：让教育政策经得起历史检验

政府的教育管理主要是通过公共教育政策来实现的。教育政策事关公众福祉，必须考量政策出台后的利益影响、舆论影响、社会影响等，考虑政策的可行性与前瞻性，行走在科学的轨道上，避免陷入各种误区。

改革开放以来，我国教育事业发展非常快，出台了许多科学严谨的教育政策。在最短的时间内实现了义务教育全普及、高等教育大众化。但应该承认，也有不少教育政策是比较仓促出台的，也没有取得非常显著的效果。有些政策出发点很好，结果却南辕北辙，事与愿违。究其原因，我们发现，与教育政策制定的过程是否民主、公开、透明有关。

改革开放以来，教育政策制定过程相对比较成功的案例是《国家中长期教育改革和发展规划纲要（2010—2020年）》（简称《纲要》）的决策过

程。这是一个典型的问计于民、开放式的有益尝试。

《纲要》明确提出了国家的教育指导思想与工作方针、战略目标与战略主题，并且对各级各类教育的发展、体制改革等问题做了全面的部署，提出了优先发展、育人为本、改革创新、促进公平、提高质量等教育工作的重要方针。应该说，《纲要》虽然也有不够完善之处，但总的来说是一个高水平的政策文件，这与《纲要》制定过程的严谨规范、开放民主是分不开的。

《纲要》的制定，经过了调查研究、起草论证、公开征求意见三个阶段，组织各地有关部门、学校、社会团体等广泛参与，两次在网上向全社会公开征求意见，动员人力之多、覆盖范围之广、社会参与度之高，无论是在我国制定规划的历史上，还是在我国教育政策制定的历史上，都是非常少见的，达到了广聚民意民智、凝聚共识的目的。

在《纲要》研制过程中，有数千名专家和各方人士参与调研，近 3 万人次参与座谈和研讨，形成 500 多万字的调研报告，人民群众通过各种渠道发表意见建议 210 多万条。我本人就参加了温总理主持召开的一次座谈会以及教育行政部门组织的多次专家研讨会。记得当时我就建议，从这次《纲要》的制定开始，国家要努力形成一个符合中国国情的教育决策的科学程序，形成一个“问计于民”的教育决策传统，从少数人决策走向民主决策，从简单程序决策走向规范程序决策。一些重要的决策，应该有一个小规模的试验过程。教育是慢的艺术，急不得、躁不得，与其朝令夕改，不如耐心完善。

可惜的是，我们发现也有一部分教育政策制定的过程比较仓促，具有一定的随意性。如撤点并校的政策等。再如第三期学前教育的行动计划确定到 2020 年全国学前教育普及率达到 85％的问题。我们知道，《纲要》中提出的“十三五”时期学前教育的普及率是到 2020 年达到 70％。但是《纲要》发布不久，我们提出了学前教育的两个行动计划，就修改为到 2016 年完成 75％的学前 3 年普及计划，而第三期行动计划则进一步提高到 85％的目标，超过了《纲要》规定的目标的 15％。

应该说，把学前教育作为惠民生的重要领域，出发点是好的。但是，我们准备好了吗？以幼儿教师的缺口为例，据不完全统计，最近3年北京、江苏、四川等地幼儿教师的缺口均在2万～3万名，而6所部属师范大学每年培养的学前教育教师才600人左右。培养学前教育教师的主力是中等职业学校。现在学前教育教师70%没有教师资格证书。学前教育作为惠民生的重要手段，让西部地区和农村的孩子们接受教育，这是好事。但是在那么短时间内规定那么大的普及力度，可能有点不切实际，还是应该尊重教育发展的内在规律。

2016年国家印发了《关于指导推进家庭教育的五年规划（2016—2020年）》（简称《规划》）。《规划》提出，“十三五”时期要建立健全家庭教育公共服务网络，要普遍建立家长学校或家庭教育指导服务站点，城市社区达到90%，农村社区（村）达到80%。在50%的城市社区和有条件的农村社区（村）家庭教育指导服务站点引入专业社会工作者。仅从我了解的情况来看，我国家庭教育的基础本来就非常薄弱，且不谈农村，哪怕在城市，要在4年内为50%的城市社区家庭教育指导服务站点引入专业社会工作者，以及要求90%的城市和80%的农村中小学、幼儿园、中等职业学校建立家长学校，这些目标在短期内是难以实现的。

所以，教育政策制定应该更加尊重教育规律，更加加强决策的科学化、民主化，更好地汲取民间智慧。

1. 建设国家教育数据库

现在我们赖以决策的教育数据基础薄弱，统计口径不一，对许多问题心中无数。如央视曾经报道某省的童工，一个村就走出去一二十位14～18岁的孩子。全国到底有多少童工，谁能够说得清楚。2015年有数据说我国农村留守儿童是6 000多万，2016年又说是902万，究竟哪个数据是权威数据？

再有一个是我准备2019年“两会”提案时遇到的困境。2019年“两会”期间我提交了一份关于“有效提高残障儿童入学率”的提案。根据教育部《第二期特殊教育提升计划（2017—2020年）》，明确提出要将残障儿童义务教育入学率在 2020 年提高到 95%以上。据统计，我国残疾人总人口在 8 500 万左右，但是持证的残疾人总数只有 3 600 万左右。按照总人口的数据推算，我国 0～14 岁残障儿童总数应该超过 800 万，按照其中 50%处在义务教育阶段统计，我国义务教育在校学生应该达到 400 万人左右。但是，根据《2017 年全国教育事业发展统计公报》的数据，当年全国特殊教育在校生为 57.88 万人，占不到 15%。这个数据是按照残疾人口占总人口 6.2%左右推算的，如果按照国外残疾人比例 10%左右推算，则数量更大，入学率更低。

发达国家一般都非常重视教育基础数据信息库的建设。如美国国家教育统计中心（NCES）是一个集教育信息管理、科学研究、决策支持、社会服务于一体的教育信息管理综合联合体。

NCES 的数据与信息都是公开的，在它的官方网站上，任何人都可以查询到美国学校的基本信息。这既有效防止了数据造假，也防止了教育信息的不对称；既为研究人员提供了可靠的基础数据，也为行政部门与研究人员、社会公众思考教育问题提供了一致的信息。

许多国家为了保证教育数据的可靠性，还通过立法和质量控制体系加以保障。如 1994 年美国颁布了《教育统计法》，英国的高等教育统计采用 ISO 9001 质量保证体系和 ISO 27001（信息安全管理）标准，对教育数据采集进行全过程监控和认证。

目前，我国教育数据没有一家权威机构归口管理，教育部有教育管理信息中心和设立在北京师范大学的中国基础教育质量监测协同创新中心等机构，但是这些机构的信息基本没有向社会公开，信息不对称的问题、基础教育信息缺乏的问题、各种教育信息数据彼此矛盾的问题等比较普遍。所以，未来应该尽快建立国家教育数据库，为科学决策提供准确、可靠的基本数据。

2. 建立教育决策咨询机构

作为咨询机构的智囊系统是决策民主化的制度安排。目前，我们所有的政策制定基本上都是政府主导，全过程参与，其实这不是最好的教育决策系统，不是效率最高的路线。我们有一个国家教育咨询委员会，但委员基本上是行政官员或者准官员，实行单位推荐和名额分配制。建议未来可用三种方式组建我们的教育决策咨询机构。

第一种是政府自办相关教育决策咨询机构。政府投入专门人力物力，进行专业研究，为相关决策提供权威参考。中国教育科学研究院和国家教育发展研究中心就属于这类机构。未来这两个机构可以尝试合并，成为国家的教育智库。

第二种是政府采用任命、委托、招标等方式，组建以专家学者为主体的教育咨询专门委员会，规定其使命与任务，限定其工作时间，然后由委员会在其主任的领导下独立完成指定工作。它的主要功能是审议重要的国家教育政策，或者研制重要的教育法律法规。可以把现有的国家教育咨询委员会改造成具有一定独立性的咨询机构。咨询机构的人员可以具有广泛的代表性。除了教育领域的专家，还经常邀请经济、文化等各界的专家，或者教师、学生和父母群体的代表参加，提交的研究报告可以领衔专家的名字命名，政府或教育行政部门有权力对报告及其结论进行审查，取舍、修正补充，当然也可以搁置。

第三种是社会团体自办的相关机构，即专家学者自主自发地积极参与到政策制定过程中，主动发挥自己的作用。他们在政治上与中央保持高度一致，但在学术上保持独立思考，坚持真理、深入探索。这类机构的使命在一定程度上就是“挑毛病”，找到教育的症结和问题，因为一个好的政策往往需要听取反面的观点、不同的意见和批评的声音。

3. 建立重大教育政策决策的听证制度

在未来，教育政策的出台必须听取广大民众的声音，听取他们的利益诉求，特别是政策直接利益相关群体的意愿与需求，并做出适时、适宜的调整，以避免该项政策对教育、对社会带来不利的影响与冲击。必要的情况下，应该通过媒体广泛征求意见。2004 年，国家发展改革委和教育部联合发布了《关于建立和完善教育收费决策听证制度的通知》，对教育收费的听证做了制度性安排，近年来，全国各地也相继出台了乡镇区划调整撤并学校的听证制度。建议对国家教育立法、国家重要教育规划等重大教育政策建立听证制度。

二、推进公平：满足人民对美好教育生活的向往

在党的十九大报告中，习近平总书记指出："中国特色社会主义进入新时代，我国社会主要矛盾已经转化为人民日益增长的美好生活需要和不平衡不充分的发展之间的矛盾。"这个基本的判断，揭示了制约我国社会发展的关键问题，明确了解决当代中国发展问题的根本着力点，也为我们的教育发展指明了方向。

人民对于美好生活的向往是什么？2012 年 11 月，习近平在与中外记者见面时指出，我们的人民热爱生活，期盼有更好的教育、更稳定的工作、更满意的收入、更可靠的社会保障、更高水平的医疗卫生服务、更舒适的居住条件、更优美的环境，期盼孩子们能成长得更好、工作得更好、生活得更好。人民对美好生活的向往，就是我们的奋斗目标。可见，教育是美好生活的第一要务。

其实，教育与美好生活之间，还有着更为深层的关系：更好的教育，本身就是更美好的生活。教育不仅是创造美好生活最重要、最基础、最关键的路径，也是美好生活最重要、最基础、最关键的组成部分。有更好的教育，才能有更好的生活，才能增强人民群众的获得感，才能为经济转型、科技创新、文化繁荣、民生改善、社会和谐，提供更有力的支撑，为实现"两个一百年"奋斗目标和中华民族伟大复兴中国梦奠定坚实的基础。

改革开放以来，中国教育取得了重大成绩，在很短时间解决了穷国办大教育的难题，实现了义务教育的普及和高等教育的大众化。但是，与整个经济社会发展的不均衡不充分相比，教育发展的不均衡不充分状况更为突出。我国的城乡之间、东西部区域之间、同一个城市的不同学校之间、社会的不同人群之间的教育还不均衡，幼儿教育、特殊教育、职业教育、终身教育发展还非常不充分，人民对教育的满意程度还不高，教育改革的

空间仍然很大。

中国教育不公平的最突出表现，就是教育发展不平衡。长期以来，中国教育走的是一条“效率优先”的道路，这是学习苏联教育制度的产物。在教育还不普及的情况下，教育资源分配实行倾斜政策：在不同的教育阶段，教育资源向作为精英教育的高等教育倾斜；在同样的教育阶段，教育资源向好学校、名校倾斜；在城乡之间，教育资源向城市倾斜。教育资源不均衡配置的结果，就导致中国教育发展长期处于不均衡状态。

改革开放以来，中国教育发展迅速，在很短时间内普及了义务教育，实现了高等教育的大众化，这在很多国家往往要用近百年的历史才能够实现。教育快速发展本来是纠正教育资源不均衡的好机会，遗憾的是，这种快速发展在一定程度上是以牺牲公平为代价的。地方政府热衷追求教育GDP，背后是一种追求效率的冲动，区域、城乡、校际的差距不是缩小了，而是比改革之前拉大了，由此产生了一系列问题。例如，由于学校和学校之间存在很大差距，优质资源集中在重点学校或示范校，引起了家长们对高品质学校的追捧，随之产生了“择校热”，“择校热”又进一步加剧了教育不公平。如果所有的学校，尤其是公立学校的资源配置基本均衡，至少在基础教育阶段就不应该出现“择校热”这种不正常的现象。

教育发展不平衡是教育资源配置不均衡的结果。教育资源配置不能以市场为主，而应政府与市场两条腿走路，以政府为主。

目前社会反映强烈的一些教育问题，如择校问题、应试教育、异地高考、外来务工人员子女教育等，本质上都与教育资源配置不合理有关。另外，在招生考试、就学等问题上还有因权力没有被有效制约而产生的不公平问题。

教育是促进社会流动的最好杠杆和渠道，是社会保持生机与活力的源泉。但如果教育资源配置不合理，不同学校、不同区域之间的教育差距太大，就会导致强势群体在相对好的学校读书，弱势群体在教学条件较差的学校读书，进一步导致社会分层相对固定，社会阶层流动性差。

教育公平是社会公平的基石。教育不公平会严重影响社会大众对教育的满意度。所以，公平应成为世界各国教育改革首先要解决的问题。

1. 优化教育资源配置

在未来社会，政府的公共财政要优先支持公共教育均衡发展，政府要合理地进行教育资源配置，采取公平优先的政策导向，建立全国范围内的教育基准，出台鼓励优秀教师和其他优质教育资源向农村倾斜、向中西部倾斜、向薄弱学校倾斜、向弱势群体倾斜的政策，把每一所公立学校办好，实现教育资源的公平分配。在保证机会公平——让所有孩子有学上的同时，尽可能争取条件公平——让所有孩子上好学，也要关注结果公平——让所有孩子学习好。公办学校的质量要均衡化，为所有的孩子提供基本相同的公共教育。

精英人士的子女如果要接受特殊的个性化教育，可以到高收费的民办学校去，贫困学生也可以通过学费减免等方式进入这些学校。这样一来，就能给民办教育腾出生长的空间。

2. 处理好公平与效率的关系

在未来社会，政府进一步推进教育资源均衡化，意味着名校不会再像以前那样获得更多资源，而且与“差校”相比，可能得到的资源要减少。有人担心会导致现在的一些好学校品质的下降，也就是牺牲效率。但是，政府的职责就是保底线、保基本。坚持教育资源均衡化，宁可牺牲一点效率，也应该下决心实现教育公平。通过教育资源均衡化，把薄弱的学校做好，帮助弱势群体有机会进入相对比较好的学校，才可能尽快提振全社会对教育的信心。

公平包括机会公平、过程公平和结果公平，从政府的角度来说，最关键的就是提供公平的机会，如努力办好每一所公办学校，努力满足老百姓孩子的基本教育需求，努力保证每所公办学校的基本办学品质，并且尽可能缩小学校与学校之间的剪刀差，减少择校现象。但是，公平不是一刀切，不是平均主义。公平还要满足不同家庭、不同孩子的不同教育需求，满足他们的多样化、个性化要求。从最理想的状况来说，最好的公平应该是差异化公平，让每个人得到最适合他自己的教育。

其实，公平和效率不是对立的。如果真正做到了教育公平，效率也会提高，因为在教育资源重新配置过程中，原来一般的学校会大幅地提高教育品质，那些好的学校在竞争中也会激发内部的活力。

三、简政放权：激发地方与民间教育活力

和教育公平问题比起来，教育质量问题同样突出。中国教育质量和发达国家相比，还有很大差距。不管是“应试教育”问题，还是著名的“钱学森之问”，都说明中国教育质量没有达到社会大众真正满意的程度。一个重要原因，就是教育的解放仍然不够，教育改革还有待进一步深化。

目前，我国各级各类学校的办学自主权不够，大部分事项都被教育行政部门规定了，学校没有真正的办学自主权。诺贝尔经济学奖获得者、经济学家阿马蒂亚·森认为，发展不能单纯理解为工业化或居民收入的增加，而应当是一个拓展自由的过程。而教育对于拓展人类自由、提高生活质量具有重大意义。教育状况将影响个人赖以享受更好生活的实质自由。能够赋予人们自由的教育的本质就是自由，没有自由就没有教育。所以，加大简政放权的力度，推进管办评的分离，是未来政府管理学校的基本方向。

1. 向地方、学校和社会放权

未来我国教育体制改革的关键就是放权。放权才有活力，自主才能创新。教育体制改革就是要通过简政放权，将地方的还给地方，将学校的还给学校，将社会的还给社会，使教育真正成为人民能够参与、全社会共同举办的一项事业。

一是向地方放权。要下放行政权力，将“因地制宜”作为教育公共政策的基本价值和指导思想。中国国土面积之大、人口之多、地方发展差异之大、区域教育发展之不平衡、自然地理环境之不同，是世界上少有的。试图用同一个政策号令全国的教育，用同一个标准管理所有的区域，不仅根本做不到，也是非常危险的。“一刀切”的行政运动和政绩工程，都会不可避免地出现许多偏差。例如，农村中小学撤校并点、清退农村代课教

师等政策，没有充分考虑国情、省情、市情、县情、乡情、校情的差异，造成许多问题，一定程度上影响了教育的正常发展。

未来应该允许地方根据自己的实际需要和资源情况，自主决定包括代课教师、教师编制、教师待遇在内的教师政策，自主决定教育结构和比例、学校布局等教育规划，自主决定学校教育模式、培养规格等，从而形成多样化的、生动活泼的教育生态。同时要尊重和鼓励底层自发的改革实践，把个别人、个别地方的成功探索通过制度化的方式进行推广。因为真正的教育智慧、真正好的教育探索，是从课堂生长出来的，不是办公室想出来的。尊重民间的首创精神是中国改革成功的一个重要经验。尊重基层的教育改革与创新，也应该是中国教育改革的一条主要路径。

二是向学校放权。按照建设“服务型政府”的思路，教育部可以通过制定标准、政策、拨款实现对学校的管理。同时，建立新型的拨款机制和校长遴选机制。

三是向社会放权。政府的主要功能不是直接当“划桨手”，而是当“舵手”。强化政府公共服务的职能，并不意味着强化行政控制，而是意味着建立服务导向型政府，用多种方式和途径满足社会需要，扩大公共服务能力和改善公共服务品质，同时，对公共服务的结果进行评价和控制。

向社会放权的一个重要方向，就是鼓励社会力量进入教育，有序发展民办学校。从发达国家走过的历史可以清晰地看到，民间资本进入教育对于教育发展具有非常重要的作用。民间资本不仅仅是解决教育经费、教育投入的问题，它本身是一条鲇鱼，会激发教育的活力；也会是一个标杆，让公立学校不敢懈怠。

据统计，目前全国各级各类民办学校已达 14 万所，在校生人数 3 911 万。民办教育在很大程度上丰富了教育资源的供给，提供了多元多样的选择，也在一定程度上激发了教育活力。但从总体来说，中国民办教育规模小、质量差的问题仍然较为突出，真正的社会力量并没有进入教育领域。民办学校的法人属性、税费优惠、产权归属等问题仍然没有得到妥善的解决。不仅民间的资本没有进入教育，民间的智慧也很少进入教育领域，许多知识精英在教育之外。

在中小学阶段，长期以来择校问题一直是个老大难。按照老思路老做法，再有若干年也未必能解决。原因在哪里？就在于学校之间的差距太大。政府提供的教育资源应该是均等的，应该是尽可能优质、均等的教育。

在高等教育阶段，至今基本上仍然是公立教育为主，许多二级学院、独立学院也不是真正的民办。即使少量的民间资本进来，也是利用了政府的品牌和资源逐步发展起来的。由于进入高等教育的门槛太高，所以社会力量远远没有进入高等教育领域，目前的政策也没有任何的吸引力。未来能不能用更好的政策吸引一流的企业兴办教育？能不能吸引第一流的人才进入民办教育，尤其是高等教育？国家能不能出台政策吸引发展优质的企业办教育？公立大学能不能做一些改制？在不远的未来，这样的改革势在必行。

在教育领域，政府与市场的关系应该是这样的：政府充分发挥保公平、保基础的作用，对公办学校进行均衡的资源配置；把市场交给民办学校，它们可以提供有特色的、选择性的教育资源。这也是未来政府管理学校的基本思路。在未来，政府办的学校，资源配置大致相同，从学校的硬件如图书馆、实验室、操场等，到学校的软件尤其是教师，都要尽可能相同，从而把从公办学校走出去的对教育质量有特殊要求的群体，释放到民办教育领域。

对社会的放权，还应该包括教育的对外开放。应该鼓励中外合作办学，允许国外教育机构到中国来独立办学。对外开放可以引进优质教育资源，满足社会和公众多样化的教育需求，扭转教育贸易的逆差。教育开放对于教育改革和发展的促进作用，这一点我们从经验上很容易认识到。中国经济改革就是以对外开放来带动的。通过开放和竞争来促进改革是最有效的方式。开放才能促进教育的多元化，通过资源型竞争向体制性竞争转变，形成良性的教育生态，促进教育体制改革。

中国教育的对外开放至今还是一个短板。应该继续解放思想，排除障碍，如对高教资源短缺的人口大省和西部地区实行特殊政策，鼓励举办更多类似宁波诺丁汉大学、苏州西交利物浦大学这样的中外合作大学，使中国学生在家门口就能够接受国际通行的大学教育，培养能够在全世界就业的中国人。

2. 全面实施管、办、评分离的教育体制

教育行政部门集管理权、办学权、评价权于一身，“管、办、评”一体化，使教育体制呆板单一，缺乏竞争，没有活力。由于教育行政部门既是教练员，又是领队、裁判员、运动员，权力过大，垄断性太强，又缺乏相应的监督和评价，很多教育问题难以及时纠正。虽然官方设有教育督导机构，但它们实际上归教育行政部门直接领导，很难对教育自身进行监督。

由此看来，要解决教育公平和教育质量这两大问题，归根结底还是要改革现行的教育体制。如果体制不改，那么其他改革就没有保证。例如，政府优化资源配置说起来简单，假如仍然是行政高度垄断，个别部门甚至是少数人说了算，缺乏有效的监督，实际操作中怎么保证以公平优先的政策导向来分配资源？如果没有实质性的体制改革，不去触动、解决那些影响教育发展的深层次问题，许多表面的“乱象”往往久治不愈，纠而复生，甚至愈演愈烈。因此，教育体制改革是教育改革的核心，是实现教育公平和提高教育质量的有效保障。

教育体制改革，首先要处理好政府、学校、市场三者之间的关系。这三者之间的关系，造成了教育管理体制有三种不同的模式。比如，欧洲比较重视学校、学术的力量，美国比较重视市场的力量，中国比较重视政府的力量，各有各的特点。我们应该多借鉴一些欧美国家教育的经验，充分尊重学术和市场的力量，将教育体制改革的目标定位于建立一个充满活力、运作规范的教育秩序，形成一种服务型的教育行政部门和机构。尊重学校的办学自主权，保证学校依法自主办学，实行民主管理，由懂教育的教育家办学，让教育真正成为“一池活水”。

在未来，教育行政部门将把公立学校的举办权交出去，交给各级政府；同时把评价学校的权力交出去，交给第三方机构。这样，真正实行管、办、评分离，教育行政部门可以集中精力从事教育管理与服务。

在未来，教育行政部门应该不再有自己直接隶属的大学，今后的高校分为国立大学、省立大学、市立大学和民办大学（含混合所有制、股份制等类型），教育部不再有自己的部属大学，各省教育厅也不应该有自己直属的大学和自己直接隶属的中小学。公立大学和中小学分别由各级政府举办、教育行政部门管理、专业机构评价、社会和专业机构监督，成立各级政府直属的教育拨款委员会，对高等教育机构和中小学进行拨款。

中小学原则上分为公办学校和民办学校（含混合所有制学校、股份制学校等），前者为政府公共财政拨款，后者为民间资金投入。政府可以通过购买公共产品服务的方式支持民办学校，也可以通过托管的方式将公办学校交给民间管理。这样，教育行政部门不再有自己的“亲儿子”（直属学校）、“干儿子”（公办学校）和“野儿子”（民办学校）之分，一视同仁地进行管理。

在未来，将全面建立现代学校制度，建立起变过程管理为结果管理的新体制，将过程管理的权力交给学校的自治管理机构，如学校学术委员会、家校合作委员会等。校长也要把相应的权力还给教师，让教师有更多的教学自主权。

在未来，文凭颁发制度也将会更加灵活和科学。教育行政部门不再直接颁发毕业证书与学位证书，改由学校直接颁发自己的证书，对自己的办学质量负责，并且接受教育行政部门和社会的评估监督。

在未来，将建立独立于教育行政部门的教育督导制度。现在的教育督导机构表面是属于政府直接领导，但是人员编制、组织关系一般还是在教育系统，不可能独立开展工作，也没有在公开媒体上发表独立的教育督导报告。教育质量监测部门也与教育督导部门分设，教育督导在督学和督政两个方面都无法真正开展。

3. 教育行政部门实行权力清单制度

中共中央办公厅、国务院下发的《关于推行地方各级政府工作部门权力清单制度的指导意见》明确指出：要分门别类进行全面彻底梳理行政职权，逐项列明设定依据；对没有法定依据的行政职权，应及时取消；依法逐条逐项进行合法性、合理性和必要性审查。同时，在审查过程中，要广泛听取基层、专家学者和社会公众的意见，公布权力清单，积极推进责任清单。加大简政放权、放管结合改革力度。

未来教育行政部门将进一步梳理其权力清单和责任清单，该放的，彻底放开；该管的，严格管好。尽可能减少各种行政审批事项，切实做到“法无授权不可为，法定职责必须为”。

4.“放、管、服”改革

2016 年 5 月 9 日，国务院召开全国推进简政放权放管结合优化服务改革电视电话会议。李克强总理在会上提道：“放、管、服”改革实际是政府自身改革，要“削手中的权，去部门的利，割自己的肉”。他还说，要让利于民，用政府减权、放权、限权和监管改革获得市场活力和创造力，以牺牲小我来成就大我。“放、管、服”是简政放权、放管结合、优化服务的简称。在未来的教育管理中，在未来学校发展的过程中，政府在努力加大管、办、评分开的同时，究竟应该如何做好“放、管、服”改革呢？

（1）如何“放”？

2019 年初，我去北大附中考察探月学院。这是一个什么学校呢？创办人王熙乔是北大附中的一个高中毕业生，拿到国外名牌大学录取通知书以后，没有去读书，而是就在母校北大附中办了一个探月学院。他们的团队以 20 多岁的年轻人为主，已经拿到了 5 000 万元的资助。我在他的办公室里看到他们用来激励自己的一句名言：“人类文明的延续是教育和灾难的比赛。”也就是说，我们人类文明究竟能不能发展、能不能战胜各种各样的灾难，取决于我们的教育。这帮年轻人有着很强的使命感，他们的梦想是培养有强烈热情、内心成熟的个体和积极行动的公民。他们做了很多不一样的课程设计，给了我很大的感动。

一个高中生创办的学校，很快吸引了全世界的瞩目。这说明，中国人是有行动力、有创造力的。这两年，我们“上九天揽月，下五洋捉鳖”，在登月、探海等方面取得了世界领先的成就，在高铁、5G 等许多其他领域，我们中国人也走在世界前沿。教育为什么做不到呢？我们能够给这样的梦想多少空间、多少机会呢？我们能让更多人在中国大地上做这样的探索吗？

20 年前，我发起了新教育实验，我们一步步往前走，在 2018 年获得了国家基础教育改革成果一等奖，到目前有 160 个教育局跟我们合作，全面推进区域教育变革。但是，这还远远不够，尤其是我们研发的课程在学校推广很难。我们研发了“新生命教育”“新教育晨诵”等非常棒的课程，但是走进学校的时候，发现课程时间都已经填满了，根本没有空间去尝试新的课程。所以，我就在想，我们能不能再解放一点思想？能不能给教育更多空间和权利？

那么，政府究竟如何“放”呢？关键就是要放心、放手、放权。

首先要放心。我们要相信教育者和受教育者，相信教育的举办人和管理者，政府放心了，社会才能安心。这个很重要，我们不能认定大家都在想从教育上赚钱，大家都在走歪门邪道，现实不一定是这样的。我们还是可以相信人性的善，相信中国有一群认认真真做教育的人。

在我们的学校，有大量推陈出新、变革教育的好故事，有许多热心教育、热爱学生、乐于奉献的好教师，对于这些好故事，我们还是讲得太少了。我们听到了太多的负面报道、消极声音。这些不是中国教育的主流。

政府要更多地让教育者大胆地展开教育实践。如果可以尝试放手，教师在教室里就会表现出你想象不到的精彩。要给大家充分的空间和时间，要有充分的耐心和宽容，不要刚刚露出一些端倪，各种各样限制性的规定就出来了。

其实，很多规定不一定是有道理的。比如，要求幼儿园零起点、小学零起点。这个规定虽然用意好，但其实是有问题的。每个小孩成长都不一样，我认识的一个小孩子，5 岁就已经开始学宇宙飞船和火箭方面的很多知识了，能够认识 1 000～2 000 个字了。让他与其他孩子一样“零起点”其实就没有必要。每个小孩子也都有自己不同的情况。所以，关键是要根据教育的规律，不要以统一的标准规定控制太多。

放手让大家去做，关键是放权。前几年我去美国，发现了一些很好的教育创新例子，突破了许多我们常规教育的框架。比如，我们前面提到的密涅瓦大学，他们在旧金山市中心的一个楼里办大学，根本就达不到我们国内办大学所需要的硬件条件（如 400 亩以上的土地、运动场地、图书馆面积等等），学生们以整个城市和全球为自己学习的场所。又如，斯坦福网络高中，是斯坦福大学里一层楼中的网络学校，学生完全在网上学习，能够获得高中文凭，而且教育效果很好。

为什么我们不能有这种突破性的尝试呢？是不是也可以办一些这样的学校？

改革开放 40 多年，我们已经接受过思想解放的洗礼。现在看来，我们的教育可能还需要再一次思想解放。其实，思想解放绝不是一次性完成的，我们经常在不断的解放—禁锢—解放—禁锢之间徘徊，经常面临一放就乱一管就死、要么一窝蜂要么一刀切的两难。因此，怎样真正地发挥教育工作者的积极性、主动性和创造性，仍然是很大的课题，需要我们去研究，这是我们体制机制改革的重要突破点。

（2）如何"管"？

2018 年 12 月，我去望京拜访了"一起作业"的一群年轻人。他们平均年龄是 24 岁，5 000 多个员工，融资了几十个亿在做线上教育事业。聊天的时候，他们告诉我，教育部现在规定所有 App 不允许直接进学校，都要经过当地教育行政部门的备案和批准。因此，他们需要跟全国所有的教育局分别一个个去沟通。这种情况下，互联网的教育发展就有很多阻力。究竟要不要备案是一回事，可以去讨论，但是，如何管理互联网教育企业，的确是教育领域的一个新的课题。

政府究竟怎么管理教育？可能大家感受很深的是开不完的会和应付不完的文件表格。这样的话，校长还会有时间沉浸教改吗？许多老师的时间，也被淹没在越来越多的文件表格之中，各种各样的"留痕"，弄得教师的休息权都没有保障。

那么，教育部门如何更好地管理教育呢？我认为重点应该管方向，管底线，管边界。

我们教育事业的方向是建设中国特色社会主义教育体系，实现中华民族伟大复兴的中国梦。所以，把握好教育的方向，包括对于未来中国公民应具备的人文素养、科学素养和综合能力，是我们人才培养的大方向，需要始终把控好。至于课程怎么开，用什么教材、什么方法教，完全可以交给学校和老师。比如北大附中的艺术课程就很有意思，他们没有用我们的传统美术、音乐课程，而是邀请了许多驻校艺术家，如服装设计的艺术家、沙画艺术家等，学生的作品许多都是艺术品，非常精彩。如果规定只能用美术、音乐的标准教材，学生们可能就不能充分发挥想象力和创造力了。

再如关于课程与教材的问题。我们一直在教授知识时做加法、做细分，加到学生喘不过气来，文理分科，造成了理科、人文相互割裂，学生的知识面与创造力严重受到制约。这样的方向其实是错的，因此，我们构建了以生命教育为基础的“真善美课程体系”。根据科学大概念，编制了一套面向未来，融数学、物理、化学、生物为一体的科学教育课程，根据大人文理念构建一套融哲学、历史、地理与文学为一体的人文课程。但是，这样的努力是很难进入我们的课程与教材体系的。

所以，我们的教育要管好方向，保证不偏离社会主义的办学方向；管好底线，保证不违反法律法规的底线，不违背教育的规律；管好边界，不抢别人的饭碗，不让师生做与教育无关的事情。在这样的前提下，把教育的内容和方法交给教师和学校，不是教育的事情不让教师和学校去做。要鼓励民办教育百花齐放，鼓励小规模创新型学校的探索，政策只需要把民办教育行业往公益性方向引导，规定一些底线就可以。限制太多，一刀切的各种各样的规定，很容易把整个教育行业都管死了。

（3）如何“服”？

习近平总书记在2018年11月1日召开的民营企业家座谈会上讲道：企业家要“坚定信心”，我国民营经济只能壮大，不能弱化；不仅不能“离场”，而且要走向更加广阔的舞台，让民营企业家们吃下定心丸，安心谋发展。

民办教育，也是民营经济或者非公经济的重要组成部分。相比较而言，我们对民办教育的服务这么做了吗？我们怎么给他们做服务的？我们能否也召集投资民办教育的人开座谈会、恳谈会，给他们吃定心丸，让他们好好地做教育呢？

对未来的学习中心，政府的角色是柔性地引导其不以营利为目的，引导它们做公益。中国的民办教育大部分是滚雪球发展起来的，如果政府能够给予足够的引导，让它们更好地发展，对教育事业发展就能起到巨大的促进作用。从一定程度上来讲，民办教育也是民办企业的一部分，总书记讲的话对它们同样是适用的。

那么，好的服务是怎么样的呢？一是暖人心，二是聚人才，三是促成长。

首先要让办教育的人感到温暖、有信心、有继续办教育的愿望，而且不想离场。总体而言，中国民办教育的资本不是太多，而是太少了。应让更多民间资本、民间智慧、精英人才进入教育。

同时，要吸引更多的年轻人、有活力的人进行教育的探索。中国教育需要更多有开拓精神的年轻人。我们也应该寻找更多年轻的力量和更青春、更有创新活力的人来办教育，中国教育如果没有这样的愿景和新能量是不行的。

而已经进来的人，要让他们感到温暖；没有这种温暖，就没有人愿意进来。中国教育也需要更多的资本进入，更多人才的参与。现在我们政府强大了，资金多了，好像不缺钱了，但是，如果把我们的教育和世界发达国家相比，差距还是很大的，我们的经费投入差得还很多。所以，我们还是要继续吸引各种各样的民间资本和优秀人才进入教育。

四、依法治教：让教育行驶在法制轨道上

依法办教育、依法管教育，是一个法治国家的基本要求。完善立法、有法可依，是法治的基础与前提。

长期以来，我国教育立法相对落后，许多教育问题的处理缺乏法律的依据。因此，在“十二五”期间，国家明确提出了“六修五立”的教育立法计划，即根据经济社会发展和教育改革的需要，修订《教育法》《职业教育法》《高等教育法》《学位条例》《教师法》《民办教育促进法》，制定“学校法”“教育考试法”“终身学习法”“学前教育法”“家庭教育法”等

法律。立法工作任重道远。

中国共产党十八届三中全会通过的《中共中央关于全面深化改革若干重大问题的决定》则提出“建设法治政府和服务型政府”的方向；在如何建设法治中国的问题上，提出了“深化司法体制改革”，“确保依法独立公正行使审判权检察权”，“健全司法权力运行机制”，“完善人权司法保障制度”的操作路径，为全面深化教育领域综合改革提供法治保障。

纵观世界各国，都非常重视教育立法工作。如日本的教育法律有100余种，包括《学校基本法》《教育基本法》《终身学习振兴法》《幼儿园设置法》《高中设置法》《学校教育法》《教育委员会法》《文部省设置法》《大学设置基准》《国立学校设置法》《私立学校法》《私立学校振兴助成法》《日本育英会法》《教育公务员特例法》《社会教育法》《环境教育法》《自立教育法》等。早在1947年，日本国会就颁布了《教育基本法》，明确了国家的教育目的、教育方针，内容涵盖教育机会均等、义务教育、男女同校、学校教育、社会教育、政治教育、宗教教育、教育行政等。这个《教育基本法》根据日本宪法精神制定，又是制定其他教育法规的依据。

美国重要的联邦教育法有100多部，许多法律是针对一个问题制定的，如《全国学校午餐法案》《美国情报和教育交流法》《儿童科学俱乐部法》《国防教育法》《儿童营养法》《聋人模范中学法》《全国职业学生贷款保险法》《高等教育设施法》《应急保险学生贷款法》《酒和毒品滥用教育法》《家庭教育权利和秘密法》《智障儿童保护法案》《伤残婴幼儿法案》《伤残人士教育法案》等。

在社会跨越式发展、环境日新月异的情况下，我们的《教育法》《教师法》《高等教育法》许多条文明显不能够适应形势发展的需要，亟待修订完善。许多新时代产生的新问题，更是迫切需要用立法加以规范。在我担任十一届全国人大常委会委员期间（2008—2013年），没有通过一部新的教育立法；十二届全国人大只修订了一部《民办教育促进法》，社会呼声极高的“学前教育法”“学校法”等至今都没有出台。

1. 建立法治思维与法制保障

教育治理的现代化，法治思维是基础。未来的中国教育，将真正落实依法治教，将各个方面的治理力量约束在法治的总体原则下，通过规范化、制度化的法律法规保障，释放教育机构办学热情，规范教育机构办学程序，引导教育机构治教的程序性安排，确立教育机构的法人治理模式。同时，通过法律法规制约变相的谋求权力、聚集资源、强化管控，将各种教育行为约束在法治原则下，对关乎教育体系及各个子系统进行监督管理，确保教育主体能够全身心地行使教学工作。通过立法鼓励企业、社会单位、个人捐赠教育事业，给予包括税、费方面的优惠。没有法制保障的改革必将困难重重、步履维艰。

十八届三中全会通过的《中共中央关于全面深化改革若干重大问题的决定》提出的关于建立法治政府、推进教育领域综合改革的目标，必须实现与《国家中长期教育改革和发展规划纲要（2010—2020 年）》的无缝对接，积极推动全国人大完善教育立法规划，积极推动中国教育的法制化建设，才能成为教育的钢筋骨架，支撑起教育的宏伟大厦。

2. 全面加快教育立法

调整全国人大的立法工作计划，把“六修五立”的教育立法工作列入全国人大的工作计划，对于“六修五立”没有包括的教育立法内容，如“教育督导法”“教育评价法”“国防教育法”“中小学图书馆法”等，可以在进行相关立法时考虑先纳入部分内容，条件成熟后再单独立法。

3. 加强教育执法检查

虽然人大常委会多次对义务教育法律执行的情况进行检查监督，但是诸如《义务教育法》等教育法律至今没有一个判例。有法不依，法律则形同虚设，需要引起充分警觉，加大落实力度。

第八章　从鉴别走向诊断

——考试与评价的新走向

考试与评价问题，历来是世界各国教育改革与发展必然会遭遇的问题，如肇始于21世纪初的美国“反SAT运动”“反标准化考试”等，就是美国在教育改革与发展中所遇到的考试与评价难题的具体体现。

长期以来，标准化考试是我们选拔与甄别人才的最主要的方法。如美国大学入学标准化考试（Scholastic Assessment Test，SAT）就是由美国大学委员会（College Board）主办的美国高中生大学入学考试之一，标准化考试成绩是大学衡量学生是否达到入学要求的主要条件之一。但是，越来越多的学者认为，标准化考试有致命的缺陷，认为这些考试只能测量与其他同年段学生相比，某个学生掌握了多少内容知识，而针对单个学生，这些测验无法判断每个人的潜力。甚至有学者批评说：“标准化测验唯一能准确衡量的就是学生为这些测试做了多少准备！”①

在我国，由于多种原因，形成了以考试为中心的教育体系。标准化考试在20世纪80年代以后，也成为我们考试与评价的主要方式。“考什么，学什么”“分数才是硬道理”成了许多学校教育的常态。“考考考，教师的法宝；分分分，学生的命根”，为了应付考试，各种补习班、强化班应运而生，严重增加了学生的课业负担。如何构建一个科学合理的考试与评价体系，也是我们思考未来学习中心必须面对的重要问题。

① 库奇，汤，栗浩洋．学习的升级．杭州：浙江人民出版社，2019：27.

一、考试与评价改革迫在眉睫

长期以来，我国的教育评价主要来自教育行政部门系统内部，教育行政部门既当“运动员”又当“裁判员”，考试评价主体不明，其科学性、公正性自然大打折扣。我们的考试与评价技术还停留在几十年前的水平，与素质教育严重脱节，所以，教育评价主体单一、模式单一、理论陈旧、技术落后、方法单一、功能单一、指标单一等问题相当严重。我们的考试与评价技术仍落后于世界，造成留学考试与评价全面西方化、中国教育国际化被“洋化”的趋势愈演愈烈。具体来说，我们的考试与评价有如下问题：

1. 学校教育凸显“应试化”

由于教育考试与评价的理论和技术的落后，在学校推进素质教育的过程中出现了许多怪现象：学校教育即考试，什么都考——方法要考，能力要考，素质也要考。将考“素质”窄化为考“学科”，考“学科”窄化为考“双基”。同时，将提高“素质”异化为提高“成绩”，提高“成绩”简化为提高“分数”，认为提高“分数”的确有“旁门”可走……因此，考试的公平性大打折扣。

日常生活中，与应试教育相关的培训补习广告随处可见，一个以“提分”“高分”为亮点，以学生、父母乃至学校为核心买主的教育市场赫然屹立。在大小城市，我们不难看到为数甚众的家长，一面抱怨孩子负担太重，一面又忙不迭地把孩子塞进各种辅导班，考拼各级证书，生怕漏了什么，贻误孩子终身。在校园，优秀学生成了“学霸”“考霸”，“一考定终身”的唯分数论升学通道，逼仄又拥挤。与之对应的是，学生的道德水平与身体健康遭受了严重损害。所以，素质教育的推进遭遇了“应试”重重围墙。

2. 达标考试时常“选拔化”

众所周知，目标参照性考试（达标性考试）与常模参照性考试（选拔性考试）无论在目的、功能还是技术上，都存在较大的差异。选拔性考试的目的是要在群体中进行区分，其功能是将符合某种品质特征的人与不符合这种品质特征的人区分开来，其结果是满足人才选拔单位的需求；而达标性考试则是以评估教育是否达到了既定的目标为目的，以描述、诊断学生学习过程中，教师教学过程存在的问题为主要功能，其结果要为未来的学习和教学提供重要的改进参考，为教育决策提供数据支撑。所以，基础教育阶段所有校内的大规模考试都应属于学业水平达标检测，应按达标性考试的常规要求进行命题与质量分析。而事实上，由于高考、中考的影响，初、高中的学业水平考试都按选拔性考试要求去命题、去评价，考试趋于“高考化”“甄别化”，选拔意味浓厚，所以中考和高考的导向性作用严重偏离新课改的预期目标。

现在的选拔考试（包括高考在内），只以学生的学科成绩来“总结学生的过去”、“评价学生的现在”和“预测学生的未来”，方法原始而落后。在这样的考试导向下，日常教学极容易走向“囫囵吞枣，死记硬背”和“题海战术，生搬硬套”，为了获得“分数”而导致“高分低能”。这种选拔“学科成绩”而不是选拔“学生本身”的考试思想与技术，已经耽误了一代人的充分又美好的发展，必须抛弃。

3. 选拔考试一考“终身化”

我国现行的选拔性考试都以一次的考试结果评定学生过去数年甚至十几年的发展过程，忽视考生的心态、情感等非智力要素对考试结果的重要影响。“一考定终身”毫无道理地提升了考试结果的重要性，而这种重要性则毫无意外地增加了考生的焦虑，而焦虑则导致考试结果偏离考生的真实水平，人才选拔无法实现理想的效果，从而使整个过程陷入一种无法自拔的恶性循环之中。

4. 教育评价呈现“单一化”

教育评价是“根据一定的教育价值观或教育目标，运用可行的科学手段，通过系统地收集信息、分析解释，对教育现象进行价值判断，从而为不断优化教育和教育决策提供依据的过程”，它包括考试下的价值判断，也包括非考试下的价值判断，所以教育评价并非由单一的考试来决定、来判断。而事实上，许多学校呈现了“评价必考试、不考试无法评价”的局面，教育评价方式单一。

教育评价作为学校与社会教育的重要环节与手段，具有检测、诊断、甄别、预测、导向等多种功能。近年来，学校教育，尤其是基础教育阶段中小学办学质量考评改革措施得到全社会广泛关注，各地积极探索取得了有益经验。但是，已经取得的成绩与已有制度与全面推进素质教育的要求还不相适应，突出反映在：只强调甄别与选拔功能，而忽视改进与激励的功能；只注重学习成绩，而忽视学生全面发展和个体差异；只关注结果，而忽略过程；只重视当前成就评价，而忽视发展水平评价；只重视常规管理制度，而忽视教师、学校评价制度，同时，已有的评价制度也不健全、不科学等。

5. 留学考试全面“西方化”

由于我国教育考试与评价理论、技术和模式的长期落后和停滞，我国的学生素质评估和学业人才选拔的技术、标准和模式远远落后于世界先进水平，使得我国的中高考考试成绩、课程水平成绩、综合素质评估分数等难以为世界教育先进国家所认可；导致长期以来我国学生留学必须经由“洋考试、洋评价、洋评估”，导致我国的教育国际化趋向于“洋化”。在当今全球教育趋同化并凸显国家教育个性化的时代，留学考试与评价却皆“洋化”，不仅加重了中国留学生及其家庭的负担，对人才培养是严重伤害，对国家教育更是严重浪费和损失，给中国教育国际化带来不良引导倾向，也给世界教育先进国家以及全球教育国际化造成负担和损失。

我们从未见过世界哪个国家的托福、雅思、SAT 等考试辅导具有如中国这般的超级规模，我们也从未见过世界哪个国家的留学生有中国学生留学这么艰难。一个国家的教育考试与评价成绩不被承认，等同于这个国家的教育不被承认和尊重。我们必须要改革和发展我们的考试与评价理论、技术和模式，我们必须要扭转留学考试与评价皆“西方化”、中国教育国际化被“洋化”的局面。

以上所有问题，表面上是我们的考试与评价观念落后、方法陈旧，本质上是由我们的考试与评价体制机制不合理、考试和评价技术严重落后所造成的。

二、第三方评价与未来学习中心

改革开放以来，我国教育行政部门高度重视考试与评价制度的改革。2002 年，教育部发布了《关于积极推进中小学评价与考试制度改革的通知》，对考试与评价的宗旨、目的、内容、方法等做出了重新界定，明确提出了建立以“基础性发展目标、学科学习目标”为基础的“三个有利于”评价体系。《国家中长期教育改革和发展规划纲要（2010—2020 年）》也明确提出，要以考试招生制度改革为突破口，克服“一考定终身”的弊端，推进素质教育实施和创新人才培养。按照有利于科学选拔人才、促进学生健康发展、维护社会公平的原则，探索招生与考试相对分离的办法，政府宏观管理，专业机构组织实施，学校依法自主招生，学生多次选择，逐步形成分类考试、综合评价、多元录取的考试招生制度。加强考试管理，完善专业考试机构功能，提高服务能力和水平。2013 年，教育部颁发了《关于推进中小学教育质量综合评价改革的意见》，明确提出“建立健全中小学教育质量综合评价体系”。2014 年，国务院发布《关于深化考试招生制度改革的实施意见》，启动上海、浙江高考综合改革试点。2018 年，包括北京在内的第二批试点省份制订出台高考综合改革试点方案。2020 年，全国全面实行新高考方案。

从试点的情况来看，虽然新高考的价值观是鼓励学生追求个性、高校实行多元选拔，同时保证制度的公平性和科学性，但也出现了物理等难度大的科目选考人数滑坡等问题。

包括高考在内的考试与评价究竟往何处去？我们认为，一个重要的思路，是借鉴世界先进国家的做法，发展独立于政府、招生机构之外的“第三方”考试与评价体系。

无论是世界上最具影响力、涉及范围最广的，被誉为“教育界的世界杯”竞赛的国际学生评估项目（Program for International Student Assessment，PISA），还是唯一代表美国教育评价体系水平，并被誉为“国家教育成绩报告单”的美国国家教育进步评价（National Assessment of Educational Progress，NAEP），其运作模式都为政府主导监管、专业机构（社会第三方）设计实施。

在美国，所有的考试与评价都是由独立于政府和招生单位之外的社会第三方考试评估机构组织和实施的，也形成了以美国教育考试服务中心（ETS）为首的几大考试与评价巨头，为全美大学入学考试以及各个州的学业评价提供产品及服务。其中，ETS 还承担了美国联邦政府委托的全国规模的教育质量评估工作。

分析美国当前这种机制，到目前为止，至少产生了几方面的社会效益：一是由于第三方的独立考试性质，不涉及招生利益双方之间的关系，考试的客观性、公平性、公正性得到了有效保证。二是由于社会化性质，评估机构需要在竞争中求生存和发展，因此更加关注考试与评价产品及服务质量的不断提升、产品和服务的不断创新、考试与评价技术的不断完善，从而使组织成为一个考试与评价技术不断创新的场所、专业人才集聚和培养的场所以及信息化研发的场所。三是一年多次的考试安排，以最好的一次成绩为升学依据，克服了“一考定终身”的弊端，减轻了考生的焦虑，使考试误差大大减小，人才选拔结果更加可靠。

所以，建议国家大力扶持和发展社会第三方教育考试与评价机构，这是独立于政府和学校或政府和招生单位之外，主要担负教育科研、顶层设计、工具研发、实施考试、组织评价、质量分析、跟进指导等职能的专业学术机构。第三方考试与评价体系的建立，无论是从克服我国现行考试与评价制度的弊端角度，还是从教育与科学技术创新的角度，都具有很现实的意义，应该成为我国考试与评价制度改革的一个重要的方向。

第三方考试与评价机构，主要应该承担以下任务：（1）了解区域或国家教育现状，诊断教育突出问题；（2）归因分析、跟进指导，为教育部门、学校科学决策提供数据支撑；（3）建构各类区域或国家大规模教育考试标准与评价机制，全方位、多功能服务社会；（4）制定并推进区域或国家中小学生学业评价指标，包括学业水平指数、学习动机指数、学业负担指数、身心健康指数、师生关系指数、教师教学方法指数、校长课程领导力指数、学生家庭背景对学业影响指数和跨年度的教育进步指数；（5）创新形成区域或国家的“课程标准、日常教学、考试评价”高度一致的考试与评价标准系统，在操作层面有效推进素质教育；（6）解决留学考试皆“西方化”的问题。

因此，建议国家出台相关政策，允许并鼓励社会化考试与评价的尝试，从已经掌握了符合素质教育评价与考试新技术的教育科研机构和社会机构（第三方）中，尤其是其考试与评价技术已经被国内外教科研机构及美国等教育先进国家广为认可和接受的社会机构（第三方）中，选择教育评价与考试服务机构，并且在部分省市和学校自主招生中开始试点。同时，对第三方考试与评价机构给予财政支持和税收优惠：在行政审批或注册方面予以更加便捷、高效、人性化的支持，在税收方面予以更优惠的政策，有选择地予以适当的财政资金支持；对这类机构的人才吸引和培养方面予以优惠的政策支持。

考试与评价的改革是一件技术性、政策性都非常强的系统工程。按照国际经验和研究，一套有效可靠可信的教育评价方式方法，至少需要 5 年以上的研发与实验；一套科学成熟的教育评价技术系统，则需要 10 年以上的研发与实验。由此可见教育评价技术研发难度，并由此可知教育评价改革的难度。这就需要政府和教育行政部门有更大的耐心和政策支持，自觉培养第三方机构，让更多社会考试与评价机构脱颖而出。

三、考试与评价的未来发展趋势

自 20 世纪 70 年代以来，人类教育评价大发展，从最初单一的测量功能（第一代教育评价），经过导向目标功能（第二代教育评价）、多元化区分评定功能（第三代教育评价），发展至第四代教育评价——以认知、成长为目的，以诊断（改进）和甄别（多元发展）为核心，实现了对学生个性化、多元化、全面综合发展的评价。

第三代教育评价理论的代表人物——美国教育评价专家斯塔弗尔比姆（D. L. Stufflebeam）曾经提出过一个著名论断："评价最重要的意图不是为了证明（prove）而是为了改进（improve）。"这个论断深刻影响了教育评价发展，突出了教育评价的诊断、甄别功能对教育改进和发展的重要推动作用，并指出了新一代教育评价实施和实现的关键——评价结果的解读和应用（教育咨询）。第四代教育评价理论的创立者、美国教育评价专家古帕（Egong Guba）和林肯（Y. S. Lincoln）把教育评价看作是一种通过"回应"与"协商"形成的"共同建构"，继续强化了教育评价、咨询与教育改进的一致性、协同性观点，认为教育评价、咨询是实现教育改进的关键。

未来的新一代教育评价系统，应该以第四代教育评价理念和理论为基础，融认知诊断理论、多维项目反应理论和实质性评价理论为一体，集成科学可靠的"评定、甄别、诊断"三大基本功能，不仅可以服务于教育科学决策和管理（评定功能），而且可以科学可靠地解决"因材施教→育才"（精细化甄别功能）、"因人施教→育人"（精准化诊断功能）等问题。

这样的教育评价技术系统对于学生、教师和学校都具有重要的价值与意义。对于学生来说，多元、多维度的评价指标体系和学生评价报告单、学生成长图谱（成长分析报告），有助于学生全面了解自己在学习和成长中的综合情况。多方位、多角度的对比有助于学生认识自己在学习上的长短板和优劣势，对知识、技能、能力的显性三维进行测量、评价、甄别与诊断；有助于学生发现和确诊学习上存在的问题点、困难点、盲点及其形成的原因和机制，进而找到解决问题的方向和方法。同时，学生相同的分数，可能具有不同的知识、技能和能力结构，有助于学生更客观正确地认识和看待自己，建立更为优秀的学习方法和学习习惯，从而树立更明确和准确的学习目标和提高方向。

对于教师来说，多元、多维度的评价指标体系和班级评价报告单、教学特征评价报告单，能够帮助教师更客观、直观地了解自己在教学和教研中的长短板、实际目标和偏好等。显性三维关联分析则有助于教师发现和确认自己在教学目标及教学中存在的问题点、困难点、盲点及其形成的原因和机制，进而找到解决问题的方向和改进方法。

对于学校来说，多元多维年级评价报告单有利于科学有效地推进学校的教研教管工作，并可以根据“学生评价报告单”“班级评价报告单”“年级评价报告单”中发现的问题，由学校组织教师进行教学研讨，找到更为优化的教学法，从而推进学校的教研工作。

2013年6月，教育部颁发了《关于推进中小学教育质量综合评价改革的意见》，明确提出要“建立健全中小学教育质量综合评价体系”。在这个体系中，对“科学运用评价结果”提出了明确的界定，一个是结果呈现，一个是结果使用。

所谓结果呈现，就是要对评价内容和关键性指标进行分析诊断，分项给出评价结论，提出改进建议，形成教育质量综合评价报告。综合评价报告要注重对优势特色和存在的具体问题的反映，不简单对学生和学校教育质量进行总体性的等级评价。所谓结果使用，就是要把教育质量综合评价结果作为改善教学过程、完善教育政策措施、加强教育宏观管理的重要参考，作为评价考核学生与评价学校教育工作的主要依据。要指导学生和学校正确运用评价结果，改进教育教学，发挥以评促建的作用。

所以，考试与评价的改革，不再是简单地给分数、排名次，而是真正能够以可靠的数据为决策依据，以可信的事实为基础，实现因材施教和因人施教，促进学生多元、个性、全面综合发展。在这个意义上讲，教育评价技术的发展对国家教育改革、学校管理、学生发展，具有非常重要和关键的意义和价值。

我们知道，全球教育变革、教育人本化、教育科学化与教育信息化浪潮汹涌而来，正以势不可挡之势冲击中国教育的方方面面，一场基于教育技术与教育互联网的教育革命已经来临。

这样的革命性的变化和未来，是建立在教育评价技术、大数据分析技术、教育科学系统为核心的教育技术体系上的。以可汗学院为例。他们开发了一个学生学习的练习系统，借鉴了游戏的评价体系，形成了学生对于每个问题的完整的练习记录。通过分析，形成了学生的知识地图①。教师在后台

① 余胜泉．互联网＋教育：未来学校．北京：电子工业出版社，2019：183. 也可以到可汗网站下载原图。

可以查看全班的数据，“蓝色”代表某位正在学习的学生，“绿色”代表这位学生已经掌握了知识点，“红色”则表明这位学生还没有掌握。教师根据知识地图，可以很容易得知学生的真实水平，了解学生用多少时间学习、花多少时间看视频、在什么地方暂停，甚至可以根据学生的需求定制化地为某位学生录制10分钟左右的微型课程，实现更有效更有针对性的指导。

因此，教育技术将极大地改变教育生态，它是以教育评价技术、资源技术、大数据技术、学习技术为核心，以信息技术为载体，实现教育科学化和教育效能最大化。也因此，基于互联网的教育评价技术将应运而生。一个融合了教育评价技术、资源技术、大数据技术、学习与教学技术，并融合了互联网交互和服务的教育技术云平台将会出现。

四、学分银行与未来学习中心

随着教育信息化和国际化、终身学习途径和方式日趋多样化，学习者对学习的选择性不断增大，社会对教育提出了更高要求。同时，我国现阶段教育存在教育资源分配不均衡、教学模式固化、教学体系封闭、学习方式单一等一系列问题，现有的教育模式与考试评价方式还无法适应未来教育的需要。基于以上难题，学分银行制度应时代而生。那么，我们究竟需要一个什么样的学分银行？它对于未来学习中心的意义又是什么呢？

1. 学分银行与学分银行制度

学分银行是指专门的管理机构、授证机构、学习成果认证机构与组织体系，是相应机构与组织体系赖以存在和运行的一整套标准、规范、规则和规定的综合。学分银行以学分为度量学习成果的单位，通过赋予学习成果不同学分的方式建立学习成果流通工具，用学分的储存和兑换，使不同学习成果之间的等值转换成为可能。

学分银行制度模拟和借鉴银行的机理、功能和特点，以学分为计量单位，是实现各级各类学习成果的存储、认证、积累、转换的学习模式和教育管理制度。它是利用信息化手段扩大优质教育资源共享的有效机制，是搭建终身学习“立交桥”、促进教育公平的有效途径。

2. 学分银行的组织架构

学分银行模拟银行的组织结构体系，是从“中央银行”到“地方银行”，从“地方银行”到“储蓄所”，最终到“个人账户”。

“中央银行”是学分银行的直接领导机构，设有学分银行管理委员会、学分银行专家委员会、学分银行工作委员会，它们对学分银行的构建、运行和管理进行指导和决策。

“地方银行”是指学分银行各地方分部，是面向社会的学分银行业务受理处，如学分银行上海分部。

“储蓄所”泛指开设课程的机构，如各高校网点，面向本校学校学生的学分银行业务受理处，负责本校学生的学分银行开户、学分认定审核和业务咨询等工作。未来，除开设课程的机构以外，所有开设课程的个人也可以成为“储蓄所”。

“个人账户”指在学分银行或“储蓄所”进行开户、上课、学分认定、成果转换，建立终身学分档案的学习账号。

3. 学分银行跨越教育五大鸿沟

学分银行制度有效调节了政府、社会、学习者、用人单位和教育机构等相关者的关系，跨越了目前各层次各类别教育间存在的鸿沟。

一是跨越了各个教育阶段之间存在的鸿沟。学分银行使得现有的学前教育、基础教育、高等教育、终身教育等各个阶段的教育相互贯通。

二是跨越了学历教育和非学历教育之间存在的鸿沟。学分银行的联盟机构依据标准委员会发布的认证单元，与已有学习成果进行对比，形成单向转换（课程置换）规则，同时，也可以通过认证单元组合新的学习成果，形成学历教育与非学历教育学习成果之间或学历教育专业（课程）之间的双向转换规则，跨越了学历教育和非学历教育之间存在的鸿沟。

三是跨越了公办教育和民办教育之间存在的鸿沟。学分银行通过学习成果互认联盟机制，使得拥有颁证权的院校、事业单位、行业协会、企业以及教育机构等均可参加，实现了资源共享、优势互补，通过市场机制推动了不同性质的机构之间的学习成果互认和转换，跨越了公办教育和民办教育之间存在的鸿沟。

四是跨越了国内教育和国外教育之间存在的鸿沟。学分银行吸纳国外知名高校、教育培训等机构加入，融合国外高新科技创新内容、先进课程等学习资源，为国民学习和文化素养提升提供丰富的学习和教育资源，跨越了国内教育和国外教育之间存在的鸿沟。

五是跨越了知识学习和能力培养之间存在的鸿沟。打通了能力测评、知识推荐、知识学习、职业推荐、能力培养的整个过程。通过与企业合作，共同运作，将知识获取和能力培养同时进行，淡化学历文凭的重要性，更加注重个人知识能力的培养，即个人学习完企业制定的课程并取得良好学分，可直接到企业工作，从知识到实践无缝衔接，大大减少了理论知识的学习时间，跨越了知识学习和能力培养之间存在的鸿沟。

4. 学分银行在线如何服务未来学习中心

学银在线是基于学分银行的机理，汇聚优质教育教学资源，构建一个全新的、开放的、多元的、融合的基于互联网的大学。学银在线是“立足终身学习、推进泛在学习、着眼未来学习”的新型学习模式，打造了面向终身学习服务的未来学习中心。

一是建立终身学习档案。学银在线建立了注册—选课—学习—学习成果存储—认证—积累—转换—发证的一个完整教育学习体系，更通过一人一号，一号终身的原则，建立个人学习档案，实现终身学习过程记录。在未来，文凭和证书或许不再那么重要，个人的学习历程才是最真实、最有效、最有价值的证书。

二是保障在线学习顺利进行。学银在线平台资源丰富，不仅包含国家开放大学课程、新教育研究院课程、超星课程，还包括了众多联盟机构的优质教育教学资源。学银在线学习方式灵活、开放、多元，打破原有模式，对学习者提供了选课、选学、选读等不同学习模式，满足不同学习者的需要。

三是进行学习认证评价。对证书进行双重认证：首先，对课程提供方进行逐级评分认证，由“储蓄所”（课程委员会对认证机构）进行认证，机构再对个人进行认证；其次，进行第三方认证，即对认证机构的再次认证，对“储蓄所”进行信用评级，组建最高课程委员会评价体系（肯定、评价课程的质量），课程质量以专家评级为主，选课频次、课程排名榜可作社会认证；委员会制定课程体系及课程标准（建立从小学至大学所有课程、证书的认证体系）。

四是实现学分兑换与证书发放。在学银在线学完即可兑换学分，不同“储蓄所”之间学分可互相兑换，参加联盟的单位之间可进行学分互认。学分达到要求，即可随时直接拿证书，不再有传统的学校、学期、学年概念，任何时候都可拿证书，而且证书类型不再仅仅以专业划分，增加了以课程为单元的课程证书。

五是建立奖励机制。平台还设立积分排行制，对热门证书、热门课程、最受欢迎教师、学习之星等，根据积分等级设置不同奖励。

学分银行充分利用互联网技术，借鉴银行运作原理，有效跨越了现阶段教育中存在的鸿沟，落实了党中央关于深化教育改革的指导思想。学分银行和基于学分银行机理搭建的学银在线，构建了教育的淘宝、教育的银行、泛在的学校，形成了“人人皆学、处处能学、时时可学”的未来学习中心。

前不久，我非常高兴地看到，学分银行的概念已经在美国的“准入、平价与成功联盟”的探索中得到检验。这个联盟由几所著名大学的招生负责人发起，他们一直因为“被单一的考试机构绑架而感到很沮丧”，决定去寻找一种替代方案，最后发现竟然可以有更加理想的招生录取方式。现在，这个联盟已经有100多所大学参与，他们为申请入学的学生提供了一个申请平台、一个学生学习成果的数字储物柜，以及与指导顾问、导师和校友交流的在线平台。学生可以在准备申请材料时调用数字化档案中的案例，从而体现出自身的进步性、创造性，以及真实的学习成就。在这样的平台中，学生不必逼迫自己在标准化考试中拿高分、进行大量重复性的练习，而只要放手进行创造性的活动、进行科学实验，写小说、做公益活动等等①。

---

① 丁特史密斯．未来的学校．杭州：浙江人民出版社，2018：89.

第九章 与孩子一起成长

——家校社合作共育的新格局

父母、教师、学生组成学习共同体，家庭、学校和社会的合作共育是教育现代化、民主化、科学化的必然要求，也是教育和社会发展到当今信息时代的必然选择。父母作为儿童的监护人，原本就拥有教育权，这种源自“教育原始的委托者”身份的教育权，在工业时代才开始更多委托给学校行使。到信息时代，随着对教育要求的改变，随着学校自身的改变，无论家庭是自愿还是被迫，都将越来越多地进行教育上的选择和参与。

《深度学习》一书的作者特伦斯·谢诺夫斯基提出，在 19 世纪，农场劳工被机器取代，机器在城市工厂创造了许多新的工作机会，所有这些都需要一个教育系统来培训工人新的技能。进入 21 世纪，由人工智能开辟的新职位需要许多新的、不同的、不断变化的技能。传统学校已经无法适应这种终身学习的格局，“需要一个以家庭而不是学校为基础的新教育体系”。所以，与孩子一起成长，是新时代对于教育者提出的新要求，是对未来学习中心提出的新要求，更是父母与教师教育孩子的不二法门。

一、学校不是教育的唯一场所

从教育史来看，家庭、学校和其他社会教育机构等，由合至分，由分至合，在不同的历史阶段，以不同的方式共同推进了教育的发展。在人类远古文明的漫长岁月里，教育在社会实践中进行，既没有固定的教育场所和专门从事教育的专职人员，主要内容也只是渔猎和农耕等劳动技术与生活经验的传授。家庭出现后，原来由社会承担的教育任务，开始由家庭与社会共同承担。也就是说，在学校出现之前，教育早已经存在了。教育的历史比学校悠久得多。

最早的学校萌芽，与家庭一样，也出现在原始社会的末期。随着生产力的发展和剩余产品的出现，原本存在于社会生活中的教育逐渐分化了出来——学校诞生了。最初的学校只是少数人享有的特权，大部分人的教育仍然主要在家庭和社会生活和生产劳动中，通过口口相传的方式进行，直到现代学校教育制度伴随着工业革命的兴起而出现。现代学校制度出现以后，家庭和社会仍然承担着教育的任务，但是由于越来越多的父母参与到生产活动中去，他们有自己专门的职业活动，这在很大程度上导致他们开始“走出”家庭，逐步“淡出”教育的舞台。学校因而成为教育的主渠道，承担着最重要的教育使命。但即使在这个时候，学校也不是教育的唯一场所。

直到 20 世纪 60 年代前，家庭与学校的联系与合作都是比较少见的，只有在出现各种事件或变故时，如孩子在学校出现了严重的行为问题，或在家中显露出受到极度的课业压力时，彼此之间才会相互联系。20 世纪 60 年代开始，西方国家掀起了以教育机会平等为基本内容的平权运动，强调关注处境不利的儿童和家庭的教育机会。1966 年，《科尔曼报告》提出了一个令学校教育感到尴尬的研究结论，即在影响学生学业成就的几个重要因素排序中，学生家庭的社会经济地位（SES）位列第一，超越了教师和学校因素，成为影响孩子学业成就的关键因素。同时，休厄尔（Sewell）、豪泽（Hauser）等教育社会学家的研究也发现，父母的参与和期望是儿童成长的重要中介变量。这些研究让人们重新思考家庭与学校教育的关系问题，重新考量家庭在教育中的作用，家庭、学校与社会的合作问题也开始提上议事日程，许多国家先后出台了推进家校社合作的政策，鼓励父母参与到孩子的教育中来。

20 世纪 70—80 年代以来，以美国为代表的世界各国都开始广泛关注和重视家校社合作共育问题，从财政支持、法律体系建设到理论研究，都加大了力度。20 世纪 70 年代开始，美国教育界出现了一场声势浩大的有效学校运动。该运动的主旨是促进教育机会均等和提高学校质量，提出的重要策略是父母参与学校教育，改变过去学校与家庭相互隔离的方式。1970年，美国国会通过了《初等和中等教育法》的修正案，第一条款就提出成立父母咨询委员会（Parent Advisory Council），以协助学校设计、发展和实施那些促进低收入家庭儿童发展的计划，父母参与教育的权利正式纳入联邦教育法规。1983年，冷战背景下的美国高质量教育委员会发表了名为《国家处于危机之中：教育改革势在必行》的报告，促进家校合作是报告的重要内容。在1988年的《霍金斯-斯塔福德中小学改善修正案》（Hawkins-Stafford Elementary and Secondary School Improvement Amendments）中，再次强调为改善中小学教育，需要增进父母参与。在这个背景下，父母参与成为学校的常态，部分父母成为学校决策层的重要成员，对于所在学校的教师聘任、课程设置、教材选用，乃至学校的资金预算等都有一定的发言权。父母还可以通过竞选学区教育委员会、学校校务委员会、父母咨询委员会或学校咨询委员会的成员来参与学校决策。这一时期还出现了一些新的家校合作组织，例如，美国合作伙伴关系联盟（NNPS）研究中心；2006年苏格兰政府颁布了《父母参与学校教育法》，2007年在伦敦国王学院建立了国立育儿辅导学院。

在这场席卷全球的家校合作探索中，我国也进行了若干探索。自改革开放以来，党和政府不断加强相关制度建设，先后出台了一些政策、法律、规章制度，为深化家校合作共育提供了政策依据与规范操作方法。其中，2010年中共中央、国务院印发的《国家中长期教育改革和发展规划纲要（2010—2020年）》，明确把家校合作共育作为教育改革的重要内涵，把建立中小学家长委员会作为现代学校制度的重要内容。2016年11月，全国妇联联合教育部等八个部门共同印发了《关于指导推进家庭教育的五年规划（2016—2020年）》，对家庭教育发展做了全面部署。香港特区政府教育部门为了发展家庭和学校关系，在1993年成立了“家庭学校合作事宜委员会”，推动家校联系，广邀专业人士及社会各界有名望人士加入。

从我们对家庭、学校、社会三者关系及其演变过程的考察来看，尽管学校是有计划、有组织地进行系统的教育活动的组织机构，学校教育的专业性等特点保证了其效率与优势，但学校教育从来不是孤立的存在。家庭和社会在教育中的作用被严重低估了。我们知道，家庭是以一定的婚姻关系、血缘关系或收养关系联系起来的社会群体，是“社会最微小的细胞”。家庭是一个人最早接受教育的地方，也自始至终地影响着一个人的成长。这就是家庭的教育属性。家庭教育，从广义上是指家庭成员之间的相互教育，从狭义上是指父母或其他年长者在家庭内自觉地、有意识地对子女进行的教育。家庭教育最明显的特征是非正规性，它不可能像学校教育那样有统一的课程标准、教育内容、作息时间和考试评价。但家庭教育同时又有其独特优势：一是时间上的优势，孩子日常只有6～8个小时在学校，而其余更多时间在家里或课外；二是情感上的优势，家庭教育具有用血缘和亲缘关系对子女产生影响的优势，可以利用亲情和父母言行的示范作用，对子女进行教育；三是资源上的优势，家庭教育可以超越学校的时空限制，利用所有的资源，通过从社会交往到旅行考察、从各种媒体到网络资源等多种途径进行教育。

从未来教育的发展来看，家庭在教育中扮演的角色会越来越重要。这是因为过去学校几乎“包办”了教育的一切，提供了全部教育资源，学习活动主要发生的地方也在学校。未来社会，这个格局将被彻底颠覆，学校（学习中心）不可能包揽教育的全部内容，教育资源的提供者将更加多元开放，学习活动发生的场所也不再局限于学校（学习中心）。在一定意义上，这是一次教育的“回家”。教育的“回家”，对父母的素养提出了新的挑战和新的要求。

长期以来，社会（社区）在教育中的作用也没有受到足够的重视。学校和家庭都处于一定的社区之中，社区是家校合作的重要空间环境和文化环境，也是重要合作伙伴。根据美国学者爱普斯坦的“交叠影响域理论”，家校社合作共育是学校（学习中心）、家庭、社区合作，三者共同对孩子的教育和发展产生叠加影响的过程。家校社三者是合作伙伴关系。我们认为，学校、家庭和社区虽然各有职能，但彼此间又密切相关。学校不仅仅是教育活动的组织机构，还是社区的文化中心和文明引擎；家庭不仅仅是亲缘关系的社会单元，还是孩子的课余学校与亲子乐园；社区不仅仅是区域生活的共同空间，还是孩子的第二课堂和实践基地。

在教育中，学校（学习中心）是专业机构，家庭和社区是非专业单位。专业和非专业两者之间，一旦发生合作，一旦围绕教育问题进行精神交流，就形成了教育磁场。就像南极和北极，看似距离遥远，其实彼此呼应，形成磁力，影响着磁场中的一切。家校合作共育中产生的这种“磁场效应”，会让所有参与者产生精神共振，就当下而言，会有潜移默化的“不教之教”的良好效果；就长期来说，有着辐射社会并提升全民教育素养的重要功效。这将是一种理想的立体化、大教育状态。

我们在家校社共育的工作中所要做的，就是把精神交流发展为精神共振，从而加强教育磁场的正向磁力，让这磁力作用于学生、教师、父母等所有相关人员身上，并通过磁力持续向外扩散，将教育的影响力继续向全社会辐射和传播。

二、未来社会的家校社合作共育

全美受教育者委员会（NCCE）曾先后出版《证据在增多》和《证据继续增多：家长参与可提高学生成就》两本著作，通过数十项研究分析，得出了几个非常重要的结论：第一，家校合作较多的教育项目能使学生在各方面表现出色，而几乎没有家校合作项目的学校的学生，表现则一般；第二，与家庭、社区保持联系的学校，其学生的表现优于其他学校；第三，与学校保持经常联系的父母，其孩子的成绩一般高于那些家庭背景和能力相当，但缺乏与学校合作的家庭的孩子；第四，当父母对其孩子的教育显示出兴趣，并能对他们的表现保持高期望时，他们就能够激发孩子的内驱力和成就感；第五，在学校里表现欠佳的学生，一旦其父母参与转化工作，往往进步显著；第六，良好的家校合作能密切师生和亲子之间的关系，从而强化学校教师和父母的权威形象及其对孩子的影响力。

社会化不仅是儿童的任务。成年人其实也面临着一个再社会化或者继续社会化的问题。家校合作共育给父母们提供了一个重要的学习机会和成长平台。由于父母们来自各行各业，他们在分享教育子女的意义和经验的同时，也可交流其他诸如职业和生活方面的信息，在广交朋友的过程中学习别人的长处，为自己今后的生活开辟更广阔的道路。

对于教师来说，家校社合作共育使自己更加全面、客观地认识学生，学习与别人交际的能力，推动合作向更好的方向发展。另外，家校社合作共育也是社区各种相关人员学习与成长的过程。在家校合作共育中可聘请一些校外的、尚未成为父母的志愿工作者，由他们来担任联络人、指导员或校外辅导员的角色。学校可对他们进行相应的培训，然后由他们对父母提供儿童教育指导。他们从父母处得到的信息又可反馈给学校，为学校的进一步决策提供依据。家校合作还会涉及政府机关、专业社会组织、社区服务机构（如图书馆、科技馆、博物馆、少年宫、电影院、医院、商场等）的支持与协调，这也是一种相互学习、相互受益的过程。在教育孩子的过程中与孩子共同成长，是家校合作共育的特点，也是最理想的境界。

美国学者爱普斯坦曾经总结了六种家校合作活动的实践模式：（1）当好家长；（2）相互交流；（3）志愿服务；（4）在家学习；（5）决策；（6）与社区协作①。考虑到未来社会的特点和中国家庭教育的实际，我们进行了新的思考与归纳，从四个方面重新梳理了家校合作共育的内涵。

一是家庭教育指导。它是指未来学习中心和社区具体指导父母如何处理好家庭关系，如何认识孩子的身心发展特点，如何科学地教育孩子；教会做好父母的基本知识与技能，帮助父母了解学习中心的特点与规律，了解孩子学习的现状与特点，获取社区的教育资源等。

家校合作共育的效果如何，在很大程度上取决于父母的教育素养。所以，指导家庭提高教育的科学化水平，应该是家校合作共育的应有之义和基础工作。在这方面，未来学习中心应该发挥主导作用。作为专门教育机构的学习中心和作为接受过比较系统的教育科学训练的教师来说，对儿童的身心发展特点、对儿童的学习方式、对学习中心的情况更加熟悉，所以，应该自觉承担起指导家庭教育、帮助父母成长的责任。从指导学生，到指导父母与学生并重，是未来学习中心的重要任务。

---

① 爱普斯坦，等. 学校、家庭和社区合作伙伴：行动手册：第3版. 南昌：江西教育出版社，2012.

二是学校生活参与。它是指学生及其父母及社区代表对未来学习中心教育实践活动的参与，主要包括决策参与、课程参与和管理参与。决策参与是指通过校务委员会、家校合作委员会等机构参与学校的重大决策，反映学生与父母的各种诉求，为学习中心的发展提出合理化的建议。课程参与是指参与到学校课程的规划、设置、研发、实施和评价的各环节之中，如结合自己的专业、职业，为学生开设课程或讲座等。管理参与是指学生及其父母和社区的代表参与学校具体事务的管理过程，一般通过志愿服务的方式进行，如在图书馆、食堂担任管理者，在学校上学、放学期间协助学校导护教师维持秩序等。

在家校社合作共育的过程中，经常会忽视学生（儿童）的权利。所以，应该通过制度化的安排，如让学生代表旁听决策讨论会，向学生征集预设立课程的主题等，让儿童参与决策、课程和管理的三个环节。

三是家校互动沟通。它是指家庭、学习中心、社区之间通过各种媒介，建立正式和非正式的沟通渠道，及时交流和分享相关信息，如学生在学校或者家庭的相关情况，家庭或学校、社区的重大活动等，以增进互信、促进合作。互动沟通的诸多内容也体现在指导家庭教育及社区参谋、家庭和父母及社区参与学校教育两方面，此外，互动和沟通还有其特有的目的作用，如增进互信等。家校社合作共育的效果如何，直接取决于家校之间的信息沟通交流是否对称、是否充分、是否有效。

四是社区融合协作。它是指家庭和学习中心真正地融入社区，利用社区的教育资源，与社区的各种机构和人员通力协作；社区也主动开放各种资源，主动配合、积极参与家庭和学习中心的相关活动。社区融合协作的主要形式包括学习中心辅助社区服务家庭，推动家庭和组织指导孩子参与社区相关活动，社区帮助学校、服务家庭，为学校和家庭参与社区活动提供便利等。

在家校社合作共育中，社区是不可或缺的重要教育资源，与家庭、学校是非常重要的新型伙伴关系。家庭、学校本身位于社区之中，父母、教师和孩子本身也是社区的重要成员，社区的各种机构，如博物馆、科技馆、图书馆、文化馆、影剧院，甚至银行、企业，包括各种社会组织等等，都能够在教育过程中发挥不同的作用。

三、未来学习中心父母的角色

学习中心，父母如何参与？

当然，术业有专攻，未来有能力举办家庭学习中心（家庭式学校）的毕竟是少数。

大部分父母，还是要把孩子送到不同的学习中心去学习。但是，与传统学校教育一个明显的不同在于，未来的父母不再对学校顶礼膜拜，不再相信学校就是绝对权威，而会主动参与、积极投入，成为未来学习中心的发现者、创造者、管理者、参与者、施教者、学习者。

1. 父母是未来学习中心的发现者

未来学习中心，是以学生为中心的。但是，对于未成年的儿童，自己不具备发掘自身特长、甄别学习中心特点的能力时，父母的意见和建议就起着极大的作用。

因此，父母首先是未来学习中心的发现者。根据学习中心的特色，结合孩子的身心特点，为孩子挑选出一些学习中心，再由孩子在其中自主选择。

此时的父母，就像一位营养学家，必须先为孩子发现各种食物的营养，再由孩子根据自己的口味去烹调。

2. 父母是未来学习中心的创造者

在未来，当许多父母更彻底地回归教育之时，许多家庭将有可能成为新型的学习中心，不同的家庭通过教育资源的互换，帮助彼此的孩子学习。

现在中国就有一些这样的学校。我认识的一些华德福学校，不少就是由一些具有共同的教育价值观的父母组建的。

现在美国的家庭式学习，已经成为较为普遍的现象。

父母通过创造学习中心，不仅让教育资源配置进一步分化，更进一步推动了教育公平，达到“幼吾幼，以及人之幼”的效果，让社会更和谐。

3. 父母是未来学习中心的管理者

未来学习中心的举办者是多元的，但是，无论什么形式的学习中心，都需要民主化的管理，需要父母深度广泛的参与。

未来学习中心的决策机构，将是由学习中心的举办者代表、教师代表、学生代表、父母代表、社区代表共同组成的家校社合作委员会。

新型父母角色不是类似于现代企业的监事会成员，而是真正能够投票表决的董事会董事。

由父母参与的家校社合作委员会，可以参与学习中心的管理、监督学习中心的工作。具体来说：

（1）可以听取学习中心的发展规划、教育教学工作安排等方面的工作情况介绍，就学习中心发展中的重大问题进行研究，为学习中心的发展献计献策。

（2）可以列席学习中心的校务、教务等会议。

（3）可以主动为学习中心的公益建设和事业发展提供精神或物力上的帮助和支持，共同解决办学中的困难。

（4）可以协助学习中心处理重大偶发事件，可以参与对学生和教师的评价，配合学习中心开展各种评选、表彰活动。

（5）可以联合家庭和社区的人力与资源，帮助和支持学习中心改进教育教学工作，参与和配合学习中心举办的重大教育教学活动。

（6）可以对学习中心的安全和健康教育工作进行监督，与学习中心共同做好保障学生安全工作，避免发生伤害性事故。

（7）可以促进社区教育，支持和帮助学习中心举行社会实践活动，为学习中心开展丰富多彩的社会实践活动创设条件。

（8）可以成为家庭、学习中心和社区沟通的桥梁，及时了解反馈学生在家庭和社会的表现，收集学生父母和社区群众对学习中心的意见和建议，协调彼此联系，增进了解和交流。

（9）可以与学校和教师一起肯定并勉励学生的进步，化解学生遇到的困难和烦恼，做好思想工作。

（10）可以积极挖掘和发挥学生父母、社区群众和企事业单位的优势，为学习中心办实事、办好事，努力帮助学习中心解决办学过程中遇到的实际问题和困难等等。

4. 父母是未来学习中心的参与者

管理也是参与的一种。但是，根据人数的多少和参与程度的不同，父母参与学习中心有不同的方式。除了部分担任“董事”的角色，参与未来学习中心的管理之外，还有不少父母志愿者。这既是父母参与学习中心管理的方式，也是共享家庭教育资源的重要形式。

在今天的新教育实验学校，以各种形式组成的志愿者、义工团队非常多，如威海高新区新教育实验区的沈阳路小学“家长义工活动实施方案”实施以来，先后成立了“新父母安全护卫队”“新父母公益队”“新父母监督员”“家长义工流动岗”“新父母授课志愿团”等，每逢学校举办重大活动，总能看到父母作为义工忙碌的身影。

这样的教育风景，在未来学习中心同样可以看见，而且会更加普遍。

5. 父母是未来学习中心的施教者

2019 年初，194 位博士父母为苏州工业园区翰林小学一年授课 60 多节的新闻轰动了全国。

翰林小学是我非常熟悉的一所小学。2014 年新教育年会在苏州举行，翰林小学就是我们的一个参观现场。当时，这所小学的校长就自豪地告诉我，他们学生的父母，许多是博士、硕士。在 194 位家长中，博士爸爸 133 人、博士妈妈 61 人。

“博士爸爸工作站”是翰林小学家庭教育的品牌项目，学校采用“请进来”和“走出去”的方式，充分发挥博士爸爸的示范、引领作用，为家庭和学校教育之间架起了独特的桥梁，让父教如影随形，引领儿童品格提升、健康成长。

仅在 2018 年，“翰林爸爸来上课”的课程就达到了 60 余节，其中有“我们的科学素养”“新能源汽车”“丰富多彩的植物世界”“计算机网络安全科普”“有趣的化学”“从山峰形状到分形艺术”“微观世界的奥秘”“纳

翰林小学

米是什么米?”“电池的原理”“水是生命之源”“日本的汉字”“细胞中的小机器”等等。

这些课程，结合博士爸爸自己拿手的专业，深入浅出，深受孩子们的欢迎。如一（2）班李安然的爸爸讲授的“有趣的化学”课程，他先以“什么是化学”发问，在小朋友中激起了热烈的讨论，然后又从生活中常见的现象引入活动主角——肥皂。他向孩子们耐心细致地讲解了肥皂的制作原理，并现场演示肥皂的制作过程。当美丽的肥皂泡从瓶子里冒出来时，孩子们都惊叹不已！最后，他又借助颜料进行了神奇的魔术表演，生动展现了化学变化。一堂化学课，激起了孩子们对于科学现象的浓厚兴趣①。

在许多新教育实验学校、新父母课堂，邀请父母成为施教者，已经成为共享家庭教育资源最重要的形式之一。新父母课堂可以与学科融合，不同学科兴趣特长的父母，可以成为老师的助教；可以与阅读结合，成为“故事爸爸”“故事妈妈”开展阅读活动的载体；可以让有特长的学生父母

① 小学校里的“博士爸爸工作站”. 姑苏晚报，2017－10－27.

走上讲台，对孩子们进行知识的教学和相关技能的传授。这样的新父母课堂为父母展现自己的才华搭建了一个舞台，也为学校丰富特色课程资源提供了多样化途径。

有人也许要说，翰林学校，中国没有几所，我们学生的父母都是普通的老百姓，根本无法复制。

其实，对于大部分普通学校，固然不可能有那么多的博士父母，但是新教育实验家校合作共育的实践告诉我们，普通父母也是完全可以进课堂的。并非一般意义上的名人父母、精英父母才有必要进课堂。

比如成都市武侯实验中学，是一个以失地农民和进城务工人员子弟为主要生源的涉农学校，他们有一个“百家讲坛”，经常在升旗仪式后，请来自各行各业的父母给孩子做演讲，以他们的人生故事激励孩子。

有一所乡村的新教育实验学校，把当农民的爸爸请进学校，请进课堂。农民爸爸在课堂上讲述自己如何种地，帮助孩子们不仅了解种地的知识，而且更加理解当农民父母的不易。这位爸爸有了这次经历之后，增进了对教师、对教学的理解，更加关注家庭教育，更加积极地投入家校共育之中。

在新教育实验学校，父母资源已经成为学校教育不可或缺的资源，父母成为施教者已经成为常态。

比如，贵阳云岩实验区贵阳市第十中学的父母，为学生免费开设了篆刻、扎染、合唱、电脑美术、橡皮章、书法、绘画等社团，还帮助学校成立了“学生长笛乐团”，并由家委会管理。

比如，河南省滑县新教育实验区新城小学，把一年级至六年级每周一下午第一节课，作为父母授课的固定时间。每周以年级为单位提前统计上报课程内容与上课时间，优秀资源还可以在级部甚至是全校范围内交流。讲课的内容和形式丰富多样，既满足了学生们的求知欲望，也让学生从中学会了感恩、分享、坚强、宽容、奉献……深受学生喜爱，大大提高了家校合作共育的实效性。

在未来的学习中心，父母将成为施教者，当然这更将成为人所共知的常识，父母将成为重要的课程资源。

滑县新城小学

这一点，也可能发展成为一种新型的互助式教育，如前面的博士课程，经过一定的系统组合，就可以形成互助式的新型学习中心，父母以各自的教育资源，帮助孩子丰富学习的内容，开展项目式学习。

6. 父母是未来学习中心的学习者

“成长”，中文意思很明确，即长大、成熟，就是一个人自身不断变得更好、更强、更成熟的一个过程。从这个意义上来说，人的一生，就是一个不断学习、不断成长的过程。

长期以来，我们往往把成长看成是一个阶段性的任务，把成长视为仅仅在学校里才能完成的任务。一旦离开学校，就可以不再阅读，不再学习，不再成长了。

其实，这也是我们教育的最大失败，因为成长本身也是一种习惯、一种能力。生命不息，成长不止，方才是一个人生命最美的姿态。

成长本来就应该是父母与孩子共同的事情，是父母与孩子必须共同面对的问题。因此，家庭教育、学校教育和社区教育都不是简单地针对孩子，同时也是父母、教师和社区人员的自我教育。

父母与孩子在成长的过程中完全是互动的关系。父母的成长会带动孩子的成长，孩子的成长也会促进父母的成长。优秀的父母更容易培养出优秀的孩子。反过来，学习如何科学培养孩子的过程，也会推动父母自身不断走向优秀。

成长还有一个共作效应，有一个生命的成长场。父母与孩子一起阅读，与孩子一起锻炼健身，与孩子一起郊游走进大自然，与孩子一起参观博物馆，不仅仅能够让孩子拓宽视野、增强体质，自己也会收获满满。

长期以来，学习变成了孩子单方面的任务。父母们的任务是监督和逼迫孩子。在未来，这种单向成长的格局会被彻底颠覆，父母与孩子一起成长将是未来学习中心的重要特征。

如前所述，由于未来学习中心没有严格的学习期限和年龄的限制，父母与孩子，爷爷奶奶与孙子孙女一起学习，将会成为一道新的学习风景线。

父母是未来学习中心的学习者，首先就要学会向孩子们学习。

蒙台梭利曾经说过："儿童是成人之父。"为什么这么说呢？儿童真正的伟大之处，在于用一双没有遭受污染的眼睛看这个世界，在于用一个没有任何功利心的方式思考这个世界。儿童能够为成人提供新的观察视角。

父母自己虽然也经历了童年，经历了孩子所经历过的一切，但是他们作为成人会本能地拒绝向孩子学习。在这个意义上，儿童对父母来说仍然是陌生的。作为父母，应该经常在精神上重新回到童年，应该向儿童学习，永远保持一颗赤子之心。

我们这里讲的儿童，并不是指纯粹肉体上的儿童。有些孩子年龄尚幼，却已经不是用儿童的眼睛看这个世界。

父母是未来学习中心的学习者，同时指父母之间的互相学习。

因为学习中心是自愿的选择，并且这是一种有着深刻认同需求的选择，所以，在同一个学习中心，或者学习同一种课程的父母，彼此之间都是天然的最佳伙伴。

父母和父母之间互相学习，既可以促进专业知识的丰富，也可以攻克教育孩子的难题，还能进行感情上的交流、人际间的交往，是一种无私而高效的学习。

父母是未来学习中心的学习者，自然也包括父母在学习中心的终身学习。在学习中心遍地开花的未来，也正是每个人进行终身学习、各班级混龄编班、父母和孩子成为同学的时代。新型的学习中心，给父母们提供了一个重要的学习机会和成长平台。

教育，不是简单的教育孩子，更是父母的自我教育。成长，不仅是孩子的事情，更是父母自己的事情。没有父母的学习，永远不可能有孩子的成长。“父母好好学习，孩子天天向上。”父母成为学习者，与孩子一起成长，才是教育最美丽的风景，才是父母最美好的人生姿态，也才是未来学习中心最显著的特征。

四、教育者应该与孩子一起成长

教师、父母与孩子一起成长，作为矛盾的主要方面，应该是教师和父母。所以，作为教师和父母，如何真正具有与孩子一起成长的自觉意识，如何在自我成长、自我发展的同时，带动孩子一起成长，是需要用心思考、努力探索的。具体来说，我认为以下六个方面是比较重要的：

1. 理想是成长之魂

有追求才会有动力。在学校教育和家庭教育中，如何才能让孩子有梦想、有追求？关键是用理想点燃理想，用激情引发激情。原杭州师范大学附属学校校长、碧桂园泮浦湾学校总校长、中国教育学会家庭教育专业委员会首批讲座专家陈钱林对此深有体会。

陈钱林有一对龙凤胎：女儿陈杳16岁考上南方科技大学首届教改实验班，20岁获3所世界名校全额奖学金，现为新加坡南洋理工大学在读博士，研究“基因”相关课题。儿子陈杲14岁考上中国科技大学少年班，18岁获美国纽约州州立大学全额奖学金，2015年解决了关于“引力顺子”的困扰数学界38年的世界难题，近期先后在美国微信几何研讨会、环太平洋微分几何会议发言，并应邀赴哈佛大学等高校讲学。

陈钱林告诉我，在孩子们读小学时，领导安排他到浙江瑞安安阳实验小学当校长。他就与两个孩子商量去不去，把“与孩子商量大人的事”，作为家庭教育的事来做。后来，他在瑞安安阳实验小学当了10年校长。10年间，一所新校变成当地名校，他也从一位普通教师成长为知名校长。这10年，正是两个孩子从7岁到17岁的家庭教育黄金期。两个孩子上小学时，他都把他们转学到自己的学校来，这样，孩子们更关注学校了。每当学校取得成绩，孩子们都非常兴奋；每当学校碰到困难，孩子们也很担心。学校的发展，背后有陈校长的事业追求。这些追求，无形中给了孩子们上进的动力。

陈校长也把自己对荣誉的追求展示给孩子。他先后两次被评为瑞安市拔尖人才，2006年被评为“温州市十大杰出青年”，2007年被评为温州名校长，2008年获聘浙江省政府督学，2011年获温州首届教育名家荣誉……所有这些过程，两个孩子几乎全程参与。他的追求，也就变成两个孩子的共同追求。

有时候，他更喜欢把自己的失败展示给孩子。比如，2006年他去考研究生。他的英语很差，觉得自己肯定考不上，但还是坚持去考，并且让两个孩子做做“爸爸考上研究生的梦”。结果，自然落榜，两个孩子很难过。2009年，他去评特级教师，明明知道希望不大，但还是积极参与。后来也落榜。他觉得，需要给孩子展示一种屡败屡战的精神。

陈校长来自普通的农民家庭，他总是把自己的童年生活，特别是在困难中如何好学的故事讲给两个孩子听，也多次带他们去寻找自己“曾经的足迹”。读大学时，他因家境困难曾去北京接合同做生意，后来在除夕夜的前一天在上海公平码头误了船。这本来与孩子无关。但他有意强调这件事，在孩子懂事起，就让孩子感觉“爸爸曾经的苦难”。两个孩子13岁那年年底的农历二十九，他特意在大雪中带两个孩子去公平码头，寻找“爸爸曾经沦落的地方”。这样一来，把自己的成长史，特别是面对挫折的态度，无形中与孩子们的成长联系起来。

陈校长的故事告诉我们，两个孩子的成长不是偶然的，他深有体会地说，“希望孩子有追求，首先父母自己得有追求”。父母不能只做知识传播者，不能只做特长的培训者，而要做孩子精神成长的引领者。好的家庭教育，要给孩子宽阔的心胸，要给孩子强大的精神力量。作为既是教师又是父亲的校长，用他自己的行动为我们演绎了如何与孩子一起成长①。

2. 阅读是成长之基

一个人的精神发育史就是他的阅读史。费尔巴哈曾经说过，人是他自己食物的产物。我相信这不仅仅是对身体说的，也是对精神说的。吃什么我们就会成为什么，进一步来说，我们精神的高度取决于阅读的高度。

从个体的角度来说，阅读可以拓展我们生命的宽度、厚度、广度、深度，甚至能延长我们生命的长度。根据国外已有的相关研究成果显示，有阅读习惯的人更加长寿。阅读不能像医学整容那样立竿见影地改变我们的容颜，但是，腹有诗书气自华，阅读可以改变我们的气质，从而使我们变得从容和美丽。阅读能够提升我们的人生品位，让我们在最短的时间里享受到最美好的精神成果。

所以，阅读是成长最重要的基石。优秀的教师和父母一定是善于阅读、勤于学习的父母。这里介绍一位同样既是教师又是母亲的新教育榜样教师张硕果。大家都知道，在基础教育阶段，女老师居多。我们有一大批女老师同时也是孩子妈妈。她们在接触到新教育实验后，首先被新教育实验晨诵的美妙诗歌、被新教育实验阅读的美好童书吸引住，这些妈妈特别惊喜，于是，她们不仅把书给了自己的孩子，还带到教室里，分享给更多的孩子。所以，在新教育实验中有个特别的现象：一般情况下，老师是不愿意教自己的孩子，因为教不好；但是几乎所有的新教育实验老师都把自己的孩子放在自己的“教室”里，就是因为通过阅读，父母和孩子、老师和学生一起成长。

2016 年 7 月，新教育实验评选了首届年度人物，张硕果老师获此桂冠。她是河南省焦作市教科所的老师，也是焦作市新教育实验负责人。她是新教育实验在焦作的第一粒种子，她坚持 10 年，引领了一个地区的老师和父母。她在遇到新教育实验之前，孩子在读小学二年级，孩子对她说：“妈妈，我不想读书。”她非常震惊。走近新教育实验之后，就带动了孩子的

① 陈钱林．家教对了，孩子就一定行．北京：教育出版社，2015.

班主任成为第一批新教育实验老师。如今，厌学的孩子成长为一位全面发展的名校高中生，张硕果也在这个过程中坚持阅读，从各种童书到各类教育专著，成长为新教育实验骨干。

所以，优秀的教师和父母，不仅自己要阅读，而且要努力打造一个“书香班级”“书香门第”，为孩子创造一个良好的阅读氛围，建设一个美好的精神家园。

3. 习惯是成长之本

曾经有人问一位诺贝尔奖获得者：“您在哪所大学、哪个实验室学到了您认为最主要的东西呢?”这位白发苍苍的获奖者回答：“在幼儿园。”他说：“把自己的东西分一半给小伙伴，不是自己的东西不要拿，东西要放整齐，吃饭前要洗手，做错了事情要表示歉意，午饭后要休息，要仔细观察周围的大自然。从根本上说，我学到的全部东西就是这些。”

可见，养成良好习惯在个体成长过程中具有特别重要的作用。心理学家发现，每个人在成长中都会养成无数的习惯，这些习惯在人的日常生活中常与其他有意识控制的行为并存，渗透一个人的思维、语言、行为等各种活动过程，形成一个人对外部世界的基本反应。从某种意义上说，一个人的习惯是怎样的，就意味着其生活方式和生活状态是怎样的。习惯好，则事半功倍；习惯不好，则事倍功半。良好习惯的养成能够让人们习得正确的学习方法和生活方式，形成卓越的能力和高尚的德行，从而拥有幸福完整的人生。

前面提到的陈钱林校长也认为，家庭教育的重中之重就是习惯。他的一对龙凤胎儿女，在上幼儿园前就已经初步养成了几个良好的习惯。一是按时作息的习惯。吃饭睡觉比较有规律，一到规定时间准时上床，早晨自己按时起床。二是卫生习惯。吃喝拉撒都讲卫生，勤洗手，爱干净。三是遵守规则的习惯。两个孩子在游戏有时会争吵，但是最后都服从事先制定的游戏规则。四是与人分享的习惯。凡是自己喜欢的东西并不独享，一定要和别人，包括大人分享。五是不打骂、不撒野。遇到任何不开心的事情，不打人、不骂人。六是自理的习惯。凡是自己能够做的事情一定自己完成，从吃饭睡觉洗脸到整理玩具等，全部自己做。七是阅读的习惯。从小养成对书的浓厚兴趣，什么书都喜欢翻翻。

教师和父母要养成孩子的良好习惯，自己首先要有良好的习惯，用好习惯培养好习惯，是最有效的教育。教师和父母亲通宵达旦打扑克搓麻将，让孩子按时作息；教师和父母自己看电视，让孩子阅读；教师和父母自己邋里邋遢，让孩子讲卫生；教师和父母自己自私小气，让孩子与人分享；等等，都是不可能培养孩子良好的习惯的。所以，一起成长，合力塑造第二天性，本身要求好习惯成为教师、父母与孩子的共同财富。

4. 敬业是成长之道

作为一个成年人，最主要的工作体验、生活经验都是在职业场所发生的，我们的社会交往圈一般也与职业有关。因此，我们的职业尊严感、成就感，我们受人敬重的程度和我们人生的幸福指数，也都与我们的工作状态密切相关。而这一切的背后，都与我们是否敬业有着很大的关系。

敬业，是一种态度、一种精神、也是一种习惯、一种能力。所谓敬业，就是认认真真、踏踏实实、一丝不苟地做好每一件事，关注每一个细节。所谓的细节决定成败，其实就是敬业精神决定成败。“韩国第一妈妈”就是一个很好的案例。在孩子很小的时候，张炳慧博士白天在一所大学当教授，晚上回家做家务、写论文。她从来没有出去喝过酒，下班后马上回家做家务，总是在书房里学习到很晚。她这样总结自己家庭教育的两个原则：“首先，无论在什么情况下，我都不强求孩子们做什么，而是力求成为他们的榜样；其次，在生活中，我竭尽全力做好每一件事。”竭尽全力做好每一件事，就是一种敬业精神。

当然，敬业不仅仅体现在职场，也体现在日常生活的方方面面。比如刚才说到的张硕果老师，她自己对新教育事业的激情、对生活的热爱、对学习的坚持，无一不在影响着孩子。因为，对于孩子来说，应该敬的“业”，就是学习。儿童是最热情的观察者、最伟大的观察家。孩子们特别容易被成人的行为所吸引，进而去模仿他们。在孩子的眼里，一切都是新的，一切都是充满着趣味的，一切都逃不过他那好奇的眼睛。但是，孩子们还不能够适应快速的节奏，所以，教师和父母应该放弃成人的节奏，而用儿童能够理解、观察、模仿的节奏去行动。正如教练员用一个个分解的动作示范给那些初学者。否则，他的行动就无法为儿童所接受、学习和重复。用自己的敬业精神为孩子做人生楷模，是好父母的必修课。

总之，教育，不是简单的教育孩子，更是我们教师和父母的自我教育。成长，不仅是孩子的事情，更是我们教师和父母自己的事情。

五、未来如何做父母?

美国密歇根大学曾经开展过一项大型调查，结论显示，如果希望孩子在考试中获得好的成绩，起决定作用的并不是父母花多少时间陪孩子一起做家庭作业，而是家庭聚餐的频率和时间长度。当全家人坐在一起沟通，当父母与孩子交换想法并且表现出对彼此的关心，孩子们就能够从中收获价值观、驱动力以及自尊感，会使孩子对学习充满热情并且做到专心致志①。

可见，未来无论一个家庭是否举办家庭式学校，也无论孩子在哪个学习中心学习，家庭的作用都是无法替代的。作为父母，本身就应该是孩子教育的第一责任人。

1. 父亲是男人最重要的工作

每个成年男子都有不同的工作，但无论做什么，他最重要的工作之一就是做父亲。奥巴马曾经在一份声明里说："身为两个女儿的父亲，我知道作为一名父亲是任何一个男人最重要的工作之一。"在他看来，做父亲的重要性丝毫不亚于做总统。

可是，在我们日常生活当中有三个词最能形容父亲：第一个词是"影子"，意思是父亲虽然存在但是无法看见。他们每天晚上很晚回家，早上又早早上班去了。第二个词是"取款机"。父亲的任务就是在外面打拼，

---

① 可汗．翻转课堂的可汗学院：互联网时代的教育革命．杭州：浙江人民出版社，2014：82.

给夫人、孩子提供金钱的来源。第三个词是“魔鬼”。很多家庭把严父慈母的分工推到了极致，母亲唱白脸，父亲唱红脸，父亲总是扮演着凶狠、寡言、严厉的角色。

毫无疑问，父亲在生活中通常扮演的这三种角色，并不符合父亲本应具有的定位，也不应该成为父亲的重要特征。“父亲”是一个坚毅的称谓，意味着责任与担当。

在未来，父亲应该是男人最重要的一项工作。作为一种工作，如何能够做好呢？实际上就是两个关键词。

一个词是“榜样”。父母是孩子的第一任老师，也是最重要的老师。孩子的语言、孩子的思维、孩子认识世界的方式，都是在父母的耳濡目染下学会的。为孩子做榜样是父亲的重要任务。

另一个词是“陪伴”。可以说，陪伴是父母工作中最主要的部分。父亲只要把这两个词做到了，他的工作就基本合格了。

事实上，对许多孩子来说，和父亲在一起的意义、与父亲交流的时间，远远比父亲给予他的金钱、玩具重要得多，因为父亲是不可替代的。母亲和父亲组成了家庭世界的“阴阳”，母亲永远也替代不了父亲。无论是父亲的坚强、坚毅、果断、坚持，还是他的威严，于女儿、儿子而言都是不可或缺的。这是一个社会习得的过程，孩子在与父亲的相处中学习成人世界的交往礼节。

世界卫生组织研究发现，每天和父亲相处两个小时以上的孩子往往智商更高，男孩子看上去更坚毅，女孩成人后更懂得与异性交往。

那么，父亲如何陪伴孩子呢？我认为，以下两个方面最重要：

第一，陪孩子读书。一个人的精神发育史就是他的阅读史，家庭是培养孩子阅读最重要的起点。父母对孩子阅读能力的养成具有极为重要的作用。很多父母也会给孩子买很多的书，但是经常甩给孩子让其独自阅读。他们不知道，孩子自己看书与爸爸妈妈带着看完全不是一回事，因为阅读不是一个简单的获取知识的过程，实际上还包括亲子关系的构建。正是在带孩子读书的过程中，父母帮助孩子阅读、观察、思考，从而构建一种亲密温馨又智慧的亲子关系。在这样的亲子关系构建过程中，父亲和孩子的关系当然不可或缺。

第二，陪孩子运动，走进大自然。相对而言，父亲一般更乐于运动。运动是很好的生活习惯，对孩子成长发育过程中的骨骼、肌肉、心血管系统等能够提供全面而充分的锻炼。父亲与孩子一起运动，既是愉快的亲子游戏，也是社会性获得的重要方面。这些运动最好能在大自然中进行。在运动和走进大自然的过程中，自然而然地展开相关训练，孩子会在潜移默化中获得探险的精神、坚毅的品质、交往的能力等等。

家庭是一个阴阳结合的世界，是一个不可分割的整体。抛开“影子”、“取款机”和“魔鬼”这三个词，让父亲回归到应有的位置，不仅能够让孩子健康成长，也能够让家庭成为真正的家庭。男人只有意识到父亲是自己最重要的工作之一，才有一个个家庭的幸福，才有真正美好的生活。

无论教育怎么变，父亲的角色不会变，父亲的作用不会变，父亲在教育中的价值不会变。学会当好父亲，仍然是未来父亲必须修炼的基本功。

2. 母亲是女人最神圣的天职

无论是从肉体上还是从精神上，家庭都是一个真正的人诞生的摇篮。

正如父亲是男人最重要的工作一样，我们同样可以说，母亲是女人最神圣的天职。

现代幼儿教育的重要奠基人福禄培尔曾经说过：“国民的命运，与其说是操在掌权者手中，倒不如说是握在母亲的手中。因此，我们必须努力启发母亲——人类的教育者。”而我国近代学者梁启超先生也有一段有异曲同工之妙的话：“故治天下之大本二，曰：正人心，广人才。而二者之本，必自蒙养始；蒙养之本，必自母教始；母教之本，必自妇学始。故妇学实天下存亡强弱之大原也。”

为什么古今中外的教育家如此重视母亲在孩子成长历程中的作用？首要的原因，就是母亲与孩子的天然联系。十月怀胎，胎儿寄生于母亲体内，并不是一个只汲取母亲体内营养的生物体，而是一个通过母亲去感受外部世界的学习体。中国古代的“胎教”就非常重视母亲的行为举止对孩子的影响，要求母亲“寝不侧，坐不边，立不跸，不食邪味。割不正不食，席不正不坐，目不视于斜色，耳不听于淫声。夜则令瞽诵诗，道正事”。这些要求尽管现在看起来有些荒谬，但是，就重视母亲在怀孕期间的生活状态与情绪反应而言，还是非常有借鉴意义的。

对于一个刚刚出生的婴儿来说，母亲就是他的全世界。母亲不仅意味着食物上的温饱，同时也提供着精神上的慰藉。母亲微笑，就是世界向他微笑；母亲歌唱，就是世界向他歌唱。心理学家雷纳・施皮茨在研究中发现，如果一个婴幼儿没有感受到这样的爱，即使物质上并不匮乏，也会因为冷落真正失去活力，严重的甚至导致死亡，他将这种病症称为“孤儿院症”。

所以，哪怕一个普通的母亲在满足儿童最简单的食物需求时，也是在同时满足着儿童对精神与物质的双重需求。但时至今日，很多母亲都并不明白这一点。就拿母乳喂养来说，母乳营养丰富、安全、容易消化吸收，是最适合孩子成长需要的。90％以上的母亲也完全能够满足孩子的需要。但许多母亲因为把母乳喂养视为简单地满足孩子生理需求的过程，让奶粉或者奶妈代劳。其实，母乳喂养还是建立母子一体感的重要方式，是孩子精神成长不可或缺的重要内容。

有人曾说，爱孩子，这是连母鸡也会做的事情。话虽然说得有些刻薄，但也从另外一个角度说明，人类的爱应该不同于其他动物的爱。这就是我们新教育说的“智慧爱”。一般情况下，母亲爱孩子近乎天性。没有母亲会不爱自己的孩子。只不过是不同的母亲可能会选择不同的爱的方式——本能的爱或者智慧的爱。本能的爱，往往只关心孩子的温饱与安全；智慧的爱，还要关心孩子的精神世界，满足孩子的好奇心与探究心等心灵需求。

对于母亲来说，在教育上特别需要注意以下几个问题：

第一，要意识到自己在教育孩子过程中的不可替代性。在母亲和孩子之间存在着一条特殊的纽带，特别是在孩子诞生的初期，尤其要关注孩子的方方面面。蒙台梭利曾经对刚刚出生时婴儿的环境与教育提出了几个原则：母亲应该尽可能与婴儿多交流、多接触；让婴儿的环境与母亲体内的安静、黑暗、恒温尽可能相似，在温度、光线和声音等方面与出生前不要相差太大；抚摸与抱起婴儿要尽可能轻柔；等等。母子心连心，母子之间的纽带并不因为从体内来到了体外而改变。母爱是一种伟大的力量，也是世界上最神奇的力量。再好的设备、再先进的管理方法，也无法替代母亲对孩子的爱。为什么要给母亲放产假？不仅仅是要给母亲休养生息的时间，不仅仅是要给母亲哺乳的时间，更重要的是给母亲与孩子亲密接触的时间。

第二，要尽早给孩子朗读，讲故事，培养孩子的阅读习惯与兴趣。阅读本身也是建立亲密感、培养孩子对声音的敏感度、提升孩子对阅读的兴趣的重要途径。美国学者崔利斯在《朗读手册》的扉页上曾经引用过这样一首诗：

你或许拥有无限的财富
一箱箱的珠宝与一柜柜的黄金
但你永远不会比我富有——
我有一位读书给我听的妈妈

许多妈妈只知道孩子有喝奶的生理需要，不知道孩子有精神成长的需要，不知道亲子共读给孩子一生会带来怎样的影响。所以，如果说哺育孩子是兼具满足孩子的心灵需求，那么亲子共读则是直接哺育孩子的心灵。在孩子婴幼儿的关键时期，母亲的儿歌、童谣、故事，母亲与孩子一起翻阅的图画书，是给孩子一生最根本的营养、最重要的礼物。

第三，要为孩子营造一个和谐的家庭氛围。在一个家庭中，难免有磕磕碰碰的事情，夫妻之间也难免对许多问题有不同的看法和做法。求同存异，无疑是解决问题的方法。教育中最忌讳母亲与父亲或者家庭的其他成员在孩子面前激烈争吵，让孩子无所适从。天长日久，孩子就会利用父母或者家庭成员之间的矛盾和冲突在学习和生活中投机取巧。所以，夫妻之间如果有不同意见，应该尽可能学会交流，学会妥协。就算无法做到这些而吵架，也一定要回避孩子，千万不要在孩子面前争吵。

父亲与母亲，在孩子的生命中扮演着不同角色，我们不能简单地说，在孩子成长的过程中母亲的作用就比父亲更重要。但是毫无疑问，在孩子诞生的最初阶段，母亲的作用没有任何人能够替代。

苏霍姆林斯基告诉我们：“童年是人生最重要的时期，它不是对未来生活的准备时期，而是真正的、光彩夺目的一段独特的、不可再现的生活。今天的孩子将来会成为一个什么样的人，这里起决定性作用的是他的童年如何度过，童年时期由谁携手带路，周围世界的哪些东西进入了他的头脑和心灵。人的性格、思维、语言都在学龄前和学龄初期形成。”因此，无论未来教育怎么变化，所有成为母亲和将会成为母亲的人一定要记住：母爱也是一门学问，需要智慧与研习；母亲也是一门职业，需要学习和探究，因为，母亲就是女人最神圣的天职。

作家龙应台曾经说过，做父母是有“有效期”的：“做父母的有效期，不该偷懒那十年。”的确，当父母是有“有效期”的。虽然我们是孩子永远的父母，但称呼的有效性不等于影响的有效性。一般而言，真正能够对孩子施加有效影响的，还是在孩子的少年期之前。能否持续影响，取决于父母与孩子沟通的水平，也取决于能否与孩子一起成长。100 年前，鲁迅先生写下了那篇著名的《我们现在怎样做父亲》，从理解、指导、解放三个方面论述了如何处理家庭关系与当好父亲方面的问题。现在看来，鲁迅的呼吁仍然没有过时。即使在未来，在家庭形态和学校形态发生巨大变革的时代，父母的责任也只会加强，不会削弱。

3. 智慧爱——后喻社会的教育艺术

现在的孩子都是互联网的原住民。许多孩子在某些方面比教师和父母懂的更多，后喻社会的特征越来越明显。

如今，小学生可以用电脑、手机等熟练上网，他们的信息来源进一步多元化，只需要简单步骤，他们就可以轻松获取无数信息；他们的交往进一步网络化，无论是发微信、打游戏、QQ 聊天、写微博、看视频，他们都可以轻易在现实世界之外、在教师和父母毫无察觉中，搭建一个新的精神领域。在可以预见的未来，儿童与青少年获取信息的能力将远远超过他们的前辈，超过自己的教师和父母。

《这样爱你刚刚好》

一方面，包括自媒体在内的各种媒体通过网络为孩子们提供了大量丰富的信息，各种人文、科学知识，通过生动有趣的方式，为孩子们轻轻松松所掌握。同时，网络也为孩子们提供了一个满足交往需要的虚拟空间，几乎可以无限地扩大孩子们的交流领域。这一切，都让儿童置身于前所未有的迅速成长之中。

另一方面，互联网的传播方式，让所有信息不被选择地进入儿童视野，甚至是那些并不适合儿童独立获取的信息，大量色情、暴力、歪曲历史的趣味低下的有害信息，也会对少年儿童形成负面影响。儿童或者沉溺网络不能自拔，或者受不良信息影响染上不良习惯，或者与不良网友交流受骗上当甚至误入歧途等，早已屡见不鲜。

在这样的背景下，我们的教育面临着许多新的问题。需要更有智慧和艺术的教育。我们把这种智慧和艺术概括为“智慧爱”。智慧爱，指的是人类为了更好发展而从事的教育活动中，不仅应该充满情感，还应该充满智慧。

爱是教育的底色。教育离不开爱，这是古今中外教育家经常阐发的基本原理。夏丏尊先生曾经说过：“教育之没有情感、没有爱，如同池塘没有水一样。没有水，就不称其池塘，没有爱就没有教育。”

但是，在现实的教育生活中，我们经常在“爱”的名义下做了许多反教育的事情，用所谓的“爱”摧毁了孩子的尊严、自由与发展。这正是缺乏智慧爱导致的。所以，具体实施于教育之中，我们可以为智慧爱确定以下几条原则：

第一，智慧爱是有底线、讲规矩、守原则的爱。

智慧爱的反面是溺爱。溺爱是常见的一种错误的爱，最大的特点是不讲规矩、没有底线、缺乏原则。

比如，许多家庭对孩子的任何购物要求都尽可能满足，不考虑此物孩子究竟是否需要、家庭经济状况是否允许、购买难度有多大。许多教师对学生放任纵容、一味迁就，对学生没有基本的要求和底线……这样的爱，最终培养的是纯粹以自我为中心的自私的孩子。

第二，智慧爱是平等尊重、充分自由的爱。

没有人格的平等，就不可能有真正的爱。在成人之间如此，在师生之间、亲子之间同样如此。

暂且不谈后喻时代的到来导致很多事物都需要教师和父母必须向孩子学习，就算孩子在知识上不如教师和父母，在经济上只能依附父母，在学校中必须服从教师，但是在人格上，他们与教师和父母是绝对平等的。

只有意识到平等，才可能有教师和父母对孩子的尊重，进而产生教师与学生之间、父母与孩子之间的彼此尊重，才能导致教师和父母给予孩子充分的自由。

距离产生美。与孩子们适度的距离，是教育孩子最重要的艺术之一。如果靠得太近，孩子们会很不自在，因为你“侵犯”了他们的生活空间；如果靠得太远，孩子们也会很不自在，因为他们觉得缺乏“保护”，没有安全感。

限制孩子的自由有很多种方式，绝大多数教师和父母都是“满怀善意”地剥夺了孩子的自由。比如，教师和父母热衷于帮助孩子，对孩子的行动这也看不惯、那也很担心。父母越俎代庖帮助孩子规划一切，还觉得自己做比孩子做效率更高。教师则是把答案直接告诉孩子，让他们死记硬背，结果往往是扼杀了孩子自主成长和发展锻炼的机会。

第三，智慧爱是尊重个性、扬长避短的爱。

人的珍贵，就在于他的独特性。每个孩子都独一无二，都有独特的天性，蕴藏着自身的潜能。每个人都是一个独特的世界。

所以，教育的最高目标，就是帮助每个人发现他自己、成为他自己。所以，教师和父母不要轻易把自己的学生和自己的孩子与别的学生、别人的孩子去比较，更不要把他们的缺点与别的学生、别人的孩子的优点去比较，盲目攀比和错误比较，是教育中扼杀天性、压抑个性最常见错误。所有教师和父母都应该相信，自己的学生、自己的孩子，就是一个与众不同的艺术品！

当然，艺术品也需要打磨。打磨工作中则要注意，与其努力改正孩子的缺点，不如尽可能培养孩子的优点。孩子优点形成的过程，就是克服他们自身的缺点的过程。孩子身上的“潜意识心智”，不仅是他们智慧形成的基础，也是他们道德形成的基石。这种“道德的力量”，帮助孩子们形成诸如纯真、勇敢、自信的品质，同时也让说谎、害羞、恐惧、破坏等不良的品质消失得无影无踪。眼睛里充满了美好，阴暗的东西自然就会没有空间。

第四，智慧爱是理性冷静、科学进取的爱。

智慧，自然离不开理性与科学。智慧爱，当然也是理性之爱和科学之爱的结合。

理性就意味着有节制。现在的教师和父母，教育上总体呈现出“过度化”的倾向。他们往往在“爱”的名义下，没有节制地把各种东西塞给孩子。其实，正如吃多了，孩子的胃就会消化不良一样，精神上的过分“营养”，也会导致孩子心灵上的消化不良。教师和父母们应该有节制地关心孩子，尽可能激发和培养孩子的内驱力，让孩子学会自主学习，学习他们感兴趣的东西，如此，他们才能真正沐浴在智慧的阳光之下。

科学就意味着有规律。儿童的成长，既有个性也有共性。掌握孩子的成长规律，就能够让教育事半功倍，就能够让教育省心省力。有许多教师和父母正因为缺少科学，把教育变成了希望孩子按照自己的设计去生活、去成长，结果，“听话的孩子”就成为他们眼中的宝贝疙瘩，而有主见的孩子反而被他们责备，把生活上、学习上的溺爱演变为精神上的暴力与控制，更有甚者，还会变为轻则训斥谩骂，重则拳打脚踢，因对孩子肉体上的暴力与控制而触犯法律。

第五，智慧爱是心灵陪伴、精神交流的爱。

毋庸置疑，我们已经处在一个物质条件非常优裕的时代，孩子们已经很少为温饱担忧了。一个个“小胖墩”的出现，反映出我们过分重视儿童的物质生活，对儿童身体需求的满足则远远超出了对于心智与人格上的需求的满足。

智慧爱，意味着我们不是简单地满足孩子的身体成长的需要，更要满足孩子的心灵发展的需求，关注心智与人格的不断提升。

因此，我们特别倡导对孩子的高质量陪伴。高质量的陪伴首先就应该有精神的交流。西方心理学界有个很有意思的研究发现，孩子的词汇量和与父母在家庭交流的内容，尤其在餐桌上交流的词汇直接相关。再如学生教师在课堂上与学生的交往行为来说，许多教师往往只关心知识点是否讲清楚，而很少关注学生的情绪状态、注意力和兴趣，结果经常是“理也者，情之不爽，失也”。

爱是内心抒发的亘古不变的情感。智慧是对客观世界的正确应对方法。以智慧爱面对教育的挑战，则是最佳的探索之道。把爱和智慧完美地结合，可能是我们永远无法企及的教育最高境界，却必须成为我们追求的理想。只有这样，只有朝着这个方向坚定前行，我们的教育才可能越来越接近理想。只有当爱与智慧同行，爱才有深邃隽永的价值；只有智慧与爱同行，智慧才有生命的温度。尤其是面向未来的教育，对于广大教师和父母来说，与爱的情感相比可能更需要智慧。也只有拥有足够的教育智慧，爱才能成为教育的正能量。

第十章 教育的变与不变

——过一种幸福完整的教育生活

教育是人类最古老的活动，也是伴随着人类不断发展的活动。在人类文明的发展过程之中，教育不断变化以适应人类发展的需要，同时教育也不断创新，推进人类更好地发展。每当社会发生深刻变化之时，呼吁教育变革的声音就更加强烈。要不要变？如何变？围绕这些问题也就有了不同观点的激烈交锋。

一、在变化中寻求“以不变应万变”

对于教育而言，变与不变，既是一个哲学问题，也是一个实践问题。

一方面，教育必须适应社会经济发展的变化，教育本质是一个面向未来的事业，教育培养的人不仅要满足现在的需要，还要满足未来若干年以后时代的需要。所以，从教育内容、教育方法到教育手段、教育技术等，在不同的时代总是有着不同的特点。从这个角度来看，变是绝对的，不变是相对的；变是永恒的，不变是暂时的。如果不变，就会落后于时代。

另一方面，教育有其自身发展的内在规律。人类对于美好生活的向往、对于美好教育的追寻，就体现在这种向往和追寻之中。它与经济社会发展没有直接的联系，与科学技术的进展也没有直接的关系，它是蕴含在教育自身的理想之中的价值追求。它就是属于教育的不变的东西。从这个角度来看，不变又是绝对的，变是相对的；不变是永恒的，变是暂时的。

在教育实践中，虽然我们经常落后于时代，也总是喜欢追逐变化，但是更经常的是忘记教育的不变的东西、本性的东西、原点的东西。究竟哪些属于变的内容、哪些属于不变的内容呢？我认为有两个属于不变的东西，其余都属于变的东西。一个不变的东西，就是平衡教育的重心——公平与质量。也就是说，任何时代的教育总会面临教育公平与教育质量的问题，两者之间要求有一个最大公约数。另外一个就是把握教育的方向——幸福与完整。懂得了教育的两个不变的问题，就能够把握教育的重心与方向。这两个问题解决好了，教育才能够真正做到“以不变应万变”。

“以不变应万变”，不是说不要变，更不是说就抓这两件事情，而是要学会在变化中“以不变应万变”。相对于经济社会的发展和科学技术的进步而言，教育总有一定的滞后性，甚至有相当的惰性。只有敏锐地发现时代的新变化，把握时代提出的新需求，才能满足人们对美好教育的向往，才能未雨绸缪地为社会培养需要的人才。

二、追寻公平且有质量的教育

公平与质量（效率）问题是一个关乎变或不变的大问题。我在前面说过，几千年来教育的根本问题，其实就可以归结为公平（“有教无类”）和质量（“因材施教”）的问题。一方面，尽可能让更多的人接受相对公平的好教育，另一方面尽可能提升教育的品质，让所有人都有机会得到好的教育。

任何时代，政府和教育行政部门都要围绕这个大问题制定和调整公共教育政策，也经常会出现偏差。所以，把握好教育公平与质量的关系，是未来教育必须面对的问题。

1. 公平与质量的钟摆现象

在教育历史上，教育的公平与质量（效率）问题经常呈现出偏于一端的钟摆现象。

1949 年新中国成立以后相当长的时期里，直到“文化大革命”，我们基本上走的是一条公平优先的道路。新中国成立之初的扫盲运动、工农夜校、业余学校、院系调整等一系列的教育政策，本质上都是为了推进教育公平与社会公平。

改革开放以来，中国教育发展其实是走了一条质量（效率）优先的道路。无论是重点学校政策、211 工程建设等，都是效率优先的表现。某些地方政府热衷追求教育 GDP，建豪华学校，奖高考状元，背后也是一种追求效率的冲动。可以说，过去我们是一个追赶型的社会，有追赶的心态，办追赶型的教育，这种心情是可以理解的。但是，这样的结果造成了区域、城乡、校际差距越来越大。这也表明在教育公平上是存在历史欠账的。

2003 年 10 月，中国共产党十六届三中全会提出了科学发展观，明确提出要“坚持以人为本，树立全面、协调、可持续的发展观，促进经济社会和人的全面发展”，坚持“统筹城乡发展、统筹区域发展、统筹经济社会发展、统筹人与自然和谐发展、统筹国内发展和对外开放的要求”，中国教育开始进入了公平优先的阶段。

从科学发展观提出以来，教育公平一直是我国教育公共政策的基本话语，也是每年全国“两会”的热点话题。党和政府先后出台西部地区“两基”攻坚计划，实行城乡免费义务教育，建立健全国家助学制度等，在推进教育公平方面做了大量卓有成效的工作。2013 年 9 月，习近平在联合国“教育第一”全球倡议行动一周年纪念活动上发表视频贺词，他表示，中国将努力让 13 亿人民享有更好更公平的教育。“更好更公平”也成为新时代中国教育改革与发展的最重要特征。

我们从最近这些年《政府工作报告》的教育主题词大致可以看出一些微妙的变化。2012 年的《政府工作报告》提出，要“坚持优先发展教育”，促进义务教育均衡发展，资源配置要向中西部、农村、边远、民族地区和城市薄弱学校倾斜。2013 年的《政府工作报告》指出，要进一步深化教育综合改革，着力推动义务教育均衡发展，“进一步促进教育公平”。2014 年的《政府工作报告》提出，要促进教育事业优先发展、公平发展。继续加大教育资源向中西部和农村倾斜，促进义务教育均衡发展。可以看出，从 2012 年到 2014 年，教育政策的基本导向是公平优先。

2015 年开始，《政府工作报告》把公平与质量相提并论，提出“促进教育公平发展和质量提升”。2016 年的《政府工作报告》把质量与公平次序做了调整，提出“发展更高质量更加公平的教育”。2017 年的《政府工作报告》又回到“办好公平优质教育”。2018 年的《政府工作报告》再次提出“发展公平而有质量教育”。我们也可以发现，从 2015 年到 2018 年，除了 2016 年置质量（效率）于公平之前外，公平优先、兼顾质量是我国教育政策的主要导向。公平与效率（质量）历来是教育的基本问题，公平优先还是效率优先？公平优先、兼顾效率还是效率优先、兼顾公平？其实反映了不同的教育价值取向和政策导向。在中外教育发展史上，钟摆现象比较普遍，稍不注意就容易矫枉过正，从一个极端走向另一个极端。只有把握教育的方向，分析基本国情和政府责任，才能选择科学合理的教育政策。

2. 教育公平是政府的首要责任

教育公平是人们对于美好生活向往的重要内容，也是政府的首要责任。

党的十九大报告对我国今后一个时期的教育改革发展提出了明确的方向：要求各级政府优先发展教育事业，“全面贯彻党的教育方针，落实立德树人根本任务，发展素质教育，推进教育公平，培养德智体美全面发展的社会主义建设者和接班人。推动城乡义务教育一体化发展，高度重视农村义务教育，办好学前教育、特殊教育和网络教育，普及高中阶段教育，努力让每个孩子都能享有公平而有质量的教育”。毫无疑问，这段文字透露的信息表明，公平优先、兼顾质量仍然是中国教育政策的基本方向。2019 年的《政府工作报告》关于教育的总要求，就是根据党的十九大精神，把推进教育公平、发展公平而有质量的教育作为指导思想提出来的。

在党的十九大报告中，习近平总书记做出了一个重要的判断：中国特色社会主义进入新时代，我国社会主要矛盾已经转化为人民日益增长的美好生活需要和不平衡不充分的发展之间的矛盾。这个基本的判断，揭示了制约我国社会发展的关键问题，明确了解决当代中国发展问题的根本着力点，也为我们的教育发展指明了方向。

改革开放以来，中国教育取得了长足的发展，在很短时间里解决了

“穷国办大教育”的难题，实现了义务教育普及和高等教育大众化。但是，与整个经济社会发展的不均衡、不充分相比，教育发展的不均衡、不充分状况更为突出。其中，不均衡，主要是公平的问题；不充分，主要是质量的问题。我们认为，目前的主要矛盾是不均衡的问题，是教育公平的问题。如我国的城乡之间、东西部区域之间、同一个城市的不同学校之间、社会的不同人群之间的教育还很不均衡，幼儿教育、特殊教育、职业教育、终身教育发展还非常不充分，人民对教育的满意程度还不高。

从李克强总理近年的《政府工作报告》中我们看到，从 2017 年开始，教育改革与发展的基本方针依然是按照公平优先、兼顾质量的原则配置资源的。在财力紧张的情况下，我们仍然持续加大民生投入。坚持教育优先发展，财政性教育经费占 GDP 的比例持续超过 4%，其中大部分资金用于改善农村义务教育薄弱学校办学条件，提高乡村教师待遇。同时，营养改善计划惠及了 3 600 多万农村学生。重点高校专项招收农村和贫困地区学生人数由 1 万增加到 10 万。加大对各类学校家庭困难学生资助力度，4.3 亿人次受益。

2018 年的教育工作部署，也是把发展公平而有质量的教育作为指导思想。着力推动城乡义务教育一体化发展，教育投入继续向困难地区和薄弱环节倾斜。切实降低农村学生辍学率，抓紧消除城镇“大班额”。多渠道增加学前教育资源供给，支持中西部建设有特色、高水平大学，继续实施农村和贫困地区专项招生计划。发展民族教育、特殊教育、继续教育和网络教育。“要办好人民满意的教育，让每个人都有平等机会通过教育改变自身命运、成就人生梦想。”显而易见，这其实也是一个教育公平的承诺。

在 2019 年的《政府工作报告》中，则继续明确要发展更加公平更有质量的教育，并且提出推进城乡义务教育一体化发展，加快改善乡村学校办学条件，加强乡村教师队伍建设，抓紧解决城镇学校“大班额”问题，保障进城务工人员随迁子女教育，发展“互联网＋教育”，促进优质资源共享等一系列推进教育公平的举措。

3. 提高质量是教育的永恒主题

公平与质量本身并不是对立的。没有质量的公平，或者低质量的教育公平，都不是真正意义上的教育公平。没有公平的质量，更是有悖社会主义教育的基本特征，也谈不上真正的质量。根据木桶理论，木桶的水容量取决于最短的那块板。现在中国教育的主要矛盾已经从过去的有没有学上，转变为能否上好学的问题。所以，教育公平的问题，也有新的表现形式。提高教育质量已经成为新时代背景下与教育公平同样重要的问题。

十九大报告提出，我国社会的主要矛盾已经转化成为人民日益增长的美好生活需要和不平衡不充分的发展之间的矛盾。对于教育而言，就是人民日益增长的美好教育需要和不平衡不充分的教育发展之间的矛盾。在一定意义上我们可以认为，推进教育公平，就是为了解决教育发展不平衡的问题；提高教育质量，就是为了解决教育发展不充分的问题。

推进教育公平，说得更直白一些，就是要让每一个孩子都有学上、上好学、上学好。可以说，我国已基本解决了有学上的问题，但在上好学和上学好问题上，远远没有实现教育公平。所以，新时代的教育公平，主要是解决人人都能上好学的问题，是优质的公平。

在 2018 年新年贺词中，习近平再次指出，“人民群众最关心的就是教育、就业、收入、社保、医疗、养老、居住、环境等方面的事情”。“各级党委、政府和干部要把老百姓的安危冷暖时刻放在心上，以造福人民为最大政绩，想群众之所想，急群众之所急，让人民生活更加幸福美满。”教育问题，作为人民群众最关心的问题，仍然是总书记最操心的第一民生。

如何保证公平优先兼顾质量，或者说，如何在保证底线公平，起点、过程和结果公平的前提下，做到公平和质量“两手抓，两手硬”？这就需要政府和教育行政部门学会科学合理配置资源，学会利用杠杆撬动民间资本和社会力量。

政府要当好教育公平的守护神，筑好教育公平的底线，为每个孩子提供同样的机会、同样的资源。同时，要调动民间的力量和社会的资源，为不同的孩子提供多样化、个性化的选择。必要时要更多地向弱势群体和边远地区、贫困地区倾斜。

总之，在新的时代，我们一方面要解决好不均衡的问题，更加注重教育的公平；一方面也要同时注重不充分的问题，更加注重教育的质量。我们要进一步加大教育改革与发展的力度，进一步推进教育公平，加大对边远地区、农村地区的薄弱学校的支持力度，逐步补齐学前教育、特殊教育、进城务工人员子女教育等短板。我们还要在继承中华民族优秀教育传统的基础之上，学习借鉴世界各国先进教育理念和方法，进一步提升教育的品质。

新的时代，我们提出了公平优先兼顾质量的新导向，新的时代也以网络、人工智能等新科技，为我们进一步推动教育公平、提升教育质量提供了新的工具。动员全社会的力量共同奋斗，努力创造更好的教育，用更好的教育创造更美好的生活，是我们责无旁贷的使命。

三、过一种幸福完整的教育生活

过一种幸福完整的教育生活，是新教育实验的核心价值追求。我认为，它也应该是未来教育的根本方向。

1. 教育应该回归生活

教育当然应该面向未来，但是教育同时更应该面对当下。教育本身就是生活，教育就是生活的方式，是行动的方式。教育在作为促进美好生活的一种手段的同时，本身就应该是目的，应该让所有的与教育产生联系的人过一种幸福完整的生活。

100 多年前，杜威曾经严肃批评教育远离社会生活的问题。他在《我的教育信条》中明确提出："教育是生活的过程，而不是将来生活的预备。学校必须呈现现在的生活——对于儿童说来是真实而生气勃勃的生活。像他们在家庭里、在邻里间、在运动场上所经历的生活那样。不通过各种生活形式，或者不通过那些本身就值得生活的生活形式来实现的教育，对于真正的现实总是贫乏的代替物，结果形成呆板而死气沉沉的局面。"① 在以

---

① 吕达，刘立德，邹海燕．杜威教育文集：第1卷．北京：人民教育出版社，2008：7-8.

往的教育学家看来，学校只是为学生的未来发展做准备的地方，所以教育过程只是为未来做“准备”。但是，杜威认为，学校不仅是为未来的生活做准备，更重要的是，它必须呈现现在的生活。所以，杜威主张学校应该成为社会生活的“简化版”和“浓缩版”：“学校作为一种制度，应当把现实的社会生活简化起来，缩小到一种雏形的状态。”

当然，学校其实也不应该是社会生活的“简化版”和“浓缩版”，因为学校生活与社会生活的目标、任务还是有所不同。学校不可能成为工厂或者农场，直接从事生产劳作；也不可能成为政府机关，直接处理各种社会事务。但是，学校应该与社会生活无缝对接，应该时刻关注社会生活。同时更重要的是，学校本身就是一种特殊的社会，学校的社会生态，知识与师生生命和实际生活的深刻共鸣，应该是学校教育的理想境界。在学校中的认知、情感、社会生活，不仅对于他们未来的发展具有重要的意义，对于他们当下的生活，也是特别重要的。

2. 教育应该助人追求幸福

教育生活本身就应该是幸福的。教育也应该是指向真正的幸福生活的。因为幸福，是人类的终极目标。正如亚里士多德所说，幸福是人的一切行为的终极目的，正是为了它，人们才做所有其他的事情。

人的幸福大概有三个重要的来源。一是人与外部物质世界的关系。人有基本的生存、安全的需要，衣食足而知荣辱，基本物质生活的满足是幸福的来源之一。但是，当人把物质追求当作幸福的唯一来源时，他就失去了真正的幸福。因为人的物欲是没有止境的。二是人与人的关系。人是一个社会动物，人有基本的交往的需要、获得成就的需要，良好的人际关系、较高的社会地位是人的幸福感的重要源泉。但是，当人把人际关系、名誉地位视为唯一追求时，他也失去了真正的幸福。因为我们不可能总是为别人而活着。三是与自己的关系。人是一个精神的动物，人有自己的精神世界。如果一个人有宁静的内心生活，他就真正地找到了幸福。孔子称赞自己的学生颜回：“贤哉，回也！一箪食，一瓢饮，在陋巷，人不堪其忧，回也不改其乐。”所谓“幸福”，就是这种境界。再简单的物质生活，人一旦有了内在的信念，自然就有了幸福感。

在西方哲学史上，对于幸福的论述有两大流派，一是以古希腊哲学家伊壁鸠鲁，以及英国哲学家休谟、亚当·斯密、约翰·穆勒等为代表的快乐主义，他们认为幸福就是快乐，快乐就是身体的无痛苦和精神的无烦恼；二是以古希腊的苏格拉底、柏拉图、亚里士多德，以及德国哲学家康德等为代表的完善主义，他们认为幸福就是精神和道德的完善。苏格拉底曾经提出一个著名的公式：智慧＝美德＝幸福。他反对将物质的享乐看作幸福，认为公正而善良的人才是幸福的。他认为真正的幸福在于正义这种内在灵魂的和谐状态，而不是外在的物质利益和享乐，因为后者会无一例外地导致灵魂的混乱。所以，苏格拉底认为幸福在于人的德行和智慧的实现。其实，这两种观点并没有本质的区别，它们有一些共同的特点，最根本的共同点都是重生命、轻功利，重精神、轻物质，都认为精神生活的快乐更有价值。

新教育实验强调过一种幸福完整的教育生活，不仅仅有对教育终极意义的思考和追求，当然还有对当下某些教育问题的担忧和不满。我们遗憾地看到，许多地方的教育，使孩子失去了童年，他们的学习充满了失败。很多孩子已经失去了凝望世界的明眸，失去了追求理想的激情和冲动，失去了尝试成功的勇气和感恩的情怀。如果我们的孩子和老师们没有幸福和快乐可言，这样的教育还有必要，还有意义吗?

不可否认，许多家庭、学校的本意是希望孩子拥有幸福，只不过许多父母和教师眼里的幸福，不是当下的幸福，而是未来的幸福。我曾经把幸福放在时间维度中来思考，就有了四种不同的组合：一是现在幸福将来也幸福，二是现在幸福将来不幸福，三是现在不幸福将来幸福，四是现在不幸福将来也不幸福。没有人希望自己的孩子和学生未来不幸福，但是在第一种“现在幸福将来也幸福”与第三种“现在不幸福将来幸福”之间，更多的父母和教师选择了后者。他们认为，只有让学生现在吃一点苦受一点累，才能有未来的幸福；只有今天“吃得苦中苦”，才能在未来做“人上人”。他们不知道，其实在现在与未来之间，并没有一条截然对立的鸿沟。在童年时期没有体验过学习的乐趣、探索的乐趣，没有体验过发现的愉悦、理智的快乐，在童年阶段没有幸福的回忆，未来就不可能真正拥有幸福。

3. 教育应该让人成为自己

教育生活还应该是完整的。我们在“幸福”后面加上“完整”两个字，因为我们知道，如果仅仅强调幸福，很容易让大家过分重视情感的体验，甚至会误认为感官的享受很重要。尤其在当下教育中，我们太过注重分数与排名，其中最大的问题是缺乏关于做人的教育，缺乏关于德行的教育。

其实，教育的使命在于塑造美好的人性，进而建设美好的社会。人的生命本身应该是完整的，是自然生命、社会生命和精神生命的统一体，所以，拓展生命的长宽高，本身就是教育的完整性的体现。人的完整性的最高境界就是让人成为他（她）自己、一个完整的自己，这也是教育的最高境界。当然，这也是我们新教育人追求的最高境界。所以，新教育主张要让学校成为汇聚伟大事物的中心，让学生在这里遇见美好，发现美好，成为美好。

长期以来，我们的教育恰恰违背了教育的这个方向——不是让每个人成为最好的自己，而是让每个人成为统一的人。我们用统一的大纲、统一的教材、统一的考试和评价来衡量不同的学生，把本来具有无限发展可能性的人，培养成为相同的人、统一的人，而这其实是一个去个性化的过程。奥地利小说家卡夫卡曾经对这样的教育制度提出了尖锐的批评。他说：“在任何时候我都可以证明，我受到的教育试图把我变成一个跟我真正想成为之人完全不同的一个人。因此，我要谴责的，正是我的教育者依据其动机给我带来的伤害。我要从他们手上讨回我现在这个人。而且，因为他们不能把这个人还给我，我还要在来世发出锣鼓般响亮的谴责和嘲弄之声。”①

卡夫卡针对的这种异化的教育，把自己培养为非我的教育，正是我们

---

① 阿克夫，格林伯格．翻转式学习：21世纪学习的革命．北京：中国人民大学出版社，2015：203.

新教育实验要改变的。新教育所说的完整，内涵是丰富的，从培养的目标来看，包括自然生命、社会生命和精神生命的完整，即身、心、灵的完整；从教育的主体来看，应该包括家庭、学校和社会的完整，但是它最本质的特征，就是帮助学生成为一个完整的人——成为最好的自己。只有这样，才能够真正过一种幸福完整的教育生活。

参考文献

图　书

1. 爱因斯坦．爱因斯坦文集：第 1 卷．北京：商务印书馆，1976.

2. 焦尔当．学习的本质．上海：华东师范大学出版社，2015.

3. 莫兰．复杂性理论与教育问题．北京：北京大学出版社，2004.

4. 彭特兰．智慧社会：大数据与社会物理学．杭州：浙江人民出版社，2015.

5. 柯林斯，哈尔弗森．技术时代重新思考教育：数字革命与美国的学校教育．上海：华东师范大学出版社，2013.

6. 里普利．世界上最聪明的孩子．北京：中信出版集团，2015.

7. 克龙曼．教育的终结：大学何以放弃了对人生意义的追求．北京：北京大学出版社，2013.

8. 珀金斯．为未知而教，为未来而学：什么才是有价值的学习．杭州：浙江人民出版社，2015.

9. 格林伯格，萨朵夫斯基，兰帕卡．瑟谷学校传奇Ⅱ：瑟谷学校毕业生．上海：华东师范大学出版社，2017.

10. 平克．全新思维：决胜未来的 6 大能力．杭州：浙江人民出版社，2013.

11. 杜威．民主主义与教育．北京：人民教育出版社，2001.

12. 博克．大学的未来：美国高等教育启示录．北京：中国人民大学出版社，2017.

13. 托波．游戏改变教育：数字游戏如何让我们的孩子变聪明．上海：

华东师范大学出版社，2017.

14. 格林伯格，萨朵夫斯基，等．瑟谷学校传奇Ⅰ：童年的王国．上海：华东师范大学出版社，2017.

15. 里夫金．第三次工业革命：新经济模式如何改变世界．北京：中信出版社，2012.

16. 罗杰斯，弗赖伯格．自由学习：第 3 版．北京：人民邮电出版社，2015.

17. 凯里．大学的终结：泛在大学与高等教育革命．北京：人民邮电出版社，2017.

18. 克里斯坦森，霍恩，约翰逊．创新者的课堂：颠覆式创新如何改变教育．北京：中国人民大学出版社，2015.

19. 罗宾逊，阿罗尼卡．让天赋自由：用激情改变你的世界．北京：中信出版社，2010.

20. 阿克夫，格林伯格．翻转式学习：21 世纪学习的革命．北京：中国人民大学出版社，2015.

21. 林，艾伦，等．学科学和教科学：利用技术促进知识整合．上海：华东师范大学出版社，2016.

22. 哈迪曼．脑科学与课堂：以脑为导向的教学模式．上海：华东师范大学出版社，2018.

23. 霍恩，斯泰克．混合式学习：用颠覆式创新推动教育革命．北京：机械工业出版社，2015.

24. 诺丁斯．幸福与教育．北京：教育科学出版社，2014.

25. 可汗．翻转课堂的可汗学院：互联网时代的教育革命．杭州：浙江人民出版社，2014.

26. 丁特史密斯．未来的学校．杭州：浙江人民出版社，2018.

27. 卡什丹．好奇心．杭州：浙江人民出版社，2014.

28. 瓦格纳，丁特史密斯．为孩子重塑教育：更有可能成功的路．杭州：浙江人民出版社，2017.

29. 瓦格纳．教育大未来．海口：南海出版社，2013.

30. 伊利奇．去学校化社会（汉英双语版）．北京：中国轻工业出版社，2017.

31. 平克．村落效应：为什么在线时代，我们必须面对面重新连接？．杭州：浙江人民出版社，2017.

32. 兰德斯．2052：未来四十年的中国与世界．南京：译林出版社，2013.

33. 赫拉利．未来简史：从智人到智神．北京：中信出版集团，2017.

34. 里德比特，斯塔罗普利．可复制的教育创新：改变世界的重要力量．北京：中国人民大学出版社，2016.

35. 布朗-马丁，塔瓦科利恩．重新想象学习：互联社会的学习变革．北京：中国人民大学出版社，2016.

36. 波普尔．猜想与反驳：科学知识的增长．上海：上海译文出版社，1986.

37. 罗宾逊，阿罗尼卡．让学校重生．杭州：浙江人民出版社，2017.

38. 罗宾逊，阿罗尼卡．发现你的天赋：天分与热情成就幸福人生．杭州：浙江人民出版社，2015.

39. 斯托尔，芬克．未来的学校：变革的目标与路径．北京：北京大学出版社，2010.

40. 斯丹迪奇．维多利亚时代的互联网．南昌：江西人民出版社，2017.

41. 汉农，吉林森，香克斯，等．学以致用：世界教育趋势及令人振奋的实践．北京：中国人民大学出版社，2016.

42. 舍恩伯格，库克耶．与大数据同行：学习和教育的未来．上海：华东师范大学出版社，2015.

43. 舍恩伯格．大数据时代：生活、工作与思维的大变革．杭州：浙江人民出版社，2012.

44. 瓦德瓦，萨尔克弗．未来之路：科技、商业和人类的选择．北京：中信出版集团，2018.

45. 哈伦．科学教育的原则和大概念．北京：科学普及出版社，2011.

46. 车品觉．数据的本质：无人不是分析师．北京：北京联合出版公司，2017.

47. 陈建翔，王松涛．新教育：为学习服务．北京：教育科学出版社，2002.

48. 方帆．给学生无限可能：细说美国教育．北京：中国人民大学出版社，2016.

49. 林崇德．21 世纪学生发展核心素养研究．北京：北京师范大学出版社，2016.

50. 联合国教科文组织．反思教育：向“全球共同利益”的理念转变?．北京：教育科学出版社，2017.

51. 刘铁芳．追寻生命的整全：个体成人的教育哲学阐释．北京：高等教育出版社，2017.

52. 《亲子天下》杂志编辑部．翻转教育：未来的学习、未来的学校、未来的孩子．台北：天下杂志股份有限公司，2013.

53. 谢诺夫斯基．深度学习：智能时代的核心驱动力量．北京：中信出版集团，2019.

54. 王晨，刘男．互联网＋教育：移动互联网时代的教育大变革．北京：中国经济出版社，2015.

55. 王作冰，叶光森．人工智能时代的教育革命．北京：北京联合出版公司，2017.

56. 魏忠．教育正悄悄发生一场怎样的革命．上海：华东师范大学出版社，2016.

57. 吴军．智能时代：大数据与智能革命重新定义未来．北京：中信出版集团，2016.

58. 吴康宁．重新发现大学．南京：南京师范大学出版社，2017.

59. 吴康宁．重新发现教师．南京：南京师范大学出版社，2017.

60. 杨剑飞．“互联网＋教育”：新学习革命．北京：知识产权出版社，2016.

61. 杨澜．人工智能真的来了．南京：江苏凤凰文艺出版社，2017.

62. 于永昌，刘宇，王冠乔．大数据时代的教育．北京：北京师范大学出版社，2015.

63. 余胜泉．互联网+教育：未来学校．北京：电子工业出版社，2019.

64. 库奇，汤，栗浩洋．学习的升级．杭州：浙江人民出版社，2019.

65. 朱永新，袁振国，马国川．人工智能与未来教育．太原：山西教育出版社，2018.

66. 张治．走进学校 3.0 时代．上海：上海教育出版社，2018.

67. NGSS Lead States. Next Generation Science Standards，Volume 2：Appendixes. Washington，D. C.：The National Academies Press，2014.

报刊等

1. 北京开放大学地平线报告 K12 项目组．未来五年，学校面临哪些新挑战．现代教育报，2017－10－25.

2. 陈智勇．网上学校和课程重塑美国教育．中国教育报，2014－05－28.

3. 褚国飞．新技术：美国高教变革的“启动键”．中国社会科学报，2015－03－26.

4. 桑切斯．我的老师是机器人：人工智能重塑教育．参考消息，2019－04－01.

5. 未来：重构学校，新校长//第四届中国教育创新年会文集，2018.

6. 丁钢．面向现实和未来，教育需要向共享教育的理念转化．光明日报，2017－08－08.

7. 丁雅诵．在线教育，打开你的知识空间．人民日报，2018－01－23.

8. 丁雅诵．中国慕课，与世界一流比肩．人民日报，2018－01－16.

9. 方海光．未来学习会是什么样子？．中国教育报，2017－04－19.

10. 方厚彬．未来教育的实践与畅想：朱永新对话美国圣地亚哥高科技高中创始人拉里·罗森斯托克．中国教育报，2019－03－22.

11. 葛冬冬．告诉你一个关于大数据与人工智能的真相：数据化对各行业的冲击比预想的更猛烈．文汇报，2017－03－31.

12. 顾远．教育创新：未来就业谁还需要那一纸文凭？．21 世纪经济报道，2016－01－29.

13. 关松林．发达国家中小学科学教育的经验与启示．教育研究，2016（12）.

14. 郭帅．“互联网+”教育走向谈．人民政协报，2017－11－22.

15. 郭文革．大型私人在线课程（MPOC）：北京大学在线教师培训项目的设计与实践．中国教育财政，2015（8—11）.

16. 侯蕾，罗悦轩．2017 风云人物：机器人每天都更聪明．亚洲周刊（香港），2017－12－24.

17. 胡佳佳，吴海鸥．联合国教科文组织发布“教育 2030 行动框架”：描画全球未来教育的模样．中国教育报，2015－11－15.

18. 胡卫平，首新，陈勇刚．中小学 STEAM 教育体系的建构与实践．华东师范大学学报（教育科学版），2017（4）.

19. 黄家骅．人工智能重构未来学校．中国教育报，2017－09－21.

20. 黄荣怀．人工智能在教育有多少潜能可挖．中国教育报，2018－01－13.

21. 黄瑞．STEM 教育：着眼未来的人才培养．今日教育，2017（10）.

22. 黄蔚，徐禾．游戏化学习：以生为本的“催化剂”．中国教育报，2017－02－18.

23. 黄文．未来迎面而至，我们做好准备了吗？．中国教育报，2017－11－09.

24. 解艳华．互联网教育下一站?. 人民政协报，2017－04－12.

25. 《今日教育》编辑部．未来已来：学习力在哪里？．今日教育，2018（3）.

26. 《今日教育》编辑部．教育迎接人工智能时代．今日教育，2017（9）.

27. 帕克森．融合知识携手社会，“参与式大学”来了！．文汇报，2017－07－28.

28. 李希贵．从十九大报告中寻找未来学校的方向．未来教育家，

2018 (3).

29. 李赠华．未来学校的那些事：遇见未来教育．未来教育家，2017 (12).

30. 李政涛．人工智能时代：教育的“变与不变”．人民政协报，2017-11-01.

31. 李政涛．人工智能时代的人文主义教育宣言——解读《反思教育：向“全球共同利益”的理念转变》，现代远程教育研究，2017 (5).

32. 刘玲，戴金芮．STEM 教育落地中国：问题与对策．今日教育，2017 (10).

33. 刘三女牙．大数据开启个性化教育新时代．中国教育报，2017-03-05.

34. 刘增辉．直面人工智能时代的冲击．在线学习，2017 (5).

35. 刘周岩．未来学校：如何让孩子成为“未来之人”．三联生活周刊，2018 (50).

36. 鲁白．人工智能时代教育如何定位？．人民政协报，2017-07-26.

37. 吕莉．“微课程”模式的启示．中华读书报，2013-06-26.

38. 孟宪忠．我们需要什么样的教育变革？．文汇报，2017-04-14.

39. 倪浩．湖畔大学，不是来教你挣钱的．环球时报，2017-06-24.

40. 倪秀．技术加教育如何 1+1>2. 中国教育报，2017-04-19.

41. 潘苇航，潘新和．明日教育如何面对人工智能的挑战．中国教育报，2017-09-28.

42. 蒲公英教育智库．小学校大社区．新校长，2019 (6).

43. 齐林泉．世界管理学大师彼得·圣吉畅谈系统思考与未来教育：教育要为想象不到的未来做准备．中国教育报，2017-04-19.

44. 任鹏，等．人工智能时代：教育的变与不变．光明日报，2017-07-22.

45. 任友群．教育信息化进入创新发展新时代．中国教育报，2018-01-13.

46. 阮一峰．互联网会让大学消失吗？．财经周刊，2015 (9).

47. 盛雪云．又言颠覆，大咖热议 VR. 在线学习，2017（5）.

48. 唐科莉．世界教育发展的进步与挑战．中国教育报，2016－09－23.

49. 陶西平．在交流与借鉴中创新．人民政协报，2016－08－03.

50. 腾讯研究院．经济新常态下互联网内容产业新生（内部报告）. 2017.

51. 田爱丽．慕课平台促进区域教育公平．中国教育报，2016－12－23.

52. 万玮．智能化时代，我们需要怎样的教师．文汇报，2017－09－18.

53. 王馥芳．共享教育学：教育科学发展新趋势．中国教育报，2017－09－07.

54. 王凯．人工智能应成为促进教育进化的良药．中国教育报，2017－12－19.

55. 王庆环．我们的慕课是否“待字闺中”．光明日报，2017－03－28.

56. 王竹立．网络教育：困局与出路．中国教育报，2017－11－18.

57. 魏晓东，于冰，于海波．美国 STEAM 教育的框架、特点及启示，华东师范大学学报（教育科学版），2017（4）.

58. 温淑萍．被机器人替换？外科医生们的焦虑．经济观察报，2017－06－07.

59. 文迪，等．探月学院：焦虑与变革．新教育家（时代人物），2018（5）.

60. 吴砥，余丽芹．大数据推进教育深度变革．中国教育报，2017－09－21.

61. 吴冠军．后人类状况与中国教育实践：教育终结抑或终身教育?：人工智能时代的教育哲学思考．华东师范大学学报，2019（1）.

62. 吴军．人工智能无法取代创造性工作．中国改革，2017（5）.

63. 创新性“21 世纪学校”悄然出现．参考消息，2017－03－04.

64. 夏天．人工智能翻译来了，我们还要学外语吗？．文汇报，2017-09-03.

65. 谢鹏．互联网会横扫一切行业吗？．南方周末，2016-12-29.

66. 谢文怡．中国在线教育：格局与发展．中国教育财政，2015（8-11）.

67. 徐飞．数字化时代的大学再造．文汇报，2016-06-03.

68. 徐默凡．人工智能评判学生作文，靠谱吗？．文汇报，2017-12-08.

69. 许琦敏．人脑比人工智能聪明1亿倍．文汇报，2017-08-30.

70. 杨斌．网络“原住民”创造未来教育．光明日报，2016-12-16.

71. 杨东平．探底台湾创新教育．南方周末，2018-02-01.

72. 杨念鲁，等．遇见未来学校：供给侧改革背景下的办学探索．光明日报，2016-08-02.

73. 杨志成．素质教育进入未来课程时代．中国教育报，2018-09-12.

74. 叶忠．开展大数据应用．中国教育报，2017-09-20.

75. 殷樱，倪秀．在线教师火热，带来了什么？．中国教育报，2016-09-20.

76. 英国《经济学人》周刊：终身学习让人们成技术变革赢家．参考消息，2017-01-16.

77. 余宏亮．数字时代的知识变革与课程创新．课程教材教法，2017（3）.

78. 余胜泉，胡翔．STEM课程的跨学科整合莫善于基本取向．今日教育，2017（10）.

79. 俞献林．大数据是未来教师的加速器．教师月刊，2017（5）.

80. 袁振国．教育正在和将要发生的变化．中国教育报，2017-07-19.

81. 袁振国．为什么把目光投向2030. 中国教育报，2017-07-05.

82. 袁振国．未来对教育管理的挑战．中国教育报，2017-09-06.

83. 袁振国．未来对教育内容的挑战．中国教育报，2017-08-02.

84. 袁振国．未来对教育手段的挑战．中国教育报，2017-08-09.

85. 袁振国．未来教育对教师的挑战．中国教育报，2017－08－16.

86. 袁振国．未来教育对学习者的挑战．中国教育报，2017－08－30.

87. 袁振国：未来已来，将至已至：走向 2030 年的教育．中国教育报，2017－12－27.

88. 张惠娟．游戏！游戏?：一场电子游戏和成长的“战争”．人民政协报，2017－07－26.

89. 张力．人工智能与未来职业．网络舆情，2017（81）.

90. 张茂聪．开放学习资源“与社会打成一片”．中国教育报，2015－05－14.

91. 张舒．“自由教师”生存现状．作家文摘，2017－10－27.

92. 张祯希．游戏，或将成最有趣教科书．文汇报，2017－02－10.

93. 赵婀娜．互联网＋教育≠将教育简单搬到网上．人民日报，2017－09－14.

94. 赵婀娜．比技术更重要的，是教育理念．人民日报，2017－10－26.

95. 赵婀娜．上课，让在线好比见面．人民日报，2017－09－21.

96. 郑燕林．大数据让学生不再成为“隐形人”．中国教育报，2017－02－27.

97. 周飞．人工智能来了，教育该怎么办．文汇报，2017－11－24.

98. 周红霞．新时代的教育应当发挥新作用．中国教育报，2016－07－22.

99. 朱凤天，汪漪，王向荣．迁移学习，人工智能技术的“明天”．大公报（香港），2019－02－19.

附录　技术如何释放终身学习者的潜能？

——朱永新与约翰·库奇* 关于未来教育与学习升级的对话

如何运用技术解锁未来教育与学习？如何运用网络为数字原住民升级当前教育系统，使之从原有的项目式学习过渡到当下的挑战式学习？这是中美两国学界共同关心的未来教育话题。通过对中美两国教育改革历史追溯与现实困惑的比较发现：中美文化与政策制度差异是两国教育改革形态不同的主要原因，但即便如此，两国教育的关注点正从“教”转向“学”，教育变革对人的依赖性正越来越强，未来教育将共同向教育生态系统升级、校内外教育资源融合、多元学习中心构建等目标发展。不断完善现代学习内容并寻找最佳学习效应点，对促进我国未来教育与学习的发展具有重要意义。

一、用技术解锁学习

朱永新：您和乔布斯是同事，我们中国人对乔布斯也非常感兴趣，我听说他在教育领域也提出“乔布斯之问”——“为什么计算机改变了几乎所有领域，却唯独对学校教育的影响小得令人吃惊?”我想了解一下，乔布斯是否真的提出过这个问题？您对于乔布斯最深刻的印象是什么？您如何看待用科技解锁教育？

约翰·库奇：实际上，网络上经常存在一些关于乔布斯的伪新闻，我

---

* 约翰·库奇为苹果公司教育副总裁，是乔布斯亲自登门邀请的第 54 号员工，同时也是苹果公司驻奥巴马总统“国家教育技术计划”和“连接教育计划”的代表。2019 年，朱永新、约翰·库奇分别出版了《未来学校》和《学习的升级》，详细描绘了各自对于未来教育与学习的理解与畅想。2019 年 7 月 23 日，朱永新与约翰·库奇就“学习的升级：技术如何释放终身学习者的潜能”展开了一段深刻而妙趣横生的对话。“附录”是对本次对话主要观点的整理。

朱永新对话约翰·库奇

认识乔布斯这么多年，我没有听说过他说过这句话。在我的印象中，乔布斯聪明绝顶、才华横溢、很有激情，同时，他也很擅长讲故事。我第一次见到他的时候，他就跟我分享了苹果未来发展的愿景。当时他引用了来自《科学美国人》杂志上的一份研究，这个研究比较了地球上哪一个物种在完成固定距离移动时所需的能量最少。在最后的排行榜上，秃鹫排名第一，人类的排名很靠后。但是，这个研究最后的结论来了一个大逆转：如果人类用上自己发明的最慢的一种交通工具，也就是自行车，来跟地球上所有的动物较量一次，那么人类就会排第一，大获全胜。苹果公司的愿景就是通过技术为人类赋能，也就是说，如果自行车是人类体力的放大器的话，那么苹果电脑就是人类脑力的放大器。

我曾经和乔布斯在斯坦福大学跟学生们进行对话，其中一位学生问乔布斯苹果公司想要招什么样的人。我分析苹果公司需要的应该是本科学工程，继而修 MBA 的人才。然而乔布斯的回答却出乎我的意料，他说：想象一下圣代冰激凌，最重要的并不是那两勺冰激凌球，也并不是在冰激凌球里放的那几颗草莓，或者说是那些奶油，而是它最上面的坚果。他的这一番话令在场的每一位学生都希望能够去苹果工作。

我在《学习的升级》中也提到过一个例子，我们向圣玛丽中学捐赠Apple II计算机，最后电脑被束之高阁。这件事情对我来说是一个宝贵的教训，它让我意识到，技术能成为学习强大的助推力是没错，但这种力量并非在每个人眼里都是显而易见的。我曾在《苹果为何没能在学校推广》一文中写道："如果没有谨慎认真地推广落实，我们的教育机构就会将乔布斯'脑力自行车'的想法变成无比枯燥的'健身踏步机'，最终毫无成效。"

计算机被放在保洁室落灰是一个很好的故事，因为它极其生动地告诉了我们，将技术带入学校、教室甚至课程安排里面，然后期待它自己发挥作用，是根本行不通的。最终以何种方式落实技术，与事先选择正确的技术一样重要。据我观察，教师在课堂上使用技术主要有三种目的：一是提高效率，二是提升效力，三是完全改变学习体验。如今，在教学中使用技术，大都是为了前两个目的，但我认为这是远远不够的。仅将技术作为提高传统教学效率的"工具"是大大低估了技术的作用。

人们经常说："技术只是一种工具！"虽然可以将技术（尤其是教育技术）视为一种工具，但这绝不意味着，我们只能将其视为工具，也不应该如此。想要真正重塑教育，我们就不能再对技术设限。我在《学习的升级》的引言中就已经说过，数字原住民根本没有将技术视为一种工具，而是认为技术本来就是生活环境中自然存在的一部分。许多教师和家长还没有理解和接受这一点。举例来说，目前课堂上使用技术的一些最常见的方式有：使用数据库等后端软件、制作电子成绩单、建立无线链接、浏览互联网和打印练习册。这些例子都完美地说明了，技术能提升效率——没有技术，这些事情同样能完成得不错，无非就是慢一些而已。虽然提升效率益处也不少，但仅用技术来提升效率，较之技术真正发挥作用，可谓九牛一毛。要想改变教育确实不能光靠技术的力量，在诸多的演讲中被问及最多的就是有关技术和技术改变力量的问题，但是最感兴趣的还是技术与教育本身的问题，是吧？

朱永新：是的，技术与教育的问题一直是我们探讨的重点。我一直认为，仅仅靠技术是无法真正改变教育的。技术与教育理念、教育内容、教育方法之间有一种共生的关系。在中国与美国很相似的一点是，大部分学校——可以说80%～90%的学校——是为了买技术而买技术，只是为了炫耀自己拥有了先进的技术，而从未运用技术。

您曾经跟老乔说："老乔你知道吧，如果所有学校买苹果的平板电脑都是为了节省成本——因为学校认为这样做可以节省纸质教材的开销——而不是从根本上改变他们的教学方式，我们的想法注定失败。"你批评说，很多苹果的平板电脑只是被简单地当作替代品，就像电子白板。然而电子白板真的改变教育了吗？没有。很多学校买了电子白板，然后骄傲地说："看看我们的技术，我们走在时代的前沿。"他们只是在把技术当作替代品。"正因如此，技术反而背上骂名。身在苹果这样的公司，这一定是个非常有趣但又令人沮丧的立场，你的产品没有被有效使用，你却也无法改变现状。"

您能不能解释一下，究竟怎样才能发挥技术的作用？

约翰·库奇：美国学者凯勒（Koehler）和米什拉（Mishra）于2005年在舒尔曼（Shulman）提出的学科教学知识（pedagogical content knowledge，PCK）的基础上提出整合技术的学科教学知识（technological pedagogical content knowledge，TPCK）。

如果仅仅靠技术力量是没办法真正改变教育的，技术需要和教育理念共同推进教育变革。我观察到，很多学校在炫耀技术而不是运用技术，只是原来在书本上学习，现在在屏幕上学习而已。这没有从根本上改变教学方式，技术本身并没有发挥真正的作用。所以，技术解锁教育，我认为最关键其实在于改变教育生态系统。早些时候苹果的平板电脑取得了非常大的成功，但它的成功并不是因为设备本身，而是苹果所创建的商店。苹果手机也是一样，它的关键点也并非在手机本身，而是革新了大家使用手机的生态系统，创建了苹果商店。对于教育，我们也需要像过去设备改变生态系统一样，通过技术和设备本身的使用，去改变教育和学习的整个生态环境。

“数字原住民”一词由企业家兼作家马克·普林斯基（Marc Prensky）首创，他在2001年发表的一篇文章中提到该词，用来指代1979年以后出生的人。数字原住民描述的是在数字世界中成长起来的第一代人，他们从小就开始接触个人计算机、电子游戏、平板电脑以及手机。例如，如今的高中生都是在谷歌公司成立后出生的，他们连没有互联网的世界是什么样子都不知道。他们可能从来没有使用过图书馆的卡片目录甚至是借书卡，而是使用即时网络资源来寻找答案，如搜索引擎、社交网络或优兔（You Tube）。2007年推出第一代苹果手机时，现在的毕业生还是小学生；如今，七年级中80%的学生都拥有自己的手机，他们可以接触到大量内容与应用程序。这一变化的重要性不仅在于各种设备的功能，更在于这些设备构建的虚拟平台和生态系统。有些人称如今成长起来的数字原住民是“应用程序的一代人”。我经常听到成年人将现代技术称为“工具”，但数字原住民只将其视为环境的一部分，与我们这一代人看待“电”没有什么不同。我小的时候也不会将“电”视为一种工具，而是认为电就是生活环境的一部分。正因为如此，普林斯基说：“数字原住民会以和我们完全不同的方式去思考和处理信息。”这就是现在学生所面临的生态系统。

数字原住民总是处于活跃状态，要么在现实世界中活动，要么在虚拟世界中活动。他们很少坚持使用某项特定的技术以及从事某项工作，用不了多久，就要换新的。数字原住民一路从MySpace（我的空间）、Facebook（脸谱）、Twitter（推特）到Instagram（图片分享社区），再到Snapchat（色拉布，“阅后即焚”照片分享应用），他们感到腻了就会转向新流行起来的事物，这只是时间问题。还记得电子邮件吗？虽然很多成年人仍然依赖于此，但数字原住民却极少使用。正如上次晚餐时，我的小侄女语气温柔地提醒我说：“只有老人才用电子邮件呢！”这是真的。如果我发电子邮件给我的某个孙辈，我必须发短信或者在Snapchat上发消息告诉他们，让他们查收一下。如果我们希望能与数字原住民打成一片，从而教给他们知识技能，我们就必须愿意与他们一起“喜新厌旧”。

朱永新：其实在中国的教育领域，2017年10月也发生了令人不可思议的事件。一场高级教师对垒教学机器人的人机教学大战在高考大省河南上演：一方是3名拥有17年教龄、获得过各种教学奖励的高级教师，另一方是智能机器人，两方分别对78名初中生进行了为期4天的数学课程辅导。

活动首先对78名初中生进行摸底测试，根据成绩平均划分为两组，分别接受教学机器人和真人高级教师的授课。4天时间他们对初中数学做有针对性和集中性的教学辅导，结束后再进行一轮测试，核算两组学生的分数提高情况。

为了保证这次人机大战的公平公正，组织者采取了以下五项措施：第一，所有的前测卷和后测卷都由第三方教育局教研室资深老师独立出题；第二，4天的试验过程都进行了实时直播和录像，供所有人监督和回放复核；第三，试验过程中有媒体、艾瑞咨询公司和其他教育机构的观察员进行实地监控；第四，测试卷和智适应教学机器人上的试题经过媒体抽样调查，保证无重复或类似试题；第五，使用智适应教学机器人的学生访谈都有录音记录备查。

4天的教学过程结束以后，人机大战的结果是机器人人工智能教学全面碾压真人教学，在最核心的平均提分上以36.13分（机器人教学）完胜26.18分（真人教学），在最大提分和最小提分两项上，机器人组也分别高出真人组5分和4分。未来的智能机器人会帮助教师更好地从教，未来的教育也会进入“人机共教”的新时代。这也是技术赋能教育的新突破。

您在《学习的升级》中将未来学习划分为三个要素，分别为访问、建构和编程。您为何会对编程如此重视？你认为编程是未来学习的语言，但是我有不同的看法。我个人认为这不是一个层次的，编程是学习的一个方法，是建构式学习的一个过程，编程更应该是一个工具，或者说是数字化时代的语言。

约翰·库奇：我重新定义了教育ABC，A代表访问，表示未来所有的学生能够共同访问这些教育资源，每个人都能接上快速可靠的互联网，有机会接触非凡的教师、进入优秀的学校以及使用变革性的技术。B代表建造，表示让学生亲自动手去做，亲自去创造、去发现、去构建事物。通过学习使用工具解决问题，而非仅仅学习工具本身。比如学生利用新的3D

打印技术或者创客空间实验室等现代技术。C 代表 code，也就是编程的意思，其中包含口令（类似于写较为基础的代码）和较深层次的后台程序员所做的编码，这个词能够表达我对于学习的理解，体现出学习的过程。比尔·盖茨说过：学习编写程序能拓展人的思维，能帮助人更好地进行思考，并训练出一种思维方式，我认为这种思维方式在任何领域都有用。选择这个词的原因，是我想让学生成为非常具有创造力的人，无论未来从事何种工作，他要理解每件事情形成的样子，类似于编程一步步建构的过程。

二、用网络升级学习

朱永新：可汗评价您说，您一直是在线学习方面的先锋，是最早真正了解课堂技术力量的人之一。请您介绍一下，您认为在线学习对于哪一个阶段的学生最合适，对于哪种类型的学生最合适？对于什么学科的学习最合适？

约翰·库奇：萨尔曼·可汗是可汗学院的创始人。我在《学习的升级》中提到了可汗创建可汗学院的过程——从给他表妹解释数学概念到真正地构建一所翻转课堂的在线学校。可汗学院是一所在线学校，旨在为人们免费提供易于理解的学习视频，其内容涵盖了各种主题。可汗在 2006 年创建了这个非营利性组织，刚开始他只是将自己向表妹解释一些数学概念的过程录制成视频上传到优兔。可汗的讲解深入浅出，将复杂的概念化繁为简，很快就有其他人开始搜索、分享这些视频，且人数越来越多。没过多久，先是数百人，很快就有数千人开始从这些 3～5 分钟的视频中学习数学。随着制作的视频不断增多，最终，可汗决定将一切正规化。于是，可汗学院诞生了，很快就不再靠优兔承载内容。人们对这些短片的大量需求，单凭可汗自己去录制已经无法满足，于是，可汗开始扩张学院，并招聘那些同样善于将复杂概念简单化的人。通过扩张，学院的授课范围延伸到了数学以外的其他课题，有数十万人访问该网站进行学习。在顶峰时期，可汗学院拥有近 1 000 万个活跃的学生用户，这使其成为全球最大的教育内容学习平台。

与此同时，可汗已经从当初默默无闻的程序员成了如今家喻户晓的传奇人物。2012 年，《时代》周刊将他评为“全球百位最具影响力人物”之一。但名声对于可汗来说不值一提，他仍像当初那样谦虚、满怀激情，还保持着当年为他表妹录制数学视频的初心。可汗学院的成功有目共睹，但可汗知道，仅靠在线学习是不够的。2016 年，可汗开设了他的第一所可汗实验学校，这是一所隶属于可汗学院的实体学校，旨在将在线学校与现场教学的优势结合在一起。可汗实验学校成立没多久，我就和可汗见了面，并得到机会进学校参观了一番，见了一些该校的孩子、教师和家长。他们融合线上和线下学习体验的能力让我印象十分深刻。如今，可汗已经为可汗学院和可汗实验学校投入了大量资源，比如，导师和辅导员，实时对话、访谈、游戏、挑战等材料资源。

我觉得可汗学院在在线教育方面做得非常不错，尤其是在高中学习领域。在线学习在学科方面没有特别严格的限制，但科学学科会让学生受益匪浅，因为这些领域的在线资源会为学生提供真正的专家见解。另外，在线学习对于农村地区的学生而言，是特别好的一个机会。比如，美国郊区的学校可能并不会给学生提供 AP 课程（大学预修课程），这时候学生就可以在网上学习了。

朱永新：我非常赞同这一观点。慕课的兴起，已经为解决传统学校模式的各种缺陷提供了可能性，因为它既可以完成现代学校教育制度要求的大规模教育的效率问题，也可以满足不同学习者对于教育选择的基本要求。自由选择课程，自由组织学习团队，自由选择教师，随时了解学习进度与知识掌握情况，自由安排学习时间，一种新的学习空间、新的学习组织形式，已经呼之欲出了。

约翰·库奇：目前在教育之外的其他方面，技术已经带来了翻天覆地的变革。维基百科和红迪（Reddit）正由于众包（crowdsourcing，多人共同在线编辑文档或解决问题）和共创（多人共同设计和创建特定项目）而迅速壮大。如今，通过苹果公司的 iWork 和谷歌公司的 Docs 这类免费软件进行的协作编辑，以及通过脸谱和推特等社交媒体进行的共享，正在人群中迅速普及。

这种协同合作的现象不仅仅局限于线上，一种全新的经济形式——共享经济已然出现，而诸如汽车共享公司优步（Uber）、房屋共享公司爱彼迎（Airbnb）等，此类创新型公司正是这种经济的领导者。共享经济已经席卷全球，而它正是通过移动技术实现的。虽然有的时候，整个世界似乎越来越分裂，但移动技术以及由此产生的共享经济，正在让我们重新凝聚起来。

朱永新：您在书中提出了挑战式学习（challenge-based learning，CBL）的概念。在您看来，传统的教育是知识的单向传输，挑战式学习强调的是让学生自主发现知识。在书中您说道：挑战式学习是项目式学习（project-based program）的升级版。我对此有不同的看法，项目式学习是相对于问题式学习（problem-based learning，PBL）而言的，问题式学习就是我们过去在中国课堂遇到的学习方式，老师先把一些问题拿出来，然后跟学生一起解决问题，帮助学生获得知识和技能。项目式学习是一种学习方式，是学习的重要阶段。而挑战式学习是一种学习的性质，具有挑战性。所以，项目式学习完全可以是挑战式学习。那为什么说挑战式学习是项目式学习的升级版？

约翰·库奇：挑战式学习是一种以探究为基础的学习框架，它使学习者面临一系列个人和团队的挑战，从而使学习过程更具相关性和趣味性。我们先前探讨过参照系，现在请花几分钟思考一下当下很流行的一种学习模式，即项目式学习，在这种模式下，教师将课程设计成了由学生驱动的项目。项目式学习的灵感来自约翰·杜威等人的实践学习理念，如今已形成一个粗略的框架，并在过去的10年中相当流行。项目式学习的交互性较之传统的教学方式而言有了很大的提升，但它也有其他问题。

相对于项目式学习模式，挑战式学习并非另起炉灶，而是取其精华，并在此基础上更加重视在整个过程中创造各种挑战，广泛应用技术。虽然这两个框架都通过实践项目来使学习更加生动，但还是有一些关键的不同点：第一个关键的不同是，在项目式学习中，教师经常指定学生完成某项目，而在挑战式学习的各种挑战中，教师通常会鼓励学生一起设计自己的项目。对学生来说，这往往会使整个挑战相关程度更高，从而提升他们的主人翁意识、认同度和积极性。

第二个关键的不同在于使用技术的方式。在项目式学习中，技术并非不可或缺，甚至有时候根本不需要使用技术；即便用上了，通常也只是简单地在互联网上收集信息而已。相比之下，在挑战式学习中，技术贯穿了学习的整个过程和各个阶段。不仅收集信息时要用到技术，在沟通、协作和提升参与程度时也会以各种方式使用到技术。例如，某个项目式学习任务可能要求学生去找一段优兔上的视频，将其作为幻灯片演示的一部分进行分享，而挑战式学习则可能会要求学生自己去录制一个优兔视频，作为现场模拟的一部分进行分享。某个项目式学习任务可能会要求学生阅读某篇博客并做好笔记，而挑战式学习可能会让学生共同创建他们自己的视频博客，同时还得使用数字注释工具在博客中插入笔记。挑战式学习的目标是让学生不再是信息和内容的摄入者，而逐渐成为内容的制造者和创作者。

第三个关键的不同在于：项目式学习经常受限于能够在课堂或学校环境中完成的想法和项目，而挑战式学习则要求学习者积极加入更广泛的社区，针对直接影响他们生活的实际问题去设计方案并实施。比如，当学生突然发现一只青蛙有三条腿，那么他就会产生浓厚的兴趣，然后自己进行探索。但是在项目式学习中，老师绝对不会选择让学生自己去探索这个问题，因为老师也不知道答案是什么。所以，我们现在把教育的权力更多下放给了学生，权力的下放也是目前教育生态系统所不具备的。想让学习对于数字原住民来说变得更具吸引力、更有意义，挑战式学习并非唯一的解决方案，但它的效果的确很好，达到了设计的初衷。

三、用改革重塑学习

朱永新：对于数字原住民来说，是否有必要进行传统的课堂教学？如果没有必要的话，课堂应该进行怎样的变革？数字原住民究竟需要什么样的与众不同的学习方式？

约翰·库奇：对于数字原住民的培育，我有自己的一套培养方法。我的8个在10岁以下的孙子、孙女，他们每周只有两天在学校学习。我认为，新时代孩子拥有的社交能力和创造力都与我们不同。我儿子曾表示他在实际探索中学到的知识和获得的能力远比在学校里多。

美国公立学校系统确立于1912年。公立学校的教育理念并不是鼓励学生的创造力，而是培养他们适用于工作的能力，即能够把他们父母那辈的工作做到极致。一位在美国国家航空航天局（NASA）工作的宇航员通过研究发现，幼儿阶段儿童拥有的创造力高达98%，成年阶段仅剩2%，其中最重要因素是教育生态系统，那么我们要反思教育生态系统到底出了什么问题。

未来，学习应该更具灵活性，学校的形式可以发生变化，比如基于小区建立微型学校。教育的变革我认为一定是自下而上的，家长拥有更多选择，倒逼教育变革。正如圣雄甘地所说："如果你希望世界有所改变，不要去想，去付诸行动。"

朱永新：我认为教育的变革还是要自上而下。工业革命时期需要生产者具备读、写、算的能力，那个时代的知识资源非常少，政府需要聚集他们进行集中授课。而现在，资讯随时随地可以查找。未来将是自主选择学习地点和学习内容的时代。每个人需要学习赋能的因素和方向不一样，因此学校机构、学校形态和教学内容都要进行革命性重构。政府要做的第一件事情，就是要建立内容难度适宜、体现国家意志的国家教育标准。在中国，政府能够更好地推进教育改革，自上而下的力量会更强大。

学习方式的变革，会对学习内容提出更高的要求。教育越是自由化、定制化、个性化，就越是需要建设高效优质的学习中心，越是需要国家力量的整合。教育是精选先进文化进行传授。教育首先要传授我们这个国家、我们这个民族所崇尚的价值观。国家有责任承担起这个选择，必须建立国家教育标准。国家教育标准要科学，有最低限度的要求，同时也应该更个性化。现在，我们的课程标准和教育内容太深、太难，我们要求学生的知识结构太庞大、太艰深了，造成了大部分的学生在陪着少部分的学生学习。在未来，要打破这种模式，国家只需要给一个最基本的要求就可以了，关键是保证正确的价值观和基本的读写能力。

约翰·库奇：我非常同意您说的大部分内容，我自己创建了一个网络，域名叫"autonomous learning. com"，翻译过来是"自主学习"。

我觉得自上而下的教育变革在美国是行不通的，中国政府的影响力和行动力都是十分巨大的，但是美国文化和中国文化存在本质上的差异，美国政府每4年就会换届，换了之后可能不会有太大进步。确实，美国新生一代数字原住民其所拥有的社交、创造和合作能力等都和我们这一代人大不相同。我在《学习的升级》中也举了一个例子：乔布斯有次来我家说服我去苹果公司工作，那时我的儿子4岁，他给了我儿子一台苹果电脑让他玩，和我的儿子说如果你喜欢这台电脑的话就要说服你爸爸来苹果公司上班，后来我儿子在大学期间主修计算机科学，辅修设计学。有一次我问我的儿子，在学校学到的东西多，还是自己使用科技探索课外项目过程时学到的东西更多，他告诉我是后者。

美国公立学校的教育理念一直延续到了今天，“kindergarden”是1846年一位德国人赋予“幼儿园”的英文名，拆分这个词可以直译为“在花园里面养小孩”。另外，当时创建幼儿园的人也在幼儿园的教学体系中设计了不同材料制成的九套积木，让孩子们去花园里观察大自然，然后用积木搭建成自己观察到的大自然，孩子根据观察到的具体形象，用积木搭建方式描绘大自然。这九套积木在如今的麻省理工学院建筑系研究生的教学中仍有使用。在幼儿园教育实行的130多年之后，乔布斯在技术身上看到了其和积木同样的潜力，并且通过技术让人们以全然不同的方式表达自己，比如看电影、听音乐等等，这样的方式也更加民主化了。

朱永新：学校变革也好，教育改革也好，有一个长期的目标，持续努力很重要。目前，我们的学校领导层、校长往往频繁地变动更换，许多人没有深耕的梦想，没有持久的考虑。这个问题好像美国也同样存在，我在讲演中也谈到，任何改变的关键都在于领导层。

对你来说最令人沮丧的可能是学校领导层的更换速度。校长或负责人会停留2～3年，然后搬到其他地方。所以永远不会有启动变革的时间。你曾看到过不可思议的变化，可一旦哪个校长离开，或者哪个负责人离开，变革便不会实现。这太令人难以置信了。

约翰·库奇：校长离职、学校管理人员流失在美国也会发生。每次校长或相关管理者变动，便无法持续性地推进教育改革。目前，美国私立学校教育、特许学校教育、家庭教育都产生了很大变革，也反映出他们对于现在教育现状的不满。

我去年走访了全球100多所学校，很遗憾只看到了部分学校在微小层面的变化，没有见到真正发生完全系统性变革的学校。

目前我所参与的三个项目开展的都是以挑战为基础的课程。其中，实验学校（Lab Shcool）是针对3～4年级基础较为薄弱、跟不上学校日常课程进度的学生，Lab School有信心让学生在一年内赶上进度。我们和英国牛津大学合作，加上以挑战为基础的内容，在当地社区选拔适合的教师，资金来自美国政府对教育的拨款，以导师制培训教师，完善整个教育生态系统。一个月后，我们会发布相关白皮书，更多地说明教育应该如何变革。

朱永新：我非常期待能够看到您的白皮书。

斯坦福网络高中的线上课程模式也非常突出，未来公立学校的教学制度也会发生很大变化。美国的特许学校很大程度上把教育方式、教育内容还给学生。未来，校长任命和教师的聘用方式也会发生很大变化，在未来学校将会成立一个个学习中心，学习中心没有以“校长室”为中心的领导机构，更像北上广的创业孵化器。关心学习中心长什么样子，必然绕不过一个问题：未来学习中心还有“校长室”这样的领导机构吗？这种思维方式，是从我们过去的经验出发的。

未来学习中心将没有以“校长”为核心的领导机构。由于是教师与学生双向选择，教师成为学生成长的助手和陪伴者，教师和学生都有着强烈的自我发展与成长需求，彼此之间是以互相选择进行“投票”的，每一方的选择都遵从了自我意愿，教与学都不再需要烦琐的检查和考核评价。同时，学生的自组织能力也是教师所要培养的重要学习与指导内容之一。所以，未来的学习中心在教学的核心业务上是扁平化管理，甚至会基本成为自组织管理，会出现“多中心”治理。

《学习的升级》里提倡个性化学习，主张教育要变被动为主动。其实这个观点中国古代的圣贤孔老夫子在几千年前就提倡过，可是一直没能实现。您认为原因是什么？在今天互联网改变社会的背景下，会不会比过去更有可能实现教育的个性化？

约翰·库奇：和计算机一样，教育也需要一个能够满足当代人需求的系统。就现今的状况而言，需要满足的是数字原住民的需求。此外还需要能力卓越、眼光敏锐的领导者来确保系统的整个设计、推行和落实都能与时俱进。但到目前为止，情况并非如此。大部分的教育体系已经过时，并且与社会脱节。教育体系的使用者（学生和教师）完全依赖于该体系，但该体系一直以来单是满足使用者的需求就已经很吃力。修复体系（打“补丁”）或用新体系取而代之（从头开始）都不可取。教育体系真正需要的是重新布线，升级教育生态系统，以便更好地将学生、教师、家长和社会连接起来。如此一来，学校就能成为培养创造力和创新思维的沃土。只有通过对教育体系进行重新布线，即从被动的教育模式转向积极的学习模式，我们才能在变化出现时及时去适应，而不用担心变革会使整个系统短路瘫痪。

重塑教育意味着直面当今教育领域的最大挑战：如何利用对学习的研究和当前技术，去创造个性化学习体验，以更好地满足当今学生的需求。这就要求我们以另一种方式去思考我们如何激励、培养、发展、衡量和评估孩子以及老师，这也意味着去理解和释放孩子的无限潜力，让他们去学习，去创造成功。

朱永新：新东方好的英语教育可以放到课堂，学而思好的数学教育也可以放到课堂。政府可以以购买服务的方式采购课程，然后让学生选择。所有的教育资源提供方只要是高品质的，不一定要分校内校外，应该是打通的、合二为一的。21 世纪以来，个性化教育与个性化学习已经成为世界范围内一种强劲的教育思潮。2006 年，经济合作与发展组织发表了《面向明日之学校教育：使教育个性化》的报告，将个性化教育作为应对变革时代的重要教育议程，认为“一刀切”的学校知识和组织安排既不适合个人需要，也和知识社会的发展格格不入。

举一个欧洲的例子，足以说明这个特点。在芬兰，有一所叫马丁拉克索宁（Martinlaakson）的学校。学校里，有位叫佩卡·佩乌拉（Pekka Peura）的高中数学兼物理老师，自称“教育黑客”，是芬兰推动个性化学习最有名的先锋教师。我们还是先看看这位芬兰老师的具体做法是什么：首先，学生充分利用各种学习资源，或独立，或自愿组成小组，学习新的内容。随后，他们通过老师精心设计的练习不断巩固、检验自己掌握新内容的程度，并根据老师提供的准则（rubric）为自己打分。这些练习有核心、中级、高级之分，为进入下一级，学生需要顺利通过“关卡”，“关卡”包括自我测试和自评。在此基础上，学生自行决定什么时候开始学习下一个主题的内容。通过这种方式，快速学习者通过自主学习可以很快掌握新内容，而较慢的学习者可能只会通过第一道“关卡”，但他们在学习过程中会得到教师一对一的指导和来自同组的进度较快的同伴的帮助。

通过这种方式，学生能够做到按照自己的速度和节奏学习。最终，学生会根据自己在各“关卡”的表现和学习进展情况，为自己在这门课的表现打分，该分数经过老师的认可后，会作为学生学习这门课的终评。正如您刚才所说的，美国的政府变化太快，很多政策都无法保持持续性，但是中国不会存在这样的情况。在我们国家，很多事情只要我们认准方向，绘制一张蓝图，那就是一代接着一代干。

约翰·库奇：我总是对教育体系的要求苛刻了些，因为我爱它，至少我爱它所拥有的潜力。事实上，我认为教育体系对一部分孩子来说，确实是世界上最好的体系，但我希望它能适合所有孩子。而当年我需要适应的教育游戏如今依然存在，这也是导致许多不平等的根源所在。一切都能变得更好，我们所爱的东西也不例外。然而有趣的是，教育体系中阻碍我们改进的障碍，并非偶然存在，而是我们自己设计、亲手置入的。

《学习的升级》中有个案例是这样的，在芝加哥一所学校，一个班的学生存在六种不同等级的阅读理解水平。如果教师备课顾及班上每个学生，他们每人每周要耗费40个小时以上。但如果可以利用好科技，用大数据去分析学生的学习情况，根据学生个人需求制定学习计划，同时根据学生数量和课室大小去设计课堂，不仅可以帮助学生取得更好的成绩，也可以帮助教师节省更多时间和资源。这是技术赋能教育的一个表现。另外一个例子是，美国有家教育公司，对苹果商店所有的教育应用程序做了深入研究分析，分别给各类学校的学生进行个性推荐，并让他们每天坚持学习1小时，跟踪半年后发现学生的成绩平均提高了39%。

还有一点想补充的是，我发现中国有一个很强的文化优势，当然这个优势在亚洲其他国家也存在，那就是家长对课外的补习班或课外活动的接受程度普遍偏高。这其实是家长意识到了个性化教育的优势。因此，如果将校外个性化教育带入传统学校，中国这种教育变革会比美国发生得更快。

朱永新：您觉得这是一个优势，然而我个人认为在未来学校中，校内外的资源应该是互通的。现在的学生白天在学校学习，晚上进各种补习班学习。据不完全统计，仅在北京，现在90%以上的学生都要进行课外培训，放学后以及节假日都要去补习机构补习，而补习的目的是在考试中取胜，应试教育造成了普遍的学习焦虑。

但是，未来可能就不一样了，未来的各种培训机构，也可以转型为新的学习中心或者课程公司，类似今天的新东方等教育机构，将会成为新型的学习中心，成为政府购买公共服务的学习中心。正规的学校与社会教育机构打通了，甚至没有必要再把教育机构分成培训机构、学校、网络机构，所有的机构都可以变成学习中心。凡是政府认定合格的学习中心，政府都可以为学生的学习买单。学生没有必要疲于奔命，一放学就要到补习机构去，可以根据数学在哪里学最合适、艺术在哪里学最方便、体育训练在哪里做最有效，来明确自己的教育需求。

目前，北京部分区域已经开始尝试邀请好未来、新东方，以及各种艺术、科学教育机构，为在校学生开设相关学科课程和下午三点半以后的活动课程。对此，我们需要持续地观察，看看这条路是否行得通，成效是不是显著。但是，这在理论上应该是完全可行的。把选择权交给学生，在全社会统一配置教育资源，应该成为未来学习中心的基本模式。

约翰·库奇：确实，政府可以通过购买公共服务的方式使得教育资源合二为一，所以我不认同现在所谓的校内和校外的教育体系划分。我所指的优势是中国的文化优势，目前中国大多数人都选择校外教育，那么我们应该将它融入正规的、主流的学校中来。和中国的支付宝、淘宝和高铁等一样，教育的校内外融合一旦发展起来，它在世界上的发展或将是最快的。

四、用动机激发学习

朱永新：您在《学习的升级》中提道，要相信每个人都能成就非凡。这与我20年前提出的新教育实验的理念“无限相信教师和学生的潜能”如出一辙。但是，这样的一个教育理念或者可以说是教育常识，为什么不能够成为教师和父母的共识？为什么许多父母和教师总是认为自己的孩子不行呢？

约翰·库奇：这个问题很好回答，出现这种情况，一定是教育出了问题。根据我以往的经历，孩子都有自己擅长的领域。教育者可能会主观判断学生的能力，从而限制了孩子的想象力。教育者没有给孩子创造条件，让他们施展自己的潜力。学生的成功和失败往往不在于他们有没有潜力，而在于教育者如何看待和激发他们，对孩子的期望会直接影响他们潜力的实现。我相信每个学生都有自己非常擅长的领域，如果没有，那么一定是教育体制的原因，没有能够发现孩子本身的天赋和潜能。

我的孙子、孙女很多，有人学建筑，有人学艺术，有人学医学。而我绝对不会让学医的人去改学艺术或者让学艺术的人改学医。我一再教育孩子们，一定要充分尊重自己的选择，追寻自己的激情，找到属于自己的那条路，不要盲目复制自己父辈的选择。

现在，学校会排很多课程，但给到每个孩子去研究自己感兴趣的领域的时间很少。我有一个孙子在读建筑学，有一天他给我打电话道歉，说自己有两门课不打算上了，理由是他学习的建筑学中有一门课程需要自己动手把自己的设计图做成实体的建筑，他把所有精力都花在了这门课上，为此选择放弃了另外两门课程。我跟他说，你的选择绝对是正确的。

目前，学习和教学体系中的主要缺陷在于教育者会根据自己的主观臆想来判断学生的能力，从而限制了他们的潜力，不给孩子们创造条件以展示自己。我们需要明白，当谈及一个学生是否“成功”，都只是在自己脑中勾勒“成功”。只有有意识地拒绝这些想法，并且承认，无论他们成功与否，都不能以我们的期望为人生目标，才是实现真正改变的第一步。我所提出的由内而外地重塑教育，其核心就是认识到我们的偏见。正如世上没有两片完全相同的雪花，每个人都是独特的，都是单个的个体，这种独特性至关重要。只有将人理解为单个的个体，拒绝使用平均标尺作为衡量人们的主要标准，我们才能真正学会如何让教育改变孩子们的生活。

20 世纪 70 年代，我刚到一所学校的时候做过一个实验，在学生的课程计划中增加了一个新的课程计划，这一新课程计划具体是由外请的第三方的老师和教学人员为学生提供不同的教学内容和课程体系。在电影制作这一门课程中，我发现有一位五年级的学生对电影制作特别痴迷并且也非常擅长，他的爸爸为了鼓励他更多地创作，为他购置了一套非常先进的苹果手机语音系统。到了这个男孩八年级的时候，我们回到那所学校找到这个小孩，发现他非常出色并且也有对未来很明确的规划。而现在，这个小男孩已经成为了非常著名的电影制作人。

通过这个故事可以看出，没有任何一个学生是不可教的。同样，在我的书《学习的升级》中，也有一个关键词叫“内在动机”。我们现在的学校教育，过多地把重点放在了外在动机上，忽略了对在学习中激发学生学习的这个点的开发。我认为，老师的角色应该是找到学生身上最独特的点，找到学生本身的天赋、兴趣和热情，然后以此为激发学生努力学习的内在切入点。作为教师，我们应该为学生提供机会创新与创造，而不是注重他背了多少知识。如果有这样一所学校，能够认真认可学生本身无限的潜力，以学生为中心，这个学校一定会成功。

多年来我一直认为，如果一个人有足够的动力，就很难有什么事能阻止他获得成功。教育也是如此。如果一个学生极度渴望学习某样东西，那么，失职的家长、老师和学校联合起来也阻止不了他们学习的动机。这就是为什么孩子们可以记住整首歌的歌词，却总也记不住 5 分钟前学过的数学公式；这就是为什么他们能在电子游戏中的角色遇到复杂问题时运用批判性思维、技巧来解决，但在做数学应用题时却无法运用相同的思维模式来判断下一步该做什么；这就是为什么许多梦想成为职业运动员的男孩，每天有空打几个小时的篮球，却不会做代数作业……所有这一切，都能用“动力最关键”来解释。如果孩子们学习某样东西很吃力，在大部分情况下，并非他们不开窍，而是我们未能说服他们这样的东西值得学习。

在讨论动力的重要性时，我喜欢跟人分享我女儿蒂芙尼的故事。蒂芙尼的哥哥克里斯学习成绩优异，但她在学习上很吃力，我们担心她可能有某种学习障碍。无论是在学校还是在家里，有些知识内容，无论以什么方式教她，蒂芙尼都需要花很长时间才能理解。但是，在和艺术手工相关的课业上她的表现都很出色。当蒂芙尼升入中学时，我们聘请了一位老师莉莲·利伯曼（Lillian leaberman）来辅导她。利伯曼很快意识到蒂芙尼具有很强的艺术天赋，而且是个视觉能动型学习者。她帮助蒂芙尼手工制作了一个中世纪城镇样式的房屋模型，以及许多伊丽莎白时代的娃娃。每当蒂芙尼做手工创作时，脸上总洋溢着幸福的笑容，但我从来没有将她追求艺术的热情与她在学术领域的表现联系在一起。

蒂芙尼后来上了大学，学习心理学专业。那时，她已经学会了集中自己的注意力，学习成绩也很不错。但在她大学二年级的时候，一位姐妹会的朋友无意中看到蒂芙尼做的一些艺术品，立马被惊艳到了："太棒了！你在艺术设计方面这么有天赋，干吗浪费时间学什么心理学?"这番话让蒂芙尼幡然醒悟，没过多久，她就放弃了她的专业，转而追随她对艺术的热爱。蒂芙尼转学到奥蒂斯艺术设计学院开始学习时尚相关专业。在那之后，她学习从未觉得吃力过，因为她正在做自己喜欢做的事情，而且就像任何动力充沛的学生一样，成功随之而来。

我记得，蒂芙尼转学到奥蒂斯艺术设计学院后不久便对我说："我花了 14 年的时间，学的都是我不擅长的，如同奋力推球上山，直到我意识到自己的天赋和热情所在，如今，我终于可以轻松追球下山了！"她说的时候，脸上洋溢着小时候制作娃娃时一样的幸福笑容。她随后获得了一项特殊荣誉，即"金顶针奖"（Gold Thimble Award），此奖是该校诸多令人垂涎的奖项之一。

作为父亲，我从蒂芙尼的这些经历中学到的是，父母和老师常常认为如果孩子未能学业有成，就一定是他们有什么问题。而事实上，蒂芙尼在学校唯一的学习障碍是缺乏动机。一旦她意识到自己的热情和天赋所在并利用两者之间的"最佳效应点"将其最大化，她就能够开始发挥自己的真正潜能。

蒂芙尼的经历使我更加坚信，教育孩子应主要在于帮助他们发现自己的天赋、兴趣和热情所在。多年来，我发现几乎每个孩子都有“最佳效应点”。有时候，找到这个“最佳效应点”很容易（但也并非总是如此），因为我们往往会倾向于对自己擅长的事情满怀热情。反过来，这可能也正是我们擅长那些事情的原因。然而，有很多孩子和成年人并不知道他们热衷于什么，或者可能擅长于他们并不热衷的事情，抑或可能热衷于他们并不擅长的事情。我认为，教育工作者和家长的首要职责应该是帮助孩子们找到他们的“最佳效应点”，通过挖掘他们擅长的领域以及热切想要学习的东西，将其与孩子们需要学习的东西联系在一起。当然，我知道，这说起来容易做起来难。

教育界有个令人难以接受的真相，那就是关于如何激励某人（更别提要激励一整间教室的学生），是靠教师在教学实践中自行摸索出来的，没有人教他们该如何激励自己的学生。关于什么是最好的标准和什么是最佳教学方法的讨论满天飞，但除非学生们真正参与并且有足够的动机想要学习教师教授的内容，否则那些讨论都没什么作用。相反，即使面对落后的教学方式以及极其有限的教学资源，动机被高度调动的学生也能学习任何想学的东西，并极有可能学成。

我认为动机是有效学习的先决条件。大多数教育工作者都同意这种观点，但在教师培训项目中却很少教授如何调动学生的动机，甚至很少谈及动机一词。大多数教育学系都没有正式关注这个问题，那些关注了这个问题的学校，也只是将其纳入教育心理学选修课，充其量也就是一节课的内容而已。所以，问题是：为什么会这样？如果动机的重要性众所周知的话，为什么我们没有经常谈到呢？

我们很少谈及学生动机的原因之一，是因为它无法定量检测，这也是科学和教育学忽视它的主要原因。我们无法通过一个孩子的测试分数或平均学分绩点得知他的学习动机有多强。我们当然可以直接问孩子们，但这就违背了学者和教育从业者所依赖的定量分析。诸如投票和调查等，都属于定性研究的范畴，这些往往被当作逸事证据而非严格的经验证据，因而无法受到重视。即使在定性研究中，如果我们向学生做问卷调查或发起投票，他们很有可能会给出他们认为成年人想要听到的答案，而不是说出自己的真实感受。即便没有多少关于学生动机如何影响他们表现的定量数据，但关于动机的理论却很多。针对什么能有效激发动机，每种理论都有其各自的调查研究。

朱永新：的确如此，每个学生都是独一无二的，一定要找到激发学生的内在动机，现在的学校更多关注外在动机。人们虽然出身起点不同，但这是可以改变的。对教育者来说，最关键的是要更好地理解潜力和自身偏见，这样才能进入重塑教育的下一个阶段——激励孩子们真正意识到自己拥有的潜力。你在《学习的升级》中提到激发内在动机的四个关键要素是自主选择、正确看待失败、刻意练习、坚毅的性格，能不能详细地解释一下，这四个要素究竟如何才能够有效地产生作用？

约翰·库奇：好的。第一个关键要素是自主选择。让孩子自主选择学习新事物的方式，可以大大提升孩子的感兴趣程度。孩子越感兴趣，他们保持兴趣的动力也就越强。如果他们动力很足，功劳并不一定在于教师教授的课程，而更可能在于教师的授课方式。让学习变得有趣、吸引人并且有意义，几乎是让所有学习体验变得更好的关键。与学生的选择同样重要的，是学生面临的压力。以前，在青少年体育比赛的场地边上，总有一些“怒子不争”的父母；如今，这一大现象已经蔓延到了教育界。世界各地的家长都开始往孩子身上施加越来越多的压力，要求他们取得成功。压力会导致应激，应激又会导致各种各样的消极反应。作为家长，我当然理解父母都怀有“为了孩子好”的愿望，我也并不是说父母不应该去推动孩子们变得更好。我的建议是，如果我们选择鼓励孩子，对于他们受鼓励去做的事情，至少他们应该有发言权。确保孩子们在目标上已经有了情感上和精神上的投入，是帮助他们实现目标的关键。有一个非常经典的教育故事，就是在印度发生的“树洞试验”。那是苹果公司做的一个试验，是把苹果的平板电脑放在乡村的一个树洞里，然后一群孩子自己摆弄了半天就能够通过计算机学习了。在整个过程中没有任何人的指导，但是孩子们就把这一套都学会了，这就是四个关键要素中的自主选择。

第二个关键要素是正确看待失败。正确看待失败这个关键要素实际上是耐挫力、意志力的体现，主要在于面对困难不能退却。人们常说要“现实一点”，而我一直都是“一切皆有可能”的忠实信徒。很少有人会听到我说“不可能”这个词，因为在我的人生经历中，我看到过太多原以为根本不可能的事情最后都变成了现实。当乔布斯第一次描述他对于未来的宏伟蓝图时，人们也认为那些几乎是不可能的。我在苹果公司的工作，正是一段学习如何将不可能变成可能的经历，这段经历也让我逐渐开始抵触“现实一点”这个想法，当我与那些心怀巨大梦想的孩子交谈时更是如此。许多梦想可能不一定会实现，但这并不意味着它们一定不会实现。

第三个关键要素是刻意练习。这一条特别有意思，因为大多数人并不喜欢做自己认为做得失败的事情。我们倾向于专心做自己擅长的事情，不愿意碰不擅长的事情。这意味着，除非父母、老师或教练告诉孩子“失败是值得鼓励的，也是意料之中的”，否则他们可能会认为失败是一件很糟糕的事。对失败的负面解读，最终会使大多数人在任何事情上都无法达到顶级水平。我们被教导的观点是，失败了一次就等于彻底失败。我们将失败视作结局，而没有将其视作必经之路，没有将其视作学习过程中不可或缺的一部分。不失败，则无以为鉴。在我上大学的时候，我一直是一个C等生。但是直到我在大学上了第一节计算机科学课以后，我发现我非常喜欢这门课，然后就瞬间变成了这门课的A等生。苹果公司一直以创新著称。但即使在刚起步的时候，乔布斯对我们的期望就很特别，几乎与你听过的苹果公司的所有事情都背道而驰：他希望员工们能够忽视过去，挑战现在的极限，创造未来。短期的失败不要紧，只要是向着长远的成功目标前进，就都会受到鼓励。事实上，如果我们没有经历任何短期的失败，那就意味着当下的创新还做得不够。乔布斯希望我们能不断挑战极限，而只有通过不断试验（尝试）和犯错（失败）才能冲破极限。这种要求员工不断尝试以获得成功的方式，最终使我们在同行业中出类拔萃。

第四个关键要素是坚毅的性格。请家长、老师和领导者记住，虽然失败是进步的垫脚石，但接受和处理这些失败所需的毅力同样重要。正如温斯顿·丘吉尔所说：“不懈努力，而非力量或智慧，才是发掘潜力的关键。”无论我们称之为坚持、毅力、愈挫愈勇还是坚毅，我认为，确保每个学生都拥有这种态度，并能找到方法加以稳固，是重塑教育的关键点之一。

朱永新：几年前我曾经接受过世界教育创新峰会的一次调查。其中有一个问题，就是问现在孩子们学习的东西到底有多少是有用的。世界各地的教育家回答的结果是一个很恐怖的数字：17%。我觉得，大概可以保留50%，留下50%的时间让学生自己去建构属于他自己的知识体系。这样来说，至少一半是学生自己喜欢、自己想学的内容，这样就能比较好地激发学生的自主性和积极性了。

为什么我们的学生必须学习如此难的知识？

一个重要的原因是参与课程大纲制定和教材编写的科学家过于强调自己学科体系的完整性、系统性，强调反映学科发展的历史与最新的科学研究成果，结果自然是不断做加法。另外一个重要的原因就是，现在中国的学校是以升学为主要目标的，考试评价更是以鉴别与选拔为主要目标。所有的指向都是学术性与区分度，考试太简单就不容易区分学生掌握知识的水平，所以，学习内容越来越多、越来越难，考试内容越来越深、越来越怪。

其实，科学方法、科学精神、科学思维远远比科学知识本身重要。每个学生都有不同的兴趣爱好、不同的学习经历、不同的学科优势，用统一的要求，让所有的学生学得很难，反而会压抑学生学习的主动性和积极性。正确的办法，应该是大幅降低课程的难度。对所有的学生来说，只要掌握最基础、最简单、最能够满足人们基本生活需要的知识，具有承担一个公民的基本义务的能力，就完全可以了。其他的内容则可以通过选修课程的方式，满足不同学生的个性需要。

比如说你的孙子学建筑，那么他就有50%的时间围绕他的建筑去构建他的知识体系，建筑需要美术、数学和力学等知识，那么他就可以去有针对性地学习。也就是说根据个人的实际生涯和个人理想去构建属于他自己的东西，我认为，我们每一位现有的知识体系基本上都是自己建构的，主要不是在学校课堂上学的。所以，为什么不让学生去建构他们的知识体系呢？

目前，很多学生学习变成了课上记笔记、考试背笔记、考后全忘记的情况，与其学习之后又把绝大部分内容还给老师，不如通过自学，使其成为自己的东西。学生应该学什么？究竟什么知识最有价值？这曾经是教育家关注的头等重要的问题。1859 年，英国学者斯宾塞提出了一个著名命题："什么知识最有价值?"他对当时学校中古典学科课程占主导地位，重虚饰、轻实用的知识价值观非常不满。他依据五种人类的基本活动，确立了按价值大小排列的各类知识。

今天，人们越来越重视后面的问题，即如何学、如何教、如何提高效率。学习科学成为当代教育的"显学"就是明证。学习科学是在认知科学的基础上发展起来的，是由生物科学、脑科学、心理科学、教育科学等交叉形成的前沿学科，自 20 世纪 80 年代问世以来，学习科学就备受教育界关注，也在一定程度上引领着世界教育教学模式的变革方向，越来越多的国家筹建专门的学习科学研究组织和机构。

我们国家也一直紧跟这个潮流，在北京大学、北京师范大学、华东师范大学、东南大学等高校建立了学习科学的研究机构。为了提高教育界对未来教育发展趋势的预测和把控能力，2018 年 11 月，我们在深圳前海举办了以"学习的革命：学习科学引领教育未来"为主题的世界教育前沿峰会。论坛邀请了海内外学习科学方面的著名专家学者，分享了学习科学的前沿研究成果，介绍学习科学的发展和应用，以及如何把学习科学的最新成果应用于教育和教学实践。

在古今中外的教育历史上，课程首先是围绕着培养目标来设计的。这个思考，在今天仍然值得我们借鉴。比如说，中国古代就把"成人"作为教育的主要目标。所谓"成人"，有名词和动词两种含义：名词意义上的"成人"，在中国古代主要指德才兼备的成熟的人，类似于英文的"perfect man"；动词意义上的"成人"，则是指成就人的过程。在中国古代，"成人"就是用"六艺"等美好的教育内容来培养优秀的人才。

我们回到历史，看看我们当年的"六艺"课程，就是很好的课程。礼，就是礼仪；乐，就是音乐；射，就是射箭；御，就是驾车；书，就是书画；术，就是算术。你看看，这样的课程，对"成人"这个目标来说，和当时的社会生活是不是密切相关？这就是为真实的生活而设计的课程、一个古代社会的精英教育课程。“六艺”没有要求学生抽象地去掌握生命以外的东西。

那么，未来的课程究竟应该是怎样的形态？究竟应该把人类的哪些知识教给学生？不同的课程流派和专家有不同的主张，但是也有一个共同的困境，就是人类知识的无限性与学生学习时间的有限性之间的矛盾。国家主义主张，要把一个国家的价值观、文化传统等内容在课程中呈现；科学主义主张，要把科学的原理、规律、方法等知识在课程中呈现；实用主义主张，要把人类生活需要的知识和技能教给学生。最后，我们可以看到，学生究竟应该学什么，最后的结果往往是各种力量的平衡、各种知识与技能的叠加，是课程内容越来越多、体量越来越大。

这是一件让人沮丧的事。我认为，不断做加法的课程，根本无法适应未来社会的发展需要。我引一个研究报告的结论，来表明我的观点：人类的科学知识总量，在 19 世纪是每 50 年增加 1 倍，到了 20 世纪初期是每 30 年增加 1 倍，20 世纪 50 年代则是每 10 年增加 1 倍，20 世纪 70 年代是每 5 年增加 1 倍，20 世纪 80 年代是每 3 年增加 1 倍，20 世纪 90 年代以后则增加得更快。

我们要学习那么多的知识，是一件多么困难的事。正如庄子曾经说的那样：“吾生也有涯，而知也无涯。以有涯随无涯，殆已！”以有限的生命去学习无限的知识，是很危险的。所以，我们的课程一定要改革。更重要的是，过去我们是把学习与工作完全分开的。所有的学习都在为今后的工作做准备，学习的课程内容，就是以后职业生涯必须用到的内容。但是，现在职场的变化日新月异，把学习与工作分开，把学校作为职业的准备的做法已经行不通了。西方的调查表明，一个人一生的职业变化高达 10 次左右，而跨行业的变换，则达到 4 次左右。所以，传统的做法已经无法适应未来职场的生态。

约翰·库奇：那么，你认为现在的学校究竟应该教给孩子什么呢？或者说，究竟未来的学生应该学什么呢？

朱永新：对于我们究竟要学什么，我们的课程应该是什么样的，我发起的新教育实验一直在思考和探索这个问题。新教育实验是一项民间的教育教学改革探索。它是以教师的成长为起点，以营造书香校园、师生共写随笔等十大行动为路径，以帮助新教育共同体过一种幸福完整的教育生活为目的的教育实验。自2000年以来，新教育实验已经在中国32个省区市、160多个实验区、5200多所学校进行了不同程度的实践，极大地改变了学生的生存状态、教师的生命状态和学校的发展模式，改变了许多区域的教育生态。

新教育实验以“为中国教育探路”为使命，在教师成长、课程研发、学校建设等方面进行了深度探索。近年来，新教育研究院的新生命教育研究所、新科学教育研究所、新艺术教育研究院等研究机构，正在以新教育实验卓越课程体系的理论为纲要，全面研发、完善一个个面向未来的卓越课程体系。

我们认为，在以生命的幸福完整为终极目的，以哲学、心理学、教育学、社会学及相关学科理论为潜在的理论工具，以活生生的人为中心的三维空间里，可以建构起未来课程的体系构架。我们可以把未来学习中心的基础课程体系做如下设计：

以生命教育课程为基础，以智识教育课程、道德教育课程、艺术教育课程为主干，并以“特色课程”为必要补充。这些课程的落脚点不同。生命教育课程，落脚点在于“拓展生命的长宽高”。教育首先是为生命而存在的，生命都没有了，还要教育干吗？所以，涵养生命是教育的天职。对生命的发现、挖掘、探索和追寻，是教育的永恒主题。生命教育课程以“过一种幸福完整的教育生活”为核心理念，围绕人的自然生命、社会生命和精神生命展开，旨在引导学生珍爱生命，积极生活，创造幸福人生，拓展生命的长度、宽度和高度，从而让每个人成为最好的自己。

智识教育课程，落脚点在于“真”。智识教育课程包括大科学与大人文课程，类似于通常所说的文理课程，主要包括语文、数学、外语、科学（物理、化学、生物）、历史与社会（历史与地理）等，这是传统课程的主干部分。之所以不用文理课程或智力课程的概念，一方面，是我们用融合了哲学、文学、历史和地理的大人文理念和融合了数学、物理、化学、生物的大科学理念重新构建了智识课程；另一方面，是因为“智识”能够更准确地表达我们对于课程本质的思考。因为课程的根本目的不是传授知识，而是形成用以统领知识的智慧和运用知识的能力，所以主要采取项目式学习与主题式学习。

道德教育课程，落脚点在于“善”。道德教育课程的目标是培养遵守社会公共道德，认同、理解、遵守与维护我国宪法，关心及参与公共事务，具有独立思考与敢于承担责任的能力，对民族的传统和文化有归属感的现代公民。课程主要包括公民道德、公民价值观、公民知识和公民参与技能四个方面的内容。我们把公民课程作为实践性课程，更多以培养社会责任感、领导能力和经济生活管理能力（财商）为公民教育的抓手。

艺术教育课程，落脚点在于“美”。艺术教育课程的目标是让学生在学习艺术的知识、欣赏优秀的作品、习得艺术的技能的基础上，掌握艺术的思维，拥有艺术的品位，具有艺术的精神，传承人类的文化，陶冶丰富的情感，培养完善的人格。艺术教育课程不是为了培养职业艺术家，不是选拔与培育艺术尖子和精英，而是注重艺术欣赏力和艺术情怀的培育，源于儿童天性的自由发挥，是源于艺术（每个儿童的自然天性）、通过艺术（无处不在的中介作用）、为了艺术（艺术化的人生目的与境界）的教育。艺术课程不是简单的美术和音乐课程，而是融合了美术、音乐、书法、雕塑、创意电影、戏剧等艺术样式，用大艺术概念整合的课程。以上课程，不应该超过学生学习内容总量的50%。这样学生就有时间从容地学习自己的“特色课程”。特色课程解决的是“个性”问题。在重新设计智识教育、道德教育和艺术教育课程后，为特色教育课程留下了广阔的空间。

从人的成长来分析，每个人的知识体系和智慧结构基本上是依靠他自己来建构的。如果所有人都学同样的课程，就难以形成每个人独特的知识体系与智慧结构。而没有充分的时间和空间，学生是无法实现这样的建构的。因此，必须把学习内容的选择权，把学习的时间和空间还给学生，才能真正实现这样的可能。研究怎样在有限的生命空间去学对个体生命最有用的东西，这才是最重要的。

约翰·库奇：我觉得您说得非常好。在我看来，我对于课程的愿景包括家庭、社区、世界以及理想或者目的，我们将这几点与联合国所制定的

2020年可持续发展目标结合在一起，这与您所说的非常类似，我觉得这可以叫英雄所见略同。

之前我和我的老板讨论过这样一个问题：如果你的面前有2万公斤重的棉花糖，你会怎么把它推开？因为它是软的，推一下它会弹回来。那么最后的答案是什么？就是一口一口把这2万公斤重的棉花糖吃掉。我们都在做的一件事就是一步一步地找到解决问题的办法，为了孩子更美好的明天！

主题索引

H

J

K

L

M

Y

Z

后 记

有人曾经说过，我们现在是在用 19 世纪的体制、20 世纪的知识，培养 21 世纪的人。

也有媒体记者曾经评论，教育是最需要被彻底颠覆的领域，却又是最大的“漏网之鱼”。

类似这话其实 100 年前的杜威早就说过。他一直认为，教育问题就出在“以昨日之法教今天的孩子”，所以，这样教出来的孩子是没有明天的。

2019 年 6 月，我在中信出版集团出版了《未来学校——重新定义教育》一书，引起了很大的社会反响。其实，这本书的前身，是现在的这本《走向学习中心——未来学校构想》。

这本书是从 2015 年就开始构思撰写的。写了近 5 年的时间，是我所有著作中写作时间最长的。

当时，主要是为了给新教育实验寻找未来发展的方向。我一直认为，方向比努力更重要。看到传统的商业、金融，乃至于社交生活一一被现代科学技术改变，作为教育学者，自然会思考教育的未来。因此，我在 2016 年发表了以《未来学校的十五种可能》为题的讲演，勾勒出未来学校发展的轮廓。

此后的几年，人工智能、大数据、深度学习，科学技术的发展比我思考的速度还快。我自己也加快了学习的进程。

2018 年初，我完成了这本书的初稿。几位好朋友看了以后，一致认为书中提到的问题是值得全社会普遍关注、值得作为国家重大教育战略部署并在全社会形成共识的大问题。现在的这本书篇幅偏大，内容比较学术化，不利于广泛传播。所以建议我另外出版一个普及版。

在普及版完成以后，我继续收集资料，完善了这个学术版。许多在普及版没有详细讨论的问题、没有系统展开的分析，在这本书中有了更深入的阐述。所以，在一定程度上，可以把学术版视为普及版的解读本和注释本。

把学术版的书名定为《走向学习中心——未来学校构想》，是对未来学校本质特点的概括。未来学校将是一个师生共同成长的学习共同体，未来学习中心之间的无缝对接，形成了一个超越时空的学习共同体，时时、处处、人人可以学习，一个以学习中心为纽带的新型的学习型社会在这样的构架下最终得以实现。

《乔布斯传》的作者说过一句话："预测未来的最好方法就是创造未来。"这本书提出的许多"异想天开"的大胆预测，并不是毫无根据的"预测"，很多已经有现实生活的"原型"，感谢这些"原型"对我的启发。我想，把这一个个"原型"的点串联成线、组合成面，就是未来教育的景观。

在最后审读这本书稿的清样的过程中，同时读到了最近刊登在《中国教育报》的关于苏州大学教育教学改革的文章《苏州大学：打破高校课程"围墙"》，很是兴奋。因为文中介绍的苏州大学的改革案例，正是我的这本《走向学习中心——未来学校构想》所要研究和探索的。

为了满足学生多样化的学习需求，适应网络时代和后疫情时代的新情况，最近苏州大学正式发布《本科生在线开放课程学分认定管理办法》。《办法》规定，在本科生毕业总学分中，可以有30%左右的学分来源于修读国内外名校的在线开放课程，包括通识课程、专业必修课、专业选修课和跨专业开放选修课等。不仅如此，优秀中学生也可以提前修读苏州大学开设的MOOC（慕课）先修课，所获得的学分，在被苏州大学录取后直接认定为大学学分。苏州大学教务部部长周毅介绍，学校正在大力推动建设"没有围墙的大学"，在更大范围内进行教学资源配置。这对学生而言，可以用最小成本在全球范围内选择最优秀的教师和课程；对教师而言，将倒逼课程教学的不断完善。

今年，苏州大学"云中课堂"共有2 654门课程实现了线上开课，其中近30%的课程引进MOOC，进行线上教学。苏州大学从2018年起通过“智慧树”平台引进了14门来自北京大学、复旦大学等国内著名高校的优质在线开放课程，以进一步拓展学生的知识视野，提升综合素养。一项苏州大学课程满意度问卷调查显示，选课学生对课程的认同率超过95%。在《办法》颁布实施后，学生足不出校就可以选择国内外名校的优质课程，同时还可获得相应的学分认证。

此外，从2019年开始，苏州大学利用优质在线课程资源，与苏州第十中学建立线上线下相结合的合作模式，面向高一和高二学生开设十余门大学通识课程，将大学教育内容前置，拓宽了中学生的知识视野，加深了对大学各类专业学科的认知。目前已完成两期开课，选课超过600人次。《办法》实施后，学生可在高中期间学习苏州大学开放的大学MOOC先修课程，考入苏州大学后再认定为学分，这也使得高中教育与大学教育实现了无缝衔接。

苏州大学的做法，正是我在这本书中倡导的方向。感谢母校率先进行这样的改革，相信会有更多的学校有“破墙”的行动，主动迎接未来的挑战！

最后，感谢中国人民大学出版社为这本书的出版付出的大量辛劳，感谢编辑王雪颖的耐心与坚持，更要感谢你们——我亲爱的读者朋友，书的生命是读者给予和激活的。欢迎你们把阅读的意见与我分享，可以在我的新浪微博和头条号“朱永新教育观察”留言，也可以直接给我写信（zyxjy@126.com）。

朱永新

2019年4月7日初稿

7月20日修改稿

8月10日改定稿

2020年7月10日终定稿

于北京滴石斋

图书在版编目（CIP）数据

走向学习中心：未来学校构想/朱永新著. -- 北京：中国人民大学出版社，2020.10
ISBN 978-7-300-28577-1

Ⅰ.①走…　Ⅱ.①朱…　Ⅲ.①学校教育-研究-中国　Ⅳ.①G4

中国版本图书馆 CIP 数据核字（2020）第 178841 号

走向学习中心
未来学校构想
朱永新　著
Zouxiang Xuexi Zhongxin

出版发行	中国人民大学出版社		
社　　址	北京中关村大街 31 号	**邮政编码**	100080
电　　话	010－62511242（总编室）		010－62511770（质管部）
	010－82501766（邮购部）		010－62514148（门市部）
	010－62515195（发行公司）		010－62515275（盗版举报）
网　　址	http：//www.crup.com.cn		
经　　销	新华书店		
印　　刷	唐山玺诚印务有限公司		
开　　本	720 mm×1000 mm　1/16	**版　　次**	2020 年 10 月第 1 版
印　　张	18	**印　　次**	2025 年 7 月第 6 次印刷
字　　数	258 000	**定　　价**	59.80 元